体育授業の心理学

市村操一・阪田尚彦・賀川昌明・松田泰定＝編

大修館書店

まえがき

　現代の子どもたちに対し，学校体育が果たすべき役割とは何か。とりわけ，学校教育の〝中核〟となるべき「授業」では何ができるのか。しかも子どもや教師の心理に関わっていくはずの「体育心理学」は，体育の授業に対してどんな寄与が可能なのか。このような問題意識をもとに，数十名の研究者・実践者が執筆に参加して生まれたのが本書である。

　現代社会におけるスポーツ活動は，発展史的には競技スポーツがその中心となりながらも，今や，地域におけるスポーツ，健康のためのスポーツ等々，その高度化と大衆化において，さまざまな様相を見せつつ展開されてきている。

　しかしながら，本来，社会におけるスポーツ活動一般と学校の教科としての体育とは，お互いにその延長上にあるものとは必ずしもいえず，同質のものの難易ということでもない。スポーツ心理学の成果から教科の体育が学ぶべきことは少なくはないが，その対象にせよ，研究方法にせよ，そこには基本的な相違があるという認識が必要である。特にその両極としての教科体育と競技スポーツの両者は，拠って立つ「文化」が異なっているのだといってよいのかもしれない。

　授業とは，さまざまな差異をもつ子どもたちで構成された学級の「全員」を対象として行われる日常的な営為である。それに加えて，そこで一緒に学ばなければ身につかない共通の「文化的内容」がある。同時に，現実の目標に対して，全員達成を目指すということに，ひとつの〝重い〟意味が含まれ

ている。したがって，「全員」の意も「部活」などのような特定の目的集団としてではなく，また，少数の人間を選び出すという「選手養成」的動機もここには存在しない。

さらに授業は，子どものなかに「発達」をつくり出すという固有の任務をもっている。人間の「生物・生理学的」発達は，もともと自然成長性に負っている部分がかなりあるとしても，「文化的」発達は教材を離れては考えられず，一定の「教授―学習」の脈絡のなかでこそ，ひき出されていくはずのものである。

本書における各章各節の内容は，実際に授業をつくりながら抽出されたもの，あるいは授業観察を通して得られた資料の分析・解釈によるもの，さらには心理学諸潮流や関連科学の最近の成果から，授業のための基礎資料として提示されたものなどさまざまある。これらの内容から，各執筆者の授業に対するスタンスや〝心理的距離〟に微妙なズレがあることを読者は気づかれるであろうが，このことは，授業という対象そのものが，本質的に多面的な構造を有し，その把握や接近の方法も一様ではないことの反映でもある。

本書は小学校の教師や「保健体育科」関係の教師，さらには教師を目指している学生・院生の方々を主たる読者と想定して編集されている。この書が研究上のいくらかの問題提起となり，また，日常の授業への何らかの支えとなれば，これに過ぎる喜びはない。

最後になったが，本書の誕生は，大修館書店の山川雅弘氏，浦田健吾氏，細越淳二氏の終始変わらぬ支えと御尽力とによって実現したものである。ここに深く感謝の意を表したいと思う。

2002年2月

編著者を代表して
阪田尚彦

目 次

序章　体育・保健体育科教育のねらいと心理学　7

1. 学習指導要領における体育・保健体育科教育のねらい……………… 8
   1) 学習指導要領改訂のねらい…………………………………………… 8
   2) 学習指導要領における体育・保健体育科教育のねらい…………… 9
2. 体育・保健体育科教育のねらいと心理学的課題……………………… 13
   1) 体育・保健体育科教育のねらい達成に向けて……………………… 13

第1章　運動との関わりを深める教師の働きかけ　17

1. 子どもとのきずなを深める教師の配慮………………………………… 18
   1) 教師と子どもとの人間関係への配慮………………………………… 18
   2) 人間関係をよくするには……………………………………………… 19
   3) 体育教師に必要なこと………………………………………………… 20
   4) 自分を知ること………………………………………………………… 22
   5) 授業のカンファレンスの必要性……………………………………… 23
2. 学習意欲を高める動機づけ……………………………………………… 25
   1) 意欲を引き出すことばかけ…………………………………………… 25
   2) やる気を無くした子どもへの働きかけ……………………………… 31
3. 意欲的な学習につなげる評価の方法…………………………………… 39
   1) 評価することの意義…………………………………………………… 39
   2) 多様な学習意欲………………………………………………………… 40
   3) 意欲的な学習につなげる評価………………………………………… 40
   4) 評価を生かす前提条件………………………………………………… 42
   5) よりよい評価に向けて………………………………………………… 44
4. 子どもの理解を促す説明方法…………………………………………… 45
   1) 意識的に運動をコントロールする方法……………………………… 45
   2) ことばによる運動の指導……………………………………………… 51

5．運動技能学習の効果を高める観察・助言のしかた ………………… 62
　1）子どもに運動技能を教えてはいけないか？ ……………………… 62
　2）子どもの運動技能の学習過程 ……………………………………… 62
　3）体育教師はいかに教えるか—学習理論に対応した教授理論 …… 66

第2章　心を育てる体育学習　　71

1．身体意識 ……………………………………………………………… 72
　1）体への気づきを高める指導法—動作法 …………………………… 72
　2）ボディワーク，リラクセーション法から学ぶ …………………… 79
2．運動への自信（有能感）…………………………………………… 85
　1）運動有能感の必要性 ………………………………………………… 85
　2）運動に対する自信の育て方 ………………………………………… 86
　3）教師行動の工夫 ……………………………………………………… 89
　4）評価の視点から ……………………………………………………… 90
3．体育学習と自尊感情 ………………………………………………… 92
　1）自尊感情とは ………………………………………………………… 92
　2）Self-esteem研究の経緯 ……………………………………………… 92
　3）Self-esteemに影響を及ぼす要因 …………………………………… 93
　4）運動と自尊感情 ……………………………………………………… 94
　5）体育学習と自尊感情 ………………………………………………… 95
4．社会的態度 …………………………………………………………… 98
　1）社会的態度とは ……………………………………………………… 98
　2）学習指導要領（体育・保健体育）に提示された社会的態度 …… 98
　3）体育・スポーツ活動と社会的態度 ………………………………… 100
　4）体育授業における社会的態度の育成 ……………………………… 101
5．体育と社会的スキル教育 …………………………………………… 104
　1）社会的スキル教育の現代的問題 …………………………………… 104
　2）パブリックスクールのラグビー教育 ……………………………… 105
　3）アメリカでのスポーツによる社会的スキル教育 ………………… 107
6．体育と環境意識 ……………………………………………………… 110
　1）スポーツと環境の摩擦 ……………………………………………… 110
　2）学校体育と環境問題 ………………………………………………… 111
　3）体育を通しての環境教育の可能性 ………………………………… 113
　4）総合学習の中での体育と環境教育 ………………………………… 115

第3章　「生きる力」と体育学習　　117

1．「生きる力」と自己教育力 ………………………………………… 118
　1）「生きる力」とは …………………………………………………… 118
　2）「自己教育力」とは ………………………………………………… 119
　3）「生きる力」と自己教育力との関係 ……………………………… 121
　4）体育授業における自己教育力の育成 ……………………………… 121

2．運動不振児の指導 …………………………………………………… 124
  1）運動不振とは ……………………………………………………… 124
  2）運動不振の発見…………………………………………………… 124
  3）運動不振児と指導 ………………………………………………… 128
3．情緒的障害をもつ子どもの指導 …………………………………… 131
  1）情緒障害児とはどのような子どもか …………………………… 131
  2）情緒障害児の療育援助としての運動遊びや体育の可能性…… 131
  3）治療教育的運動プログラムの作成 ……………………………… 132
  4）情緒的障害をもつ子どもへの治療教育的プログラムの適用 … 133
  5）治療教育的プログラムにおける重要なポイントとしての
　　　　　　　　　　　　　　　　　　運動技能の指導 ………… 137
4．身体の認識力と生きる力の育成 …………………………………… 139
  1）身体の現状と問題の直視 ………………………………………… 140
  2）疲労感の自覚症状と心理的ストレス症状……………………… 143
  3）身体の認識力と生きる力の育成 ………………………………… 144
5．子どもの自主性・自発性の育て方 ………………………………… 147
  1）「自主性」と「勝手，気まま」は同じか ……………………… 147
  2）「内発的動機づけと自主性」……………………………………… 148
  3）社会的要求と個人的欲求のはざまの自主性 …………………… 150
  4）内発的動機づけを越えて－スポーツと「自己動機づけ」…… 151
6．子どもの自主性と教師の指導性 …………………………………… 154
  1）子どもの自主性と教師の指導性とは矛盾しない ……………… 154
  2）自発性の発現は教育内容の浸透度と関係がある ……………… 156
  3）今日の指導が明日の自主性を呼び起こす ……………………… 158
  4）「子ども中心」と「教師中心」ということについて ………… 159
7．生きる力の測定法 …………………………………………………… 161
  1）自主性 ……………………………………………………………… 161
  2）内発的動機づけ …………………………………………………… 162
  3）達成動機 …………………………………………………………… 164
  4）自己効力感 ………………………………………………………… 165

第4章　学習効果を高める集団のあり方　　169

1．共感性・思いやりの育て方 ………………………………………… 170
  1）共感性とその発達………………………………………………… 170
  2）思いやり行動 ……………………………………………………… 175
2．みんなが高まる目標のたて方 ……………………………………… 177
  1）授業における子どもの目標と学習意欲・学習活動との関係… 177
  2）教師の働きかけと子どもたちの達成目標……………………… 180
3．学習効果を高める集団のマネージメント ………………………… 184
  1）「集団・教室の生態学」研究からの示唆 ……………………… 184
  2）学習効果を高める学習集団の構成 ……………………………… 190

第5章　心理学的視点を取り入れた指導実践　　197

1. 心理学的側面を生かした指導の原則 …………………………………… 198
   1) 子どもの可能性を信じる ……………………………………………… 198
   2) からだや心の事実をとらえる ………………………………………… 199
   3) からだへの願いを育てる ……………………………………………… 200
   4) からだを動かすことの楽しさを ……………………………………… 202
   5) 運動を意識的に ………………………………………………………… 203
   6) 指導法の確立を ………………………………………………………… 205
2. 体つくり運動 ……………………………………………………………… 207
   1) 体ほぐしの運動としてのリズム体操 ………………………………… 207
   2) 体つくり運動としての持久走 ………………………………………… 217
3. 器械運動 …………………………………………………………………… 226
   1) 小学校低学年の床運動 ………………………………………………… 226
   2) 側転（側方倒立回転）の指導 ………………………………………… 233
   3) 跳び箱運動 ……………………………………………………………… 242
4. 陸上運動 …………………………………………………………………… 252
   1) ハードル走の指導 ……………………………………………………… 252
   2) 走り高跳び ……………………………………………………………… 260
5. 呼吸を大切にする水泳指導 ……………………………………………… 270
   1) 呼吸を大切にする指導法（「ドル平」泳法）との出会い ………… 270
   2) 呼吸を最初に指導する ………………………………………………… 271
   3) 呼吸・「吐く」ことを指導する ……………………………………… 273
   4) 泳げない子どもの事実からうみだされた「ドル平」泳法 ………… 275
   5) 水泳で何を教えるのか ………………………………………………… 278
6. ボール運動 ………………………………………………………………… 280
   1) サッカー ………………………………………………………………… 280
   2) バスケットボール ……………………………………………………… 288
   3) バレーボール …………………………………………………………… 299
7. 表現運動・ダンス ………………………………………………………… 310
   1)「表現運動・ダンス」における心の教育の多様な可能性 ………… 310
   2) 心理学的側面を生かしたダンス授業の指導実践 …………………… 310
   3) 授業実践の効果を調査で分析する …………………………………… 316
8. ウォーキング運動—歩く時代の頭脳明晰法 …………………………… 318
   1) 歩くと頭が冴える ……………………………………………………… 318
   2) 実験で頭脳の冴えを確かめる ………………………………………… 319
   3) 頭が冴える科学的根拠 ………………………………………………… 324
9. 武道 ………………………………………………………………………… 325
   1) 体育武道の主旨 ………………………………………………………… 325
   2) 体育武道における心理的対処法 ……………………………………… 326
   3)「体育空手道」の指導例 ……………………………………………… 327
   4) 体育武道の発展 ………………………………………………………… 330

索引 …………………………………………………………………………… 332

序章

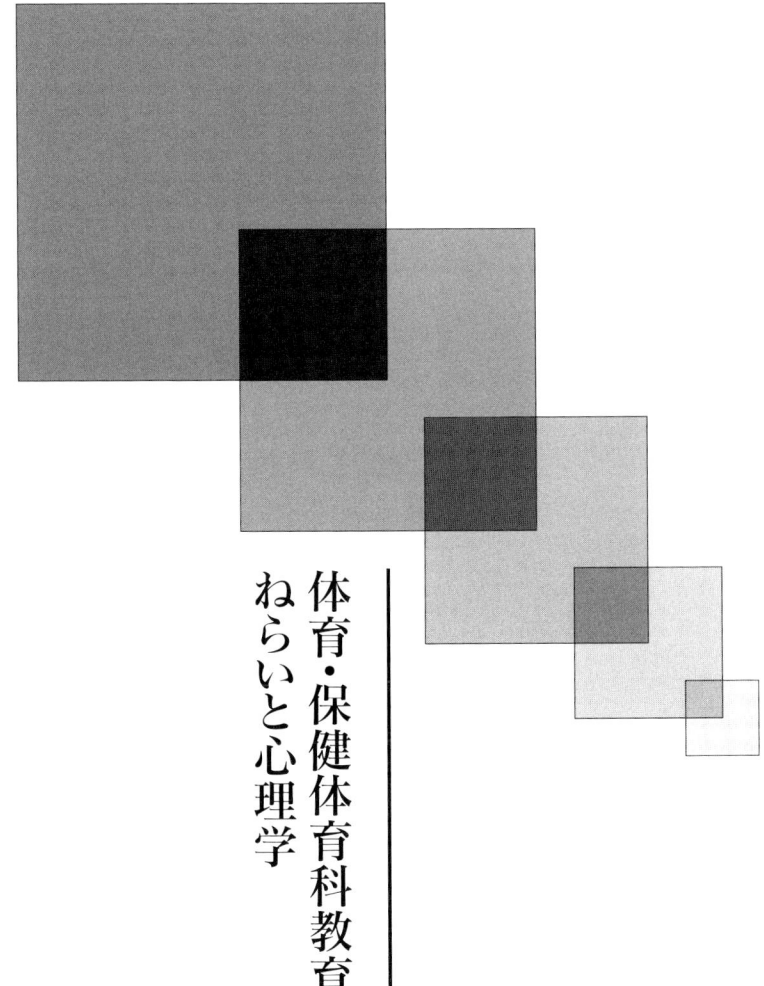

体育・保健体育科教育のねらいと心理学

1. 学習指導要領における体育・保健体育科教育のねらい

1）学習指導要領改訂のねらい

今日の子どもたちの教育に関わる状況には，受験戦争の過熱化，いじめや不登校の問題，学校外での社会体験の不足など，豊かな人間性を育むうえで阻害要因となるさまざまな問題が存在する。中央教育審議会(1996)は，このような状況に鑑み，平成8年7月の第一次答申において，次のような提言を行った。

①これからの学校教育の在り方として，「ゆとり」の中で自ら学び，自ら考える力などの「生きる力」の育成を基本とし，教育内容の厳選と基礎・基本の徹底をはかること。②一人ひとりの個性を生かすための教育を推進すること。③豊かな人間性とたくましい体をはぐくむための教育を推進すること。④横断的・総合的な指導を推進するため「総合的な学習の時間」を設けること。⑤完全学校週5日制を導入すること。

また，教育課程審議会(1998a)は文部省(現文部科学省，以下同じ)の諮問を受け，平成10年7月に次の方針に基づいて教育課程の基準を改定することを提言した。

①豊かな人間性や社会性，国際社会に生きる日本人としての自覚を育成すること。②自ら学び，自ら考える力を育成すること。③ゆとりのある教育活動を展開する中で，基礎・基本の確実な定着をはかり，個性を生かす教育を充実すること。④各学校が創意工夫を生かし特色ある教育，特色ある学校づくりを進めること。

そしてこの答申では，教育課程の基準改善のねらいとともに，体育科・保健体育科改善の基本方針を次のように示した。

①明るく豊かで活力のある生活を営む態度の育成を目指し，生涯にわたる豊かなスポーツライフ及び健康の保持増進の基礎を培う観点に立って内容の改善を図る。その際，心と体をより一体としてとらえて健全な成長を促すこ

とが重要であるという考え方に立ち，体育と保健をより一層関連させて指導できるようにする。特に，運動に興味をもち活発に運動する者とそうでない者に二極化していたり，生活習慣の乱れやストレス及び不安感が高まっている現状を踏まえ，児童生徒が運動が好きになり，健康な生活習慣を身につけることができるようにする。②体育については，自ら運動する意欲を培い，生涯にわたって積極的に運動に親しむ資質や能力を育成するとともに基礎的な体力を高めることを重視する。

2) 学習指導要領における体育・保健体育科教育のねらい

このような提言に基づき，文部省（1998b，1998c，1999a）は平成10年12月14日に小学校学習指導要領および中学校学習指導要領を改訂し，続いて平成11年3月29日に高等学校学習指導要領の全面的な改訂を行った。学習指導要領の中には，それぞれ「総則」「教科」「道徳」「特別活動」にわたる内容が記述されているが，以下，各学校種別に出版されている学習指導要領及びその解説書（文部省，1999b，1999c，1999d）の中に示された「教科の目標」から，体育・保健体育科教育のねらいを探ってみることにする。

(1) 小学校「体育科」の目標

> 心と体を一体としてとらえ，適切な運動の経験と健康・安全についての理解を通して，運動に親しむ資質や能力を育てるとともに，健康の保持増進と体力の向上を図り，楽しく明るい生活を営む態度を育てる。

今回の指導要領における最大の特徴は，児童の心と体の健全な発育・発達を促進するためには心と体を一体としてとらえた指導が重要であることを強調するため，「心と体を一体としてとらえ」という表現が加えられたことである。すなわち，さまざまな機会をとらえて，運動が心と体に及ぼす効果を理解させるとともに，健康，特に心の健康が運動と密接に関わっていることを理解させることの大切さが示されている。

また，「健康・安全についての理解」を深めながら，それぞれの児童が心身の発達状況にあった「適切な運動の経験」を積み重ねることによって，運動

の楽しさや喜びを享受することの大切さも示されている。そして，このような体験を通して「運動に親しむ資質や能力を育てる」とともに，「健康の保持増進と体力の向上を図り」，生涯にわたって運動やスポーツを実践する等,「楽しく明るい生活を営む態度を育てる」ことを目指すことが掲げられている。

　これらの目標は，現在および将来ともに楽しく明るい生活を営むための基礎づくりとして，生涯にわたって運動やスポーツを豊かに実践するための資質や能力を育て，健康で安全な生活を営む実践力およびたくましい心身を育てることを目指しているものと考えられよう。そのためには，健康な生活，体の発育・発達，けがの防止，心の健康および病気の予防についての基礎的・基本的な内容を実践的に理解するとともに，各種の運動への関心や自ら運動をする意欲，仲間と仲良く運動をすること，各種の運動の楽しさや喜びを味わえるよう自ら考えたり工夫したりする力，運動の基礎的技能などを高めることなどが重要になってくる。

(2) 中学校「保健体育科」の目標

> 　心と体を一体としてとらえ，運動や健康・安全についての理解と運動の合理的な実践を通して，積極的に運動に親しむ資質や能力を育てるとともに，健康の保持増進のための実践力の育成と体力の向上を図り，明るく豊かな生活を営む態度を育てる。

　中学校においても，小学校の目標と同様の趣旨によって「心と体を一体としてとらえ」という表現が掲げられている。また，運動の特性とその特性に応じた学び方や体ほぐしおよび体力の意義，運動の効果などについての科学的理解を促進するため，「運動や健康・安全についての理解」が目標として掲げられている。さらにこの目標は，心身の機能の発達と心の健康，健康と環境，障害の防止および健康な生活と疾病の予防など，心身の健康の保持増進について，科学的な原理や原則に基づいて理解できるようにすることも意図されている。そしてこのことは，発達段階や各種の運動の特性に応じた「運動の合理的な実践」を通じ，より確実なものになることが期待されている。

　小学校と同様の趣旨で「積極的に運動に親しむ資質や能力の育成」も掲げ

られているが，ここでは運動に親しむ資質や能力として運動の技能とともに，知識・理解なども付加されている。

「健康の保持増進のための実践力の育成」は，健康・安全についての科学的な理解を通して，心身の健康の保持増進に関する内容を単に知識としてや記憶として留めるだけでなく，生徒が現在および将来の生活において健康・安全の課題に直面した場合に，科学的な思考と正しい判断のもとに意志決定や行動選択を行い，適切に実践できるような資質や能力の基礎を培うことを示したものである。「体力の向上を図る」は，小学校の場合と同様の趣旨で取りあげられている。

「明るく豊かな生活を営む態度を育てる」についても，小学校とほぼ同様の趣旨で取りあげられている。

(3) 高等学校「保健体育科」「体育科」の目標

> 心と体を一体としてとらえ，運動や健康・安全についての理解と運動の合理的な実践を通して，生涯にわたって計画的に運動に親しむ資質や能力を育てるとともに，健康の保持増進のための実践力の育成と体力の向上を図り，明るく豊かで活力ある生活を営む態度を育てる。

「心と体を一体としてとらえ」という表現は，小・中学校の目標と同様の趣旨によってとりあげられている。

「運動や健康・安全についての理解」とは，健康・安全や運動についての総合的な理解を意味している。健康・安全面では，小学校での身近な生活における実践的な理解，中学校での主として個人生活における科学的な理解を踏まえ，個人生活のみならず社会生活との関わりを含めた総合的な理解を深めることを通して，生涯を通じて健康や安全の課題に適切に対応できることを目指している。運動面では，変化する現代社会におけるスポーツの意義や必要性，自己の能力に応じて運動技能を高めるなど，運動に親しむための学び方，体ほぐしの意義と行い方および体力の高め方などについて理解を深め，理論と実践がより一体となって生涯を通じて運動を生活の中に取り入れることができることを目指している。

「運動の合理的な実践」とは，各運動の特性を踏まえ，運動の学び方および体力の高め方の一般原則，運動と心身のはたらきの関係，運動に伴う事故の防止，運動に関わりのある健康・安全に関する知識などの科学的な理解に基づいて運動を実践することを意味する。

　「生涯にわたって計画的に運動に親しむ資質や能力を育てる」は，中学校の場合とほぼ同様の趣旨で取りあげられているが，特に運動を日常生活の中に計画的，継続的に取り入れ，生活の重要な一部とすることが強調されている。

　「健康の保持増進のための実践力の育成」「体力の向上を図る」「明るく豊かな生活を営む態度を育てる」についても，中学校とほぼ同様の趣旨で記述されている。
　　　　　　　　　　　　　　　　　　　　　　　　　　　　（賀川昌明）

2. 体育・保健体育科教育の ねらいと心理学的課題

1）体育・保健体育科教育のねらい達成に向けて

(1)「心と体の一体感」

　先述した体育・保健体育科の目標からも明らかなように，今回の改訂における目玉の一つは，「心と体の一体感」をどのように認識させ，心身の相関性を理解させるかということである。無論，このねらいはすべての領域において達成すべきものであるが，今回，従来の体操領域にかわって設けられた「体つくり運動」の中で行われる「体ほぐしの運動」には，特に期待がよせられている。しかしながら，この運動によって子どもたちがリラックスしたり，仲間との連帯感を味わったりすることは比較的簡単であるが，それを身体意識や心身相関意識まで高めることは容易ではない。ことに低年齢層における難しい理屈は，かえって運動から離れさせてしまいかねない。各発達段階や個人の特性に応じた意識化の兼ね合いをどうするのか。子どもたちの認識過程との関連から，事例に基づいた具体的なデータを積み重ねることが求められているといえよう。

　さらに，この「体ほぐしの運動」は，スポーツなどの領域では心や体を解放できない者のために設けられたものという説明もされている。しかしながら，逆にいえば，いくら「体ほぐしの運動」で心と体をほぐしたとしても，スポーツ領域で再び苦痛やストレスを感じたり，疎外感を味わったりするのでは元も子もない。種目選択的な取り扱いが可能な場合は別として，ほとんどの場合，子どもたちは否応なしにスポーツ領域の学習にも参加しなければならない。どのような子どもがどのようなときにストレスを感じたり疎外感を味わったりするのか。これらに関する情報を蓄積するとともに，それらに対応する授業観や指導方法を確立しなければならない。

(2) 運動に親しむ資質や能力を育てる

　この目標は，従来の指導要領にも掲げられており，そういった意味では体

育・保健体育科における典型的なねらいといえよう。しかしながら，実際には学校生活や日常生活の中で，この目標に沿った形で運動を親しんでいる者と，こういった活動に背を向けている者との二極化現象が起きているのが現状である。

解説書によると，運動に親しむ資質や能力には「運動への関心・意欲」，「仲間との協調性」，「運動の楽しさや喜びを味わえるように工夫する力」，「運動技能」，運動に対する「知識・理解」があるとされている。運動に対する「知識・理解」や「運動技能」は，一般に「分かる」「できる」という表現で取りあげられており，従来の体育授業でも主要課題として取り組まれてきた。そして，「運動への関心・意欲」「仲間との協調性」「運動の楽しさや喜びを味わえるように工夫する力」は，どちらかといえば「運動技能」を高めたり，「知識・理解」を深めたりするための，いわば補助的課題としての位置づけをされることが多かった。したがって，評価の対象も「運動技能」「知識・理解」が中心であり，授業のまとめにあたって教師が学習者に投げかける発問も「できましたか」「わかりましたか」がほとんどである。無論，この二つは「運動に親しむ資質や能力を育てる」ために重要な要素の一つであることには違いはないが，すべてではない。現代の子どもたちがおかれた環境の劣悪さと生活体験の乏しさからすると，むしろそれ以上に「運動への関心・意欲」「仲間との協調性」「運動の楽しさや喜びを味わえるように工夫する力」が重要なポイントになってくるように思われる。

学習指導要領に記された学習内容にも「技能」とともに「態度」や「学び方」は明示されている。体育授業における学習内容が「技能」のみに偏ることなく，「態度」や「学び方」の習得にも同様の配慮がなされるよう働きかけるとともに，そのための指導法や評価法など，実践に役立つ情報を提示することが，体育心理学に課せられた大きな課題といえよう。

2) 学校教育の目標(「生きる力」の育成)達成に向けて

中央教育審議会の第一次答申では，現代の子どもたちの生活の現状を「ゆとりのない生活」とし，そこから生じた問題点として，「社会性の不足や倫理観の欠如」「自立の遅れ」「肥満傾向や視力低下」「体力・運動能力の低下」と

いった特徴を指摘している。また，受験戦争の過激化，いじめや不登校の問題，学校外での社会体験の不足などが，豊かな人間性を育むうえで阻害要因となっているとした。

　これらのことからも明らかなように，現代の教育における最大の課題は，このように病んでいる子どもたちの「心」を解放し，いかにして健全な方向に育てていくかということである。そして，それを土台として，これからの厳しい社会生活をたくましく，豊かに生き抜いていく力，すなわち「生きる力」を身につけさせなければならない。しかしながら，現代の子どもたちの生活体験は非常に乏しいものとなっている。特に身体活動に関わるものには，その傾向が著しい。その結果，今までであれば当然身についていると考えられた身体操作能力や対人関係の処理能力，さらには自己の感情処理能力等が身についていない。したがって，今までのように，体育授業において「鍛える」という発想だけでは対処しきれないことも多々ある。健全な心や体を育てるべき体育授業が，かえって子どもたちの心に大きな負担となり，やがてそこから身体的不調を引き起こすことにもなりかねない場面も想定しうる。

　こういった現状を考えると，子どもたちの実態を非難することよりも，まずはその状況を受け入れることからスタートしなければならない。

　現代の教育においては，「カウンセリングマインド」をもった対応が大切であるといわれている。また，体育授業における教師の役割は「学習指導」であるということが主張されるようになってから久しい。しかしながら，相変わらず体育教師に「教え込み」「トレーニング」「コーチング」といったイメージがついて回っている。これは，体育の授業は「鍛え」「伸ばす」ものであり，体育教師はそういった機能を最大限に発揮する役割を担っているとの認識からくるものであろう。

　体育授業は，その身体活動性・集団性・情緒性・課題解決性といった点で，豊かな疑似社会体験の場をもっている。そういった意味では，現代の教育課題である「心の教育」に最適の場である。しかしながら，それが実現するかどうかは，その場がどのような方針によって準備され，そこでどのような活動が行われるかにかかっている。当然，そのマネージメントは教師によって行われるのであるが，その教師の対応次第では，その成果は全く異なったも

のになってくる。すなわち,その場がストレスに満ちた苦痛の場になるのか,安らぎと発散から自己改革に向かう場になるのかは,教師次第だといっても過言ではなかろう。

体育心理学は,このような場の構成や運営に対してどのような知見を提供し得るのであろうか。人の行動や現象を理解するための理論構成やモデル構築も重要ではあるが,生身の子どもたちを対象とした体育授業において直接役に立つ,具体的かつ実践的な情報の提供もそれと同様に大切である。個々の子どもたちの実態に対応する情報の蓄積によって,教師や子ども,さらにはその保護者からの要望にも応えうる体育心理学でありたいものである。

(賀川昌明)

〈引用・参考文献〉
文部省(1996):中央教育審議会第一次答申「21世紀を展望した我が国の教育の在り方について」.
文部省(1998a):教育課程審議会答申「幼稚園,小学校,中学校,高等学校,盲学校,聾学校及び養護学校の教育課程の基準の改善について」.
文部省(1998b):小学校学習指導要領.大蔵省印刷局,pp.80-89.
文部省(1998c):中学校学習指導要領.大蔵省印刷局,pp.71-87.
文部省(1999a):高等学校学習指導要領.大蔵省印刷局,pp.96-103.
文部省(1999b):小学校学習指導要領解説　体育編.東山書房.
文部省(1999c):中学校学習指導要領解説　保健体育編.東山書房.
文部省(1999d):高等学校学習指導要領解説　保健体育編　体育編.東山書房.

第  章

運動との関わりを深める
教師の働きかけ

1. 子どもとのきずなを深める教師の配慮

1) 教師と子どもとの人間関係への配慮

　教育の現場において，教師は教える内容についての知識や指導方法を十分に身につけていることが第一に必要なことと考えられるであろう。そして，教材をどのように扱うか，それに適した指導方法は何か，学習を効率的にするにはどうしたらいいか，等について考えていくであろう。しかし，それで教育が十分に行えるかというとそうとは限らない。教師と子どもとの人間関係を考慮に入れなければならない。「人間関係のあり方次第で，そこに生じてくる現象そのものも変わってくる」（河合，1995）のである。したがって，同時に考えられるべきことは，子どもとの関係をよくすること，つまり，信頼関係を築くことである。たとえ教師に知識が十分に備わっており，しっかりした教材研究がなされていても，子どもとの関係がよくないとき，子どもにとってよかれと思われていることが必ずしもそうならないことがある。つまり，一人ひとり異なる子どもの能力レベル，パーソナリティ等を尊重し，彼らの考え・感じることに共感できるような関係にあり，それを土台にして指導していかないと，身体の動かし方の熟達，身体技能の習得，人格の成熟等は得られにくいのである。そこでは，子どもを客観的に見ることや科学的な理論に基づいた指導法を考えていくばかりではなく，子どもとの関係の中で見えてくるものを尊重していかねばならない。

　そうすることは「臨床」の視点を導入することにつながっていく。客観的に子どもを観察し，科学的理論に基づいて指導を考えていく，という立場ではなく，子ども一人ひとりを尊重し，その個との関わりの中で見えてくるものを大切にしながら指導していく立場である。それは，子どもの内面に入り込み，その世界をまるごと共感するような視点である。無論，それは難しいことではある。

　ところで，臨床の実践であるカウンセリングや心理療法において，もっと

も重視されるべきものはカウンセラー(心理療法家)と来談者(クライエント)との関係である。カウンセラーとクライエントとのよい関係なくして，カウンセリングは進展しない。それ故，カウンセリングや心理療法の初めに，カウンセラーはクライエントとのラポール（rapport）形成をまず要求される。つまり，何でも話せるような受容的な雰囲気をもった信頼関係を築きあげることが要求されるのである。このことは，人と人とが関わりあうどんな状況においても同様に必要なことであろう。体育の授業の中でも，教師と子どもの間にラポールが形成され，子どもが自由に自己表現ができるような雰囲気や関係が構築されなければならない。

そのように人間関係を良くするためには，どのようなことを考えていかねばならないであろうか。

2）人間関係をよくするには

子どもとの人間関係をよくするには，まずその対象となる子どもをよく見て，理解しようとする態度が必要とされる。彼らがどのような心身の発達段階にあるかを大まかに把握するだけでなく，一人ひとりの特徴をできるだけ先入観をもたないで見ることが望まれる。そのためには，子どものことば，表情，しぐさ，身体の動き等をよく見ることである。特に，体育の授業と他の教科との大きな違いが身体を動かすことにあるので，子どもが身体を動かすことによって表現していることを注意深く見ることである。そうすると，彼らの身体表現は我々にいろいろなことを知らせてくれていることがわかる。じっと座っているときよりも，歩いたり，走ったり，さまざまな身体の動きを見ているときの方が，その人がどのような人なのか，どのような心理状態にあるのかを大まかに把握できるのである。「身体運動は常に自分自身が思わぬところであらわになる体験なのである」（中島，1996）。そういった見方を押し進めていくと，行動の背景にある心理が推察されることがある。たとえば，動きが緩慢な子どもは表面上はやる気がないように見えるかもしれない。しかし，その背景に，家庭内の葛藤，体の病気などがあるときがある。そういうときに，たとえば家庭内の問題で悩んでいるときには，悩み，苦しむことに心のエネルギーが使われて，外的な活動，たとえば身体を動かすことに

少ししかエネルギーを注げなくなる。それが授業でのやる気のなさとして見えるのである。体の病気の場合もまた同様である。また，動きが堅かったり，ぎこちなかったりする子どもは，教師の指導にしたがって過度に正確に動こうとするあまりそうなっているときがある。すべての動きに注意を払っているために動きとしてはバラバラになってしまうのである。一部の動きに注意力を注ぎ，あとの動きは無意識になされるようにしなければ，動きはスムーズになりにくい。あるいは，心理的な堅さが身体の動きとして表出されて，動きがぎこちなくなっているかもしれない。以上で述べたような子どもに対して，彼らの心理的背景を考慮しないで型通りに教えてたとしても，十分な動きの習得は難しくなるであろう。子どもの立場になって，その背景となっている心理に気を配り，その気持ちを尊重しながら指導していかねばならない。

　次に，大事なことは子どもと同じ目線で話すことである。一般的に低学年であるほど大人である教師の視線は，身体の大きさ故に上から見下ろすということになる。それでは一方向的な上下関係や，威圧するような関係になってしまうおそれがある。子どもの視線と同じところにあることで，「教え―教えられる」という関係の中でも相互的な関係が結びやすくなるだろう。その方が，子どもは教師に話しやすくなるであろうし，教師の話も聞きやすくなるであろう。

3）体育教師に必要なこと[注1]

　体育教師が以上に述べたような人間関係に配慮できるようになるためには，子どもの実際の身体の動きを観察し分析する力だけでなく，ことばやしぐさ，そして身体で表現されていることの背景となっている心理を感じとる力を身につけることが望まれる。表面上に表されていることだけではなく，内面に隠されていることへの配慮が必要とされるのである。

　プレイセラピー（遊戯療法）という心理治療法がある。言語表現が十分でない子どもの治療法として用いられている。それは，プレイルームという心理治療の場（枠）で，遊びを通して自己表現される子ども自身のあるがままを治療者が受け取り，それを遊びの中で子どもに返すという過程を通して，子ど

もが成長していくのを援助する方法である。そのためには，「子どもが安心してあるがままの自分を治療者にむかってあらわす，それを〝受けとめる治療者の存在〟という状況が望まれる」（村瀬，1990）のである。そのような治療者であるためは，治療者が心を開いた態度，つまり，先入観をもたず，子どもをあるがままに受け入れると同時に，治療者自身の心の中で起こる感情をも受け入れる態度でいることが望まれる。

　体育の授業は，体育館や運動場という枠の中で子どもが身体や身体運動を通じて自己表現する場である。そこにはプレイセラピーで行われていることと同様の過程が存在し，通常の授業では見えにくい子どもの内面が表出されることがあると考えられる。したがって，教師が子どもによって身体や身体運動を通じて表現されたものを受け止められるかどうかが鍵となる。そのとき，他の教科の教師よりも多いと考えられる，体育教師自身の身体運動経験が役立つ可能性がある。教師自身の体験を深めていくことが感受性を高めることにつながるのである。つまり，自分自身が身体を動かすことによって感じられる身体の感覚や表出される感情を味わってみることによって，子どもが身体を動かすことで表されることを受けとめる力が増すと考えられるのである。教師が，体育の中で身体運動を通じて表出されるものを受け止めることができると，それに応じて子どもの心の世界は広がっていく。

　また，教師が開かれた態度で授業を行い，身体で表現されている子どもの内面への共感度が高まるとき，そうでないときと比べて子どもの自己表現のしかたが異なってくるはずである。だから，教師と子どもがどのような人間関係にあるかによって身体運動や身体表現のしかたが異なってくるのである。型通りに授業を行う教師に対して，子どもは非常に窮屈な自己表現しかできにくくなるであろう。威圧的な教師に対しても同様であろう。子どもの様子にほとんど関心を示さない教師に対して子どもは自分を表現することは少ないであろう。教師が開かれた態度をもち，自由な子どもの自己表現をできるだけ保証するならば，通常では知ることのできない側面が身体を動かすことを通じて表現され，そういったの関係の中で子どもの心身は豊かになっていく。

　そのために，教師は自分自身を知ろうとする態度をもち続けることが大切

である。子どもを理解したいならば，まず教師自身が自己理解の幅を広げることである。教師の自己理解の幅は，彼らが子どもを理解するときの幅に相応しているのである。

4）自分を知ること

　自分を知ることはそれほど簡単なことではない。自分自身にとって快いと感じられる部分を知ることはそれほど難しくはないだろう。しかし，あまり快いとは感じられない部分はできれば見たくないと思うであろう。ところが，そのような部分は人と人とが関わる場では，その関係に大きく影響することがあるので，自分自身の快いと感じられない部分まで，できるだけ自己理解の幅を広げたいものである。

　たとえば，苦手な人，気の合わない人，嫌いな人はできれば関わりたくない人であるかもしれない。しかし，彼らはさまざまことを教えてくれている人でもある。そういった人たちに苦手，合わない，嫌いというネガティブな感じをもつということは，自分自身の中のネガティブな部分に触れているからこそ，ネガティブに感じられるのだ。つまり，彼らはユング心理学でいう「影(shadow)」（河合，1967），つまり，自分自身の中の未開発な部分を表現している人なのである。彼らのどのような行動や考えが嫌だと感じるか，避けたいと感じるかなどを考えることから，自分自身の問題，つまり課題が見えてくるはずである。それは自己成熟を促進することにつながっていくであろう。

　だから，自分自身の心の中の動きに敏感であった方がよい。それは，他の人の言動によって引き起こされることかもしれないが，自分自身の内面にあることに関わることである。自分自身の内面にあることだから感じることができるのである。たとえば，バスケットボールのシュートが入らなくて何度も失敗を繰り返す子どもがいるとしよう。それを見ている教師がイライラしてくるときがあれば，たとえばそれは教師がすぐできることを期待していることに起因するかもしれない。つまり，それは子どもの行動によって引き起こされたことかもしれないが，教師自身の心理の投影であると考えられるのである。したがって，教師自身が自分の心の動きに敏感になることによって，

どのようなときに，どのような心理状態になるのかを理解でき，それは子どもとの人間関係をよくすることにつながることである。

　ときには，教師が子どもに伝えようとしている内容がそのまま伝わらないことがあるかもしれない。あるいは，伝えようとしていると教師自身は思っていても，それが実際に教師によって表されたことばや身体表現とは異なることがあるかもしれない。いずれのときも，教師や子どもがそのときに思っていることや考えていること，たとえば，心理的に不安定な状態にあるとか，やる気がないとか，などが，伝えようと意図したことや受け取ろうしていることに微妙に影響を与えているのである。

　また，教師が自信をもって授業ができたと満足しているときでも，子どもが同様に満足しているとは限らないことがありうることも知っておいた方がよい。たとえば，カウンセリング場面で，よいことをしたと自己満足でいるときよりも，どうなるかな，大丈夫かなと心配しているときの方がクライエントに役立つことをしていることが多い，とよくいわれる。満足してしまうと，子どもから心が離れてしまい，心配をしているときは子どもから心が離れない，ということがあるからである。これは体育の授業でも同様であると考えられる。教師が自己満足し，子どもから心が離れてしまうということは，子どもにとっての心理的な支えとはなっておらず，彼らとの関係が十分でないことを意味することになる。そういう関係は避けてほしいものである。

5）授業のカンファレンスの必要性

　以上のようなズレを少なくしたり，授業をよりよいものにしていくためには，体育の「授業のカンファレンス」（河合，1995)を考えてみるのもよい。それは，医者や臨床心理士のカンファレンスと同様に，授業をそのカンファレンス参加者が共同で検討することから，「教師の体験をより豊かにしていこう」（河合，1995）とするものである。たとえば，ある1時間の授業をビデオ撮影する。授業後にそれを，同僚や授業研究の仲間と見て，ディスカッションする。あるいは，連続して行われた何回かの授業を詳細に記録し，それを研究会で発表し，その授業についてディスカッションする。また，一回の授業のビデオや記録を教師自身が振り返って見ることだけでもいいかもしれな

い。ディスカッションする中で，あるいは振り返ってみる中で，授業のあり方，先生と子どもの人間関係のあり方等について，さまざまに考えられ，それが教師の体験を深め，授業実践に役立つものとなっていく。このような実践は，たとえば，稲垣ほか(1991)で詳細に報告されている。また，脇田(2001)は授業をビデオ撮影し，それを逐語記録し，それを見て授業を振り返ることが子どもに対する見方や働きかけ方を工夫・改善することにつながったことを報告している。　　　　　　　　　　　　　　　　　　　（鈴木　壯）

注1) ここに述べられていることは，中島(1996)の考えに拠っている。

《引用・参考文献》
稲垣忠彦ほか(1991)：シリーズ授業⑦　体育　跳ぶ楽しさ・側転．岩波書店．
河合隼雄(1967)：ユング心理学入門．倍風館．
河合隼雄(1995)：臨床教育学入門．岩波書店．
村瀬嘉代子(1990)：遊戯療法．臨床心理学体系　第8巻　心理療法②．金子書房，pp. 157-186．
中島登代子(1996)：スポーツと心身の癒し―心理臨床学的視点―．スポーツ学の視点．昭和堂，pp. 129-145．
中込四郎(1998)：「臨床スポーツ心理学」の方法．スポーツ心理学研究 25：30-39．
鈴木　壯(2000)：臨床スポーツ心理学の課題―スポーツ心理学の新たな視点―．スポーツ心理学研究 27(1)：30-38．
脇田　誠(2001)：体育授業における教師の反省的実践について―その事例的検討．岐阜大学大学院教育学研究科(修士課程)学位論文概要集 5：37-38．

2. 学習意欲を高める動機づけ

1）意欲を引き出すことばかけ

　「ことばは人を動かす」といわれる。「○○ちゃん，お上手ね」とほめられブランコ遊びをやめない幼稚園児。「やればできるね。すごいじゃない」と言われて早朝練習を続けるチビッコ野球選手。「こんなこともできないの」と嘲笑され部活をやめてしまった中学生。「がんばれ，日本」のことばがプレッシャーになり引退が早まった五輪選手。いずれの場合も，人から発せられたことばによってその後の行動に影響がみられた例である。

　社会的な対人関係の中で営まれている体育の授業においても，級友や親友，そして先生の「ことばかけ」によって，子どものその後の学習意欲が異なってくる。意欲を引き出すことばには，どんなものがあるのだろうか。体育学習における「ことばかけ」の研究は，古くは動機づけとの関連で行われてきた。その中心になっていたのは，賞賛と叱責，賞罰，激励などのことばであった。

　ここでは，体育における学習意欲を高めることばかけとして，紙幅の制限上，「賞賛（ほめことば）」「激励（はげましことば）」「叱責（叱りことば）」「期待や感情を高めることば」の4つを取りあげることにする。いずれも，これまでの研究で指摘された意欲を引き出す重要なことばである。そして，特に小・中学生を対象にポイントをあげながら注意点などを説明していくことにしよう。

(1) 賞賛（ほめことば）

　教育現場では，昔から「叱るよりほめろ」とよくいわれる。「7回ほめて3回叱れ」ともいわれている。アメリカのコーチと指導のしかたについて話していても，彼らはほめることを何よりも優先する。両親や教師が賞賛してくれる人であると認知している子どもの内発的動機づけは高い傾向にある（桜井, 1987）という論文もあるくらいである。ほめることによって学習意欲が湧

いてくるというのであるが，ほめ方が問題である。

①本気でほめる

　ことばというのは，相手にこちらの真意が伝わって初めて効果を発揮するものである。足かけ上がりができるようになった子どもに，その子の顔も見ないで「上手にできるね。すごいね」と声をかけても，子どもは半信半疑である。同じことばかけであっても，その子の気持ち(ようやくできるようになって喜んでいる)を考えて本心からほめれば，「よし，またがんばろう」という意欲が湧いてくるはずである。教師が本気でほめているかそうでないかは，小学校も高学年あたりになるとわかるものである。

②具体的にほめる

　「よかったね」「うまくいったね」とほめられると，気分がよくなったり快適感情が生じたりするが，自分の行為や動作の何に対してほめられたのかは不明である。この点を具体的にほめられると，子どもはそれらの行為や動作を「もう一度やってみよう」という気持ちになってくる。跳び箱で「手の着き方がよかったね」とか「あの蹴りはすばらしいね」とほめれば，その動作を繰り返そうとする意欲が湧いてくる。これは，運動学習を効率よく行うためにも有効なことばかけである。また，子どもが人間として成長している事柄についても，どのように成長したのかを具体的にほめるようにしたい。要するに，何についてほめられているのかを明確にすることである。

③内発的動機を刺激するようにほめる

　子どもは知的好奇心が旺盛で，何事にも興味や関心を示すといわれている。本来は意欲が高いのである。意欲が低い子どもは，何かの原因によって彼らの内発的動機が抑えられていると考えられる。ほめるときには，この内発的動機を刺激するようにしたい。たとえば，サッカーに興味のある子どもであれば，「○○君のフェイントは素晴らしいね。プロ級だね。どこで覚えたの。みんなにも教えてくれない」のように話しかけると，その子どもの内発的動機は刺激され，さらに突っ込んだ学習をしていくことになろう。

(2) 激励(はげましことば)

　はげましを代表することばに，「がんばれ」がある。困難に直面しているときやもう少しで問題が解決できそうな場合に，人をはげます意味でよく使わ

れる。日本人の好きなことばであるが，アメリカ人が人を激励する際には，「Do your best」よりも「Take it easy」とか「Good luck」を用いる場合が多いようである。

　原因帰属の研究によると，無気力な子どもを対象に失敗の原因を努力不足に帰属させるよう働きかけたところ，彼らのやる気が高まったという(Dweck, C.S.,1975)。努力すれば次は成功するだろうという見通しがもてるからである。しかし，この努力帰属は，能力認知の高い子どもにより有効であったということである(桜井，1991)。「がんばれ」ということばは，自分に能力があると思っている子どもには効果的であるが，能力がないと認知している子どもにはあまり有効でないかもしれない。

①愛情を込めてはげます

　人からの激励を子どもが素直に受け止めたり，うれしく感じたりするのは，はげましのことばに愛情が込められている場合である。口先だけの儀礼的なはげましは，心の奥に深く刻みつけられることは少ない。逆上がりができない子どもに「練習すればきっとできるようになるよ。だから，最後までがんばろう」と言ったときに，その子どもの心情を察し親身になってはげましたかどうかが問題である。表面的なはげましことばは，子どもにすぐに見破られる。愛情をもって接することである。

②目標や見通しをもたせるようにはげます

　「がんばれ」だけでは，どのように努力すればよいのかわからない。はげまされる内容や方向性が具体的に示されると意欲も湧いてくる。たとえば，「足の蹴りを強く。そうすればもっと遠くへ飛ぶよ。さあ，やってみよう」「ほとんどできているじゃない。もう少しがんばれば成功だよ」などである。また，努力すればどのようなよいことがあるかなど成功の見通しを明らかにしながらはげますと，子どもたちはその課題に意欲的に取り組んでいく。

(3) 叱責(叱りことば)

　叱るということばは，子どもの過失や間違った考え方などを訂正するときに使用されることからすれば，学習意欲を引き出すことばとしてはあまり適切でないかもしれない。むしろ，叱られるとやる気や意欲が低下するのではないかと考える方が，自然のように思われる。

しかし，叱られた問題点や原因が明確で，教師の叱責を子どもが受容しているような場合には，叱りことばが意欲を引き出すことを可能にする。ただし，叱るのは必要最小限にしておきたい。

①客観的事実や行為を叱る

　リレーでバトンを落としてしまった。そんなときに「なにをしているの。早く起きて走りなさい。それだから○○ちゃんはダメなんだ」。苦手なマット運動を前にぐずぐずしていると「早くしなさい。日が暮れるぞ」と叱責の声。こういう叱り方をいつもされていると，意欲をなくすだけでなく自信をも喪失する。「私はもうダメな人間だ。みんなにばかにされる人間だ」と思ってしまうかもしれない。叱る対象は，子どもの客観的な事実や行為であって，その子の能力や性格であってはならない。

②叱られた意味がわかるようにする

　叱る場合には，その意味をはっきりさせることである。なぜ叱られたのかを子どもに気づかせる必要がある。「バレーボールを蹴るな！」ではなくて，「バレーボールは手で扱うように作られているので，足で蹴ると割れてしまうから」というように，蹴ってはいけない理由やその意味をはっきりさせるようにする。叱られた意味がわかると，大抵の子どもは納得するものである。

　この他に，学習意欲を高める（なくさない）ための注意点として，「そのとき，その場だけ叱る」「カッとならずに，冷静に叱る」「重要なことを叱る」「個人差に応じて叱る（内向性の子どもは叱るよりほめる方が効果的であるといわれている）」「信頼されているときに叱る」などがあげられる。

（4）期待や感情を高めることば

　ここでは，体育教師の発言を分析した実践報告があるので，その研究を紹介しながら学習意欲の高まることばを示すことにしよう。

　西田（1996）は，期待・感情モデル（西田・澤，1993）に依拠しながら，「体育における学習意欲の高いクラスの子どもたちは，期待及び感情を高めるような体育教師の発言を多く受けているだろう」という仮説を，実際の体育の授業場面で検証している。このモデルによれば，期待とは，与えられた学習課題がうまくできるかどうかの予想や見通しのことであり，体育学習での成功への期待，自己の運動能力や成績が将来向上するのだろうかといった能力向

上への期待が含まれている。感情とは，学習課題そのものと成功後の予想に関連して生じる感情のことであり，体育学習で経験する感情，運動そのものに対して抱いている感情，成功や能力向上に関して生じる感情などである。それでは研究概要を以下に示すことにしよう。

対象者は小学校5年生の男女であった。体育における学習意欲検査(AMPET)(西田，1989)を実施して，学習意欲の高いクラスと低いクラスを抽出した。次に，それぞれのクラスを担当する体育教師の授業中の発言を，ワイヤレスマイクを用いて無線で記録した。そして，それらの発言の中に子どもたちの期待や感情を高めると思われる内容がどの程度含まれているのかを比較検討したのである。表1-1には，それらの発言例が示されている。

表1-1 体育教師の発言カテゴリー（期待及び感情を高める発言）（西田，1996）

★目標提示（目標やめあての提示、目標設定など）
　「10回やってみよう」「台をもう1段あげて挑戦してごらん」
★助言（技術向上の助言、学習方法のヒント、重要ポイントの指摘など）
　「おへそを出して」「そこで蹴って」「着地も決めようね」
　「ここを意識してね」「これ、大事なんだよ」
★KR（運動遂行や結果のフィードバック、運動の結果に対する賞賛など）
　「勢いが出てきたよ」「跳ねるタイミングがよくなってきた」
　「いい着地だ」「〇〇君、よくなった」
★是認（運動の結果や授業中の行為に対する是認、承認、容認など）
　「そんな感じね」「オッケイ」「よし、よし」「いいね」
　「今の感じ、今の感じ」「そう、そう、そう」「今のオッケイ」
★自信向上（自信を持たせるような発言）
　「もうできてるじゃない」「首跳ね跳びになってるよ」
　「もういけるよ」「それで十分だよ」「あと3回でできるよ」
★賞賛（運動結果に対する賞賛）
　「もう完璧だね」「おお、素晴らしい」「〇〇さん、いいねえ」
　「うまい」「きれいだね」「これは上手」「ほれぼれするよ」
★激励・援助（励ましや手助けなど）
　「それ、頑張れ」「見ててあげるから、やってごらん」
　「先生が支持してあげよう」「交代してあげようか」

その結果，学習意欲の高いクラスを担当している体育教師の期待および感情に関連する発言数は，発言総数全体の56.2%に及んでおり，その内容は，是認(運動の結果や授業中の行為に対する是認，承認，容認など)や助言(技術向上へのアドバイス，学習方法のヒント，重要ポイントの指摘など)に関するものが多かった。これに対して，学習意欲の低いクラスを担当する体育教師

の期待および感情に関連した発言数は，全体の11.6%にしか過ぎず，その内容としては発問(質問や問いかけなど)や指示(呼びかけ，命令，行動促進，依頼，要求など)に関するものが多かった。前者の授業は，生徒の学習活動に対して「よし」「それでオッケイ」といった是認や承認を与える指導が中心であったが，後者は，子どもへの発問や指示が中心の授業であったと想像される。

　研究結果を要約すると，体育における学習意欲の高い子どもを指導している体育教師は，日常の体育授業において期待や感情を高めるような発言が多かったが，学習意欲の低い子どもを担当している体育教師は，そのような発言が少なかったということである。このことは，裏を返せば，日頃から期待や感情を高める発言の多い体育教師に指導されていると，子どもの学習意欲が高くなってくることを示唆するものである。したがって，体育における学習意欲を喚起させるには，体育学習での期待および感情を高めるような体育教師の発言や働きかけが重要であるといえる。

　ここでは，意欲を引き出すことばかけと題して，「賞賛(ほめことば)」「激励(はげましことば)」「叱責(叱りことば)」「期待や感情を高めることば」の4つを取りあげた。いずれも子どもの学習意欲を高める重要なことばではあるが，特に目新しいものではなかったかもしれない。これまでにも指摘されてきた内容である。

　これらのことばが有効に機能するためには，教師と子どもとの深い相互信頼関係や相互尊重関係が前提条件であることを指摘しておきたい。子どもにとって「自分は信じられている」「親身になって話を聞いてもらえる」と感じている教師からのことばは，いつまでも心に強く残るものである。筆者の経験であるが，小学校5年生のときに担任の先生に平手で顔を叩かれたことがあった。その理由は何か忘れてしまったが，そのときの「○○君だから叩いたのだ」という先生のことばは今でも鮮明に記憶している。叱られているのであるが，そのことばは私を信頼し尊重してくれている先生からの温かいメッセージのように感じられた。「○○君ともあるものが何をしているのか」という意味であったと思う。いつまでも記憶に残ることばというのは，人を動かすことができるのである。

　　　　　　　　　　　　　　　　　　　　　　　　　　(西田　保)

《引用・参考文献》
Dweck, C. S. (1975)：The role of expectations and attributions in the alleviation of learned helplessness. Journal of Personality and Social Psychology 31：674-685.
西田　保(1989)：体育における学習意欲検査(AMPET)の標準化に関する研究－達成動機づけ論的アプローチ－．体育学研究 34(1)：45-62．
西田　保 (1996)：体育における学習意欲の喚起に関する教師の発言分析．総合保健体育科学 19(1)：1-8．
西田　保・澤　淳一 (1993)：体育における学習意欲を規定する要因の分析．教育心理学研究 41(2)：125-134．
桜井茂男(1987)：両親および教師の賞賛・叱責が子どもの内発的動機づけに及ぼす影響．奈良教育大学紀要 36(1)：173-181．
桜井茂男(1991)：子どもの動機づけに及ぼす教師の激励の効果．心理学研究 62(1)：31-38．

2）やる気を無くした子どもへの働きかけ

(1) やる気を無くした原因－運動嫌いの発生メカニズム－

　やる気ということばは，日常的かつ知的なことを達成する行動に対して使われ(桜井，1997)，ごく簡単にいうと，やろうとする気持ちを意味する。しかし，やろうと思っていても行動や態度として表さないと，やる気が無いとみなされることも特徴の一つである(田上，2001)。

　さて，運動においてやる気がない状態は，運動嫌い(みずからスポーツ活動や身体運動を行うことに対して否定的態度を有する個人の総称)という態度として表れてくることが多い(波多野・中村，1981)。そこでまず，運動嫌いを生み出す要因をあげることで，やる気を無くしてしまう原因について考えよう。

　波多野・中村(1981)は，運動嫌いを生み出す要因として，家庭的要因(運動経験や親子関係等)，本人自身の要因(健康的側面や能力的側面等)，体育授業の要因(授業の雰囲気や授業内容等)，教師の要因(指導理念や指導法等)，成績評価の要因(評価の視点や比較に対する不満等)をあげている。そしてこれらの中で，いくつかの事例調査から共通している要因として，本人自身の能力的側面が示されている。前述のように，能力的側面の問題は，今現在のや

る気の無い子どもたちにもあてはまる大きな要因であろう。そこで以下では，運動に関する(技術的)能力の低い子どもがやる気を無くしてしまう現象をどのように説明できるか，さらにそこでの認知的な側面について取りあげて説明する。

(2) 繰り返しの失敗で無気力は作られる

もしもいくらがんばって練習しても当面の課題ができなかったならば,「自分は努力しても結局ダメなんだ」という気分(無力感)に陥り，やる気を無くしてしまうであろう。つまり，もともとやる気が無いわけではないが，繰り返しの失敗経験によって無気力は作られてしまう。このような現象を，セリグマン(1975)は「学習性無力感 (Learned Helplessness)」と呼んだ。セリグマンは，回避できない嫌悪刺激(電気ショック)を何度も経験したイヌが，その後，回避できる状況に置かれても嫌悪刺激から逃げようとはせず，じっとしていることを発見した。こうしたイヌは回避不能な状況で，嫌悪刺激から逃げようとしたが逃げられず，自己の行動と結果とが関係しないという考え(非随伴性の認知)をもったため，以後自分から行動を起こさない無力状態になったとセリグマンは主張した。そしてこの無力感を獲得してしまうと，動機づけ的側面の障害(自発性の低下)，認知的側面の障害(実際には成功できるような場面でも，自らの行動が成功をもたらすことを学習するのが困難になる)，情動的側面の障害(抑うつ的な気分になる)が引き起こされる。これを運動場面であてはめてみよう。たとえば何度練習しても逆上がりができない場合，次のような一連の心理的変化が生起する。

「まず，［非随伴性の認知］として「がんばっても逆上がりは自分にはできない」という考えが生じ，続いて［動機づけ的側面の障害］として，逆上がりを自発的に練習する気持ちが低下する。さらに，たとえば跳び箱という別の課題に移っても「どうせ自分にはできない」と思う，［認知的側面の障害］も起こり，「気分が滅入ってしまう」というような［情動的側面の障害］に至る」当初の実験はイヌを対象としたものであったが，その後，解決不能な認知的課題を用いた人間を対象とする研究が行われ，無力感が生起したものと，それとは逆に，解決不能な課題を経験した後にパフォーマンスの向上(促進効果)を示したものとの，両者が結果として示されることになった(Roth, S. and

Kubal, L., 1975)。

(3) 繰り返しの失敗による認知的側面

　それでは，解決不能な課題を経験した後にどうして異なる結果が示されたのであろうか。第一の解釈は，失敗という結果に対しその原因をどのように認知していたか，ということが関係している。アブラムソンら(1978)やセリグマンら(1979)は，原因帰属様式を導入し，改訂学習性無力感理論を提唱した。この理論にあてはめると，たとえば，逆上がりができないのは自分の運動能力の低さが原因だと考える人は，運動能力は安定的要因であるため自己の統制は不可能，すなわち「自分は運動能力が低いから，逆上がりもあるいは跳び箱だってできないだろう」と予測することになる。一方，努力が足りなかったからだと考える人は，努力は変動的要因であるため，統制不可能を予測せず無気力にはならない，というものである。そしてこの種の研究は数多く行われ，努力帰属は能力帰属よりも望ましいという，ほぼ一貫した結果が示されている。

　解決不能な課題の経験後における異なる結果の第二の解釈は，どれだけ失敗経験を繰り返したかという非随伴経験の量によるものである。その際，樋口ら(1983)は二つの認知的側面を提唱している。一つは「随伴性の強度」であり，成功への主観的確率を意味する。もう一つは「随伴性判断の確実さ」であり，成功への主観的確率に対する判断の確信の程度を示す。図1‐1を見ていただきたい。これは，横軸が成功確率，縦軸が判断の程度を示している。具体的には，10％ごとに各成功確率に対する判断の程度を縦軸の基準に照らしてプロットし，その点を結んだ曲線である。失敗経験が少ない段階で「次に成功すると思う確率は？」と尋ねた時，図のA-①は次に成功する確率は80％と答えたAさんであり，B-①は10％と答えたBさんである。両者の随伴性の強度は異なる。しかし，その判断が不確実であるという点で共通し，曲線は両者とも緩やかな山型になっている。なぜならば，経験量が少なく，判断を確実にするほど情報を処理していないからである。

　さて，Aさんがその後も失敗を繰り返したとしよう。そうすると，随伴性の強度は先程のA-①の80％よりも低くなる。仮に何度も失敗して随伴性の強度が10％になったとしよう(A-②)。この場合，何度やってもできなかったわけ

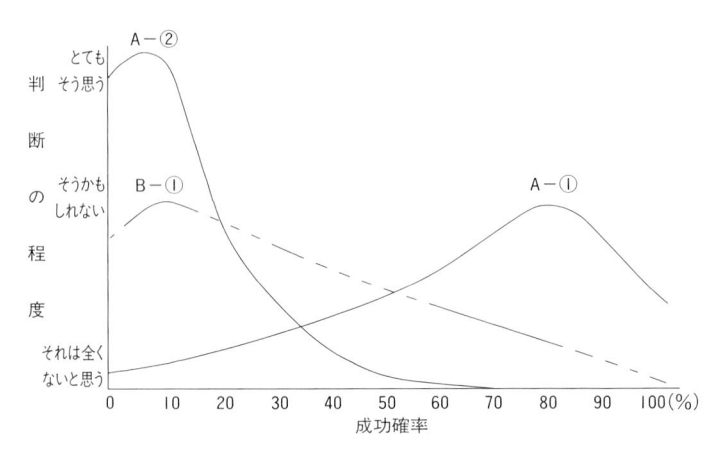

図1-1 随伴性の強度と判断の確実さの関係

であるから，10％に対する判断はかなり確実になり，その近辺以外の成功確率はほとんどあり得ないといったように，図の曲線は急勾配な山型になる。

ここで，B-①とA-②を再度比べてみよう。両者とも随伴性の強度は同じ10％であるが，その判断の確実さが違うため，曲線の勾配が異なる。すなわち，失敗経験が少ない段階では随伴性の強度に対する判断が不確実であるため，行動傾向が増大するのである。これは，人は判断が不確実な時には，それを確実なものにしようと情報探索行動が起こること，あるいは，自身の選択や自由が脅かされる場面ではそれを取り戻すための動機づけが増大する（今度こそはやってやるという気持ち）というリアクタンス理論で説明される。しかし何度も失敗を繰り返すと，随伴性の強度は低下し，その判断が確実になる。無力感はこうした認知によって形成されるというのがこのモデルであり，吉村ら(1990)はそれを実証的に明らかにした。さらに吉村の研究では，課題解決への情報を提示した場合，随伴性の強度に対する判断は不確実なまま維持され，その結果，失敗経験が多い段階でも無気力が生起しないことが明らかにされた。

(4) どのような指導が望まれるか

以上のことから，指導上のいくつかのポイントがあげられる。第一は，失敗の原因を能力に帰属させるのではなく，努力に帰属させることである。もしも能力が低いといわれたならばその弊害は容易に予測でき，努力帰属の大

切さ自体に異論はない。しかしながら，波多野ら(1981)が努力万能主義批判で論じているように，一生懸命練習しているのに失敗を繰り返す子どもに対する「もっとがんばろう！」という指導者からのことばは，その子どもにとっては単に能力がないといわれているに過ぎない。このことは，割引原理(鎌原ら，1999)からもいえる。割引原理とは，人は一方の原因について言われると，他方の原因は存在しないと考える傾向をいう。したがって，努力を過度に強調することは，能力が低いというメッセージとして受け取られる可能性がある。我々日本人は，安易にかつ頻繁に「がんばろう」ということばを発するだけに，その点にも配慮する必要があろう。

　指導のポイントの第二は，課題達成のための手がかり情報を学習者が獲得できる環境を整えることである。これは，非随伴性の判断の確信を高めないことにつながる。この場合，その子どもに対して，その時，その場面で，どんな情報を伝えるのが最も適切かということが重要である。ここに指導者としての力量が問われることにもなる。特に運動が苦手な子どもは，「ここをこうすればよいのでは」といった上達への情報を自分自身であまり持ちあわせていないことが多く，指導者からの適切な支援が必要となる。また，自己の身体や動きについて，学習者自身は意外と認識できていないということも踏まえておく必要がある。著者は大学で側方倒立回転の指導を行った際，ある学生に対して倒立が不十分であることを指摘した。その学生は運動能力が比較的高いにもかかわらず，最初はこちらの指摘に納得せず，そんなはずはないよといった様子であった。倒立が不十分である原因は，着手の位置が進行方向からかなり横にはずれていたからであるが，ここで強調したいのは，自分の身体や動きを正しく認識できないことが多々あるということである。したがって，運動能力の低い人には，とりわけ身体の状態や動きの様子を知覚させた上で，上達へのより適切なサポートをすることが大切であろう。

　この他にもいくつかのポイントがあげられる。バンデューラ(1977)が提唱した，「自分もやればできる」といった自己効力感の体験を積ませることもその一つである。この場合，目標がとても重要となる。通常指導者は，がんばればできそうなレベルを目標とするよう指導する。たとえば，走り高跳びが苦手な子どもに対し，クリアできる可能性のある高さの目標を設定する。た

とえ他の子どもと比べそれが低いレベルでも，目標が達成したことで自己効力感が得られる。しかし自己効力感を本当に得るためには，その目標設定を子ども自身が決定し（自己決定感をもち），自発的・自律的に取り組むことが大切である。ゆえに指導者は，子どもの自律性が促進するような働きかけを求められる。その有効な方法として速水（1998）は，①承認を与えること，②親密な人間関係を築くこと，③価値づけ，④自律性支援，を示している。

さらに目標設定の留意点として，アトキンソンの達成動機づけモデル（宮本ら，1995）にもとづいて考えよう。このモデルにあてはめると，不安の高い子どもは，上述のようながんばればできそうなレベルの課題だと，失敗した場合，自己の能力不足を見せつけられる羽目になり，自我防衛によってそのような課題（目標）を避けようとする。もちろん，技能を高めるためにはそのようなレベルを目標とすることは間違いではないが，同時に指導者は，子どもの不安の原因を理解しようとする姿勢が求められるであろう。

次に，桜井が示した無気力発生モデル（桜井，1995；1997）を取りあげよう。桜井は，人間が対人的な関わりの中でどのような社会的特性を形成したかが，学習場面での目標設定に大きな影響を与えると考えている。そして，自分が周りからどう思われているか（公的自己意識）とか，周りから否定的な評価をされているのではないか（評価懸念）という特性が強い人は，周りの人から自己の能力の高さを認められることに価値を置くため（成績目標），もしも課題に失敗するとその原因を能力不足に帰属し，無気力になる。一方，自分は他者から受容されている（他者受容感）とか，周りから支援されている（ソーシャル・サポート）という特性の強い人は，周りの人の思惑を気にせず，自己の学習が成長することに価値を置くため（熟達目標），失敗を努力不足に帰属する。桜井はいくつもの研究によってモデルの妥当性を実証し，また吉村（2001）は体育場面においてこのモデルを部分的に支持する結果を示している。

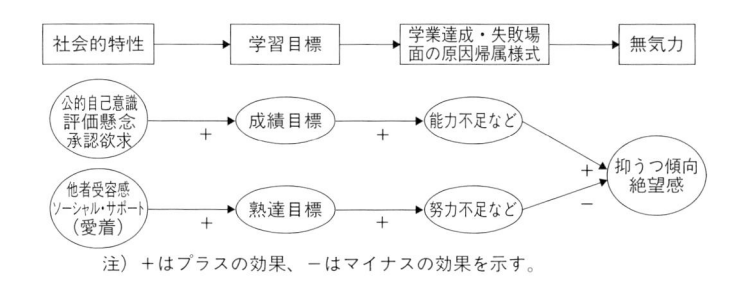

図I-2 無気力発生の新しいモデル（桜井，1997）

　このモデルが示唆するところは非常に大きい。すなわち，他者受容感やソーシャル・サポートといった他者(指導者あるいは仲間)との良好な関係が無気力を防止するという点である。これは，速水の「親密な人間関係」とも対応しており，加賀(1989)が「運動嫌いの子の処遇について」で示した〝人格的攻撃をしない″ことと，根本的な部分で繋がっている。

　著者は運動に関する(技術的)能力の低い子どもを視点にこれまで論じてきた。しかしながら，技能が低くても運動を楽しく行っている子どもを何度か目にしたこともある。そのような子どもを見ていると，指導者とあるいは周りの仲間たちと，実によい関係が築けているなと感じるのは，決して著者だけではないように思う。さらに，ここで取りあげてきたいくつかの指導のポイントは，やる気のない子どもたちに対し，やる気を育てる授業を実践したド・シャーム(1980)の教育プログラムの内容と一致する部分が多いことも加えておく。
　　　　　　　　　　　　　　　　　　　　　　　　　　　　（吉村　功）

《引用・参考文献》
桜井茂男(1997)：学習意欲の心理学－自ら学ぶ子どもを育てる－．誠信書房．
田上不二夫(2001)：「やる気」の心理．児童心理 7月号：1-9．
波多野義郎・中村精男(1981)：「運動ぎらい」の生成機序に関する事例研究．体育学研究 26(3)：177-187．
Seligman,M.E.P.(1975)：Helplessness: On Depression, Development, and Death. W.H. Freeman Company.
Roth,S.and Kubal,L.(1975)：Effects of Noncontingent Reinforcement on Tasks of Differing Importance: Facilitation and Learned Helplessness. Journal of Personality and Social Psychology 32：680-691.

Abramson, L.Y., Seligman, M.E.P. and Teasdale, J.(1978) Learned Helplessness in Humans:Critique and Reformation. Journal of Abnormal Psychology 87：49-74.

Seligman, M.E.P., Abramson, L.Y., Semmel, A. and Von Bayer, C. (1979)：Depressive Attributional Style. Journal of Abnormal Psychology 88：242-247.

鎌原雅彦・亀谷秀樹・樋口一辰(1983)：人間の学習性無力感(Learned Helplessness)に関する研究．教育心理学研究 31(1)：80-95．

吉村 功・中込四郎(1990)：学習性無力感形成過程における随伴性認知の強度と判断の確実さ．体育学研究 35(2)：157-171．

波多野誼余夫・稲垣佳世子(1981)：無気力の心理学．中公新書．

鎌原雅彦・竹綱誠一郎(1999)：やさしい教育心理学．有斐閣．

Bandura,A.(1977)：Self-Efficacy: Toward a Unifying Theory of Behavior Change. Psycological Review 84：191-215．

速水敏彦(1998)：自己形成の心理：自律的動機づけ．金子書房．

宮本美沙子・奈良正裕(1995)：達成動機の理論と展開：続・達成動機の心理学．金子書房．

桜井茂男(1995)：「無気力」の教育社会心理学：無気力が発生するメカニズムを探る．風間書房．

吉村 功(2001)：体育授業における社会的特性と学習目標との関係．日本体育学会第52回大会号：246．

加賀秀夫(1989)：運動の好きな子，嫌いな子．体育科教育 11月号：14-17．

R.ド・シャーム：佐伯胖訳(1980)：やる気を育てる教室：内発的動機づけ理論の実践．金子書房．

3．意欲的な学習につなげる評価の方法

1）評価することの意義

　学習を着実に進めていくためには，目標の設定，実行，評価という一連のプロセスを繰り返すことが必要である。中でも評価は，それまでの学習の過程や成果を吟味し，新たな学習を方向づけるという意味で重要であり，学習の成立にとって欠かすことができない。

　しかし，子どもを評価するのは難しい。評価することだけをとってみても，学習目的に即して評価基準を明確にしたり，それを客観的で公正に評価する方法や手順を準備するなど多岐にわたる作業が必要である。また，教材として用いられるさまざまな運動技術を理解したり，適切な指導法を工夫するなど評価を次の学習に生かすことも求められる。さらに，評価によって意欲をなくした子どもを支援するような働きかけも行わなければならない。

　一方，評価の対象となる子どもにとっては，教師や友だちからの評価は重要な関心事の一つであり，それによって一喜一憂することもしばしばである。また，極端な場合，教師の何気ない一言が子どもの人生を左右することさえある。意欲的な学習につなげるという立場から，一人ひとりの子どもに対して，適切な評価を行うことが求められているのである。

　ところで，鹿毛(1996)は，評価が内発的動機づけに及ぼす心理学的メカニズムには二つの機能があるという。一つは，子どもが評価に含まれる情報から，「もう少しでできそうだ」とか「進歩・向上した」というような有能感を高め，内発的動機づけを高める機能である。体育では，運動技術の獲得や向上を主たる学習内容とすることから，指導・助言など評価フィードバックが頻繁に行われ，それによって運動の修正や改善が図られていくことも多い。

　評価のもう一つの機能は，評価によって子どもに不安や緊張などを与えてしまい，内発的動機づけを低下させてしまう機能である。体育でも，伝統的な「できる－できない」といった評価基準で，とりわけ運動能力が低い子ど

もの意欲を低下させ,「体育ぎらい」を生み出してきたという強い反省もある。

それではどのように評価すれば子どもの意欲を高めることができるのであろうか。意欲的な学習につなげる評価は,どのように行えばよいのであろうか。ここでは,体育学習への意欲について明らかにした上で,このようなテーマについて考えていきたい。

2) 多様な学習意欲

これまで学習意欲に関しては,その高低や有無という量的側面のみが問題にされてきたように思われる。しかし,最近では,その質的側面を重視し,子どもが学習に対してどのような動機や意欲をもっているのかが注目されるようになってきている。たとえば,体育に対する学習動機としては,次のようなものがある(伊藤,2001)。

①充実志向…体育の授業や学習自体がおもしろいから
②実用志向…体育の学習で体をきたえたい,学んだことを将来の生活に生かしたいから
③優越志向…体育で友だちに勝ちたい,友だちより上手になりたいから
④承認志向…先生や友だちから注目されたい,認められたいから
⑤集団志向…体育を友だちと楽しみたいから
⑥成績志向…体育で悪い成績をとりたくないから

これをみると体育に対する意欲は,充実志向や実用志向といった内発的学習意欲から,優越志向や承認志向といった外発的学習意欲までを含んでおり,体育学習を促進させるエネルギーが実に多様であることがわかる。したがって,意欲的な学習につなげる評価を考える場合に,まずその「意欲」の質や方向の多様性について認識しておく必要があろう。

3) 意欲的な学習につなげる評価

(1) 多様な学習意欲を認める評価

前節で,体育に対する意欲は,内発的学習意欲から外発的学習意欲までを含む多様なものであることを述べた。このうち,内発的学習意欲は学習を長

期にわたって積極的に進める原動力として重視され，望ましい意欲であるとされてきたといってよい。しかしながら，たとえ「外発的」な意欲であっても，学習を進めるエネルギーであることに変わりはない。スポーツや運動では，子どもにとってむしろ自然な意欲かもしれない。

しかし，より重要な問題は，学習への意欲は多様であり，子どもが向ける意欲の方向には個人差があるということである。したがって，仮に体育で自分の能力を誇示したいと思っている子どもに，活躍の場を提供せずチームワークが大切と要求すれば，自分の目標が達成できないという不快な感情を生起させ，結果として子どもの意欲は低下することになる。また，友だちとの学習を楽しみたいと思っている子どもに，個別の学習を要求すれば，子どもの願いを否定することになり，意欲も高まらない。

また，体育の学習が特定の意欲だけに支えられていることは稀であり，むしろ複数の意欲によって支えられているといってよい。さらに，自分の能力を誇示するために課題に取り組む中で，運動の楽しさや友だちと一緒に学ぶことのおもしろさに触れていくというように，一人の子どもの中で，「内発的」学習意欲と「外発的」学習意欲が統合していくことも期待できよう。

学習に対する意欲は，子どもが体育に対してもっている「こだわり」ともいうべきものである。したがって，評価は，まずその子どもがもっている学習意欲を生かすことからスタートしなければならない。

(2) フィードバックとしての評価

運動技術の獲得や向上を主たる学習内容とする体育では，子どもの学習行動に即してできるだけ具体的な表現で評価を行うことが求められる。

たとえば，うまくできた子どもは，喜びや満足感といった肯定的な感情を抱くが，教師がそれを認めることばをかけることで子どもは有能感を高め新しい課題に挑戦していくであろう。また，なぜうまくできたのか，どこがよかったのかを振り返ることで，課題に対する認識を深めることもできる。

一方，つまずいたりできないでいる子どもには，子どもの有能感を傷つけないかたちで励ましたり，失敗の原因を指導・助言する必要がある。また，たとえ目標に到達していなくても，「目標まであと○歩」というようにそれまでの変化や進歩を具体的に提示することが求められる。さらに，何のために

これを練習するのかという目的意識を再確認したり，何をどうがんばればよいのかといった修正のための具体的な手立てとなる情報を提供することで子どもの意欲を支えていくこともできるであろう。

　いずれにしても，意欲を高めるための評価は，「目標設定→実行→評価→新たな目標設定」という学習の一連のプロセスの流れの中にあってはじめて機能を発揮するのであって，どのようにすれば次の目標設定につないでいくことができるのかという視点から行うことが求められるのである。

(3) 一人ひとりを生かす評価

　これまでの体育では，さまざまな運動技術の獲得や向上のための指導を行い，そのできばえで子どもを評価することが多かったように思われる。つまり，子どもを「できる－できない」や「勝－敗」といった一元的な視点から他者との比較に基づく相対評価をしてきたことになる。このような評価では，もともと能力の高い子どもは常に高い評価を受けやすいのに対して，能力の低い子どもでは努力の成果が他者との比較でかき消され，成績評価に反映されることに限界がある。つまり，いくら意欲的に学習に取り組んだとしても，いつまでたっても高い評価を受けることは難しいのである。

　やってもやってもできない，認めてもらえないといった状況では，どんな子どもでも意欲は低下してしまう。したがって，一人ひとりの努力が認められるような絶対評価や個人内評価が求められるのである。

　また，運動技能の習得や体力の向上が体育の学習目標になる限り，能力が低い子どもの努力が報われる可能性は低くならざるを得ない。しかし体育の目的は，スポーツや運動の技能獲得に限定されるものではない。したがって，多様な学習目標に即した多様な視点からその子なりの到達度を評価できるようなシステムを構築していくことが求められよう。このような一人ひとりを生かす評価が行われる中で，子どもは徐々に自信をつけ，意欲を高め，最終的に自己評価に基づいた自律的な学習を進めていけるようになるのである。

4）評価を生かす前提条件

　意欲的な学習を進める上で評価は重要な役割を果たすが，それだけでは十分ではない。ここでは，評価を生かす条件についてみていくことにする。

(1) 学習内容の工夫

　子どもが学習に意欲的に取り組むためには，取り組むべき課題や教材が魅力のあるものでなければならない。子どもにとって魅力のある課題は，それだけで知的好奇心を呼び起こし，「自分もやってみたい」という気持ちを起こさせるからである。また，重要ではあるが子どもが興味を示さない内容であれば，学習することの必要性や意味などを認識させることで，学習への関与を高めることも必要である。

　さらに，子どもが「やればできそうだ」と思うような課題でなければ意欲も高まらない。そのためには，一人ひとりの子どもに即して，学習内容や課題を多様で柔軟なものにしておく必要もある。

　このような学習内容の工夫は，学習への積極的な取り組みを促進させるという意味で重要であり，評価の効果を高める前提となるのである。

(2) 指導法の工夫

　「やればできそうな」あるいは「おもしろそうな」課題であっても，やってもやってもできなければ意欲も高まらない。また，「がんばれ」「がんばれ」というだけでは，教師自身の力量不足を広言しているに等しい。このような状況では，評価は無力であるばかりか，むしろ子どもをむりやり「学習」へと駆り立てる圧力となることさえある。

　したがって，教師は，スポーツや運動技能の獲得・向上を保障できるようなさまざまな指導法の工夫をする必要がある。たとえば，段階的な運動技能の獲得を図るためには，学習課題を細かいステップに分類したり，系列化することが求められる。また，それぞれの段階での到達基準やチェックポイントを明示する必要もあろう。

　さらに，子どもに直接行う指導や助言には，「何をどうがんばればよいのか」といった学習のしかたについての情報が含まれている必要がある。また，練習の方法や順序，個々の技術のチェックポイントなどがわかるような資料を子どもがいつでも利用できるように準備したり，学習成果を確かめ次の学習への発展を容易にするような学習カードを用意しておく必要もある。

　このような多岐にわたる指導法の工夫は，単に学習の成立を保障するという意味だけで重要なのではない。もし，評価が，それによって必要とされた

運動の修正・改善のための指導を伴わないでその場限りのものに終わってしまえば，子どもの意欲を高めるものとはならないだろう。また，実際の運動技能の習得は，評価と指導，あるいは指導と評価が交互に繰り返されることによってはじめて可能になる。このような意味において，指導と評価の一体化が求められるのであり，適切な指導が準備されていることが意欲を高める評価の前提となるのである。

5）よりよい評価に向けて

　子どもを評価するという行為は，子どもに何を学ばせたいと思っているのか，何を期待しているのか，などを表明することでもある。そして，このような教師の期待や願いは日頃子どもと無意識にかわしている会話や子どもに対する態度の中にメッセージとして内包され，子どもの意欲に影響する。つまり，意欲を高める評価とはこれまでみてきたような意図的な評価活動によるものだけではないのである。

　また，子どもを評価することは，授業のための準備や進め方，教え方などが適切であったのかどうかという教師自身の営みを評価することでもある。

　したがって，教師には，子どもとの信頼関係を背景に一人ひとりの子どもの成長を見守る温かいまなざしをもって子どもを評価し，それを手がかりに自らの実践を改善していくという姿勢が求められるのである。

　いま，学校体育では，自ら考え自ら学ぶ「生きる力」を育むことが重視されている。だとすれば，そこで行われる評価も何よりそれを支援するものでなくてはならないであろう。

（伊藤豊彦）

〈引用・参考文献〉
伊藤豊彦(2001)：小学生における体育の学習動機に関する研究－学習方略との関連および類型化の試み－．体育学研究　46(4)：365-379．
鹿毛雅治(1996)：内発的動機づけと教育評価．風間書房．
奈須正裕(1996)：学ぶ意欲を育てる－子どもが生きる学級づくり－．金子書房．
桜井茂男(1998)：自ら学ぶ意欲を育む先生．図書文化．
若き認知心理学者の会(1996)：認知心理学者　教育評価を語る．北大路書房．

4. 子どもの理解を促す説明方法

1）意識的に運動をコントロールする方法

　運動の指導においては「習うより慣れる」,「身体で覚える」,「試行錯誤」などといった子どもの主体性を重視した練習法がある。この方法では子どもが独自に運動を遂行しているため,悪い癖が身についてしまったり,自分勝手な解釈をしてしまったりするなど,好ましくない結果を招くことがある。これは運動を遂行する際,スキルや運動のしかたに対する意識が薄かったり,誤った意識をもったりすることにより起こりやすい。運動を意識しながら遂行することは,運動をコントロールするための重要な条件なのである。

　運動を意識させるためには,子どもの発達段階,スキルレベル,運動経験などを十分考慮し適切な説明を与えることが大切である。特に年少者やスキルの未熟な子どもに対しては,意図的に子どもの意識の方向を操作することにより,意識的に運動を遂行させることが重要となる。そのためには,運動に対する気づきや意識の水準を高める具体的な方法を考えることが要求される。

(1) モデリング（示範）

　視覚情報は,特にスキルに関する情報を伝える価値ある手段である。これまで視覚情報としての示範は,指導における有効な方法の一つとして用いられてきた。このような示範を示すことによる学習形態を,観察学習またはモデリングという。

　子どもに運動技能を教えようとする指導者は,学習・パフォーマンスの両面でモデリングが演じる重要な役割を認識している。運動技能の多くは言語のみでは容易に記述できないため,動作に容易に変換できる情報モードとしての視覚情報が必要となる。モデリングにおいて注意すべきことの一つに,学習者がビデオやモデルなどの視覚情報を見るときの視覚的選択行動があげられる。子どもたちに対し何に注意を向けさせるかがポイントであり,その

ための適切な言語的教示や，学習者の特性にマッチした情報の提示が必要となる。

モデリング効果を発揮するためには，モデルが子どもにどのような影響を与えるのかを最優先しなければならない。そのためには，子どもがモデルを知覚し，記憶し，再生できるようにするために，子どもの発達段階を十分考慮しなければならない。具体的には観察者の年齢や能力を踏まえた上で何を学ばせるのかを決定し，その上で，モデルの提示のしかたや説明の加え方を考案すべきである。

尾縣ら(1992)は，走運動の指導内容をどの程度動きとして具現できるかについて，小学生を対象に学年段階による検討を行った。早いピッチで，大きなストライドで，大きな腕振りで，高く膝を上げて，というポイントを疾走中に示範と教示により意識させた結果,2年生では動作への影響が無いかマイナスのどちらかであり，この段階での示範や教示の導入に疑問を投げかけている。4年生以降は動作への意識が明確となり，動作の変化となって現れた。以上の結果から，低学年では意識が動作に反映されない場合もあるため，必要以上の示範や教示は期待するほどの効果がみられないことがわかる。

視覚情報を正確に再生させることも，モデリング効果を高めるための条件である。そのための重要な要因として積極的に情報をリハーサルさせることがあげられる。リハーサルは長期記憶に保持するためにも必要であり，そのためにモデルの提示回数を多くすることが不可欠となる。提示回数に関しての子どもを対象とした研究でも，10回を越して初めて効果が現れたとする報告がある。このように，教師がモデルを示す時には，子どもが単に見るだけでなくリハーサルすることが，より学習を促進させることを認識しておかねばならない。

モデルを見せることの価値は，子どもが正しいフォームの認識を高めることにもある。こうしたことを確かめるために，ウェイス‐ブヨーンスタルら(1992)は，小学生の女児にアンダーハンドスローでボールを垂直な壁に描かれた的に投げる課題を用い実験を行った。ボール投げの正確さとボールの速さ，フォームの変化を変数として分析を行った結果，身体練習に加えられるモデル観察の機会が増えるにつれ，モデルのフォームに近づくことが明らか

となった．さらにモデル提示の後に言語的手がかりを与えることは，より著しいフォームの変化を引き起こすことも見いだされた．このように，視覚的モデルは動作パフォーマンスの質と運動形態を高めるのに役立ち，言語的説明を付加することでその効果はより増大する．

　子どもに対するモデル提示に関しては，一般的には子どもとのレベルの差の少ないモデルが有効であることや，モデルへの意識を高めるために，ビデオを用いたスローやストップモーションの有効性も指摘されている．また年少者における左右の心的操作の困難性を配慮して，モデルと実施者が同じ方向になるようにモデルを示すことが望ましいと考えられている．

(2) 意識(注意)の方向の操作

　運動スキルの指導において大切なことは，運動遂行中に何に意識(注意)を向けさせるかということである．特に複雑な運動をコントロールしなければならない場合には，欠かすことのできない条件となる．今までの指導では，うまく運動をコントロールするにはどのようにすればよいかを知らせる(意識させる，気づかせる)ために，主に自分自身の動作に意識を向けさせることが重視されてきた．身体の部位，動作のタイミング，動作の全体的な動きなど，実施者自身へ意識を向けさせることにより，学習効果を高めようと意図されてきたのである．しかし，近年はスキル実行中に身体の動作を意識させる教示に加え，学習者の意識(注意)を学習者以外の物に向けさせる教示の有効性が指摘されている．この種の研究例は指導における貴重な示唆を含んでいるので，研究例を紹介しながら考えてみよう．

　ウルフ(1998)らは，スキー・シミュレータ装置上でのリズミカルなスラローム動作を練習する際に，意識の方向が変わると練習効果にどのように影響するのかを検討した．力を外足に加えるよう教示する内的意識群と，力を装置の外側の歯車に加えるよう教示する外的意識群を比較した結果，外的意識群の方がより学習効果があった．さらに興味ある結果として，内的意識群は教示を与えない群よりもむしろ成績が悪かったのである．この結果は自分の身体に意識を向けることが，かえって動作を混乱させることを示唆している．

　ウルフら(2000)らはさらに研究を発展させ，外的意識の有効性について質的に検討するために，テニスのグランドストロークの返球を課題とした実験

を行った。ボールへの外的意識群を，マシンから送られるボールを手元に来るまで集中し見つめる群と，的に落ちるボールをイメージする群の二つに分け両群の比較を行った。前者はボールの飛行過程への意識の集中であり，後者はボールの飛行結果への意識の集中であった。その結果，後者の群の方が成績が良く，同じ外的意識群でも向ける対象により学習効果に差が生じることが示された。これらの研究は，スキルを指導する場合の意識のあり方を考えるヒントを提供しており参考になる。

(3) 望ましい動作を導くための意識の焦点化

フォームを矯正させたい時や新しいスキルを教える時などに，直接強調したい部位に意識を向けさせるよりも，別の部位に意識を向けさせる方が効果的な場合がある。このように間接的に意識の方向を操作することで，運動のコントロールを容易にしたり，今までできなかったことができるようになったりすることがある。

和田(1995)は，意識のポイントを変えることによる効果について実験的に確かめようとした。従来の短期による研究とは異なり，学校でのクラブ活動における長期的な指導を導入することにより実践的な研究を企図した。中学生と高校生のバレーボール部員を対象に6ヶ月にわたる指導を行い，生徒一人ひとりの技術的な問題点を把握した上で，それを改善するための指導のポイントを決め，継続的に指導した。具体的な指導内容は，たとえば，スパイクを打つときに左肩が下がる生徒に対し，左手でボールの位置を指さす，ボールをクロスにスパイクするなどに意識を向けさせることであった。動作分析法を用いてその指導効果を検討した結果，個人差はあったが指導の有効性を認めることができた。

こうした一定の部位へ意識を向けさせることにより動作を修正したり望ましい動作を導いたりするための工夫は，さまざまな種目で取り入れられている。たとえば，スキーのシュテムターンで外向姿勢を学ばせたい時，体の向きに意識を向けさせるよりもストックの位置に意識を向けさせた方が体得させやすいことがその例である。

ここで大切なことは，向けさせる意識の方向が最終的に求められるスキルに結びついていなければならないことである。ランニングでストライドを伸

ばすために膝を高く上げることに意識を向けさせたとしよう。確かに多くの子どもは一時的にストライドを伸ばすであろうが，一方で，上体が立ったり，フォームが乱れたりするおそれも生じる。こうしたことが起こらないためには，教師がスキルの構造を十分理解した上で，意識の方向を定めることが必要となる。

通常では意識しにくい運動感覚的な手がかりに対して，意図的に学習者の意識を向けさせる方法も有効である。視覚情報と運動感覚情報が同時に与えられるとき，初心者や年少者は視覚情報に優先的に意識を向ける傾向にあるため，運動のコントロールに必要な運動感覚を自主的に意識することは難しい。したがって教師は，必要に応じて運動感覚への意識を促すための働きかけをしなければならない。

子どもがバットでボールを打つ練習をする場合を例にとって考えてみよう。子どもはバットにボールを当てたい一心でボールばかりに注意を注ぐあまりに，かえってうまく当たらないことがある。この場合は，バットをどのようにスイングしているか，どのように力を入れたら良いかなどへの注意がおろそかになっており，いくら振っても当たらないのである。こうした子どもに対しては，バットの位置やスイングのしかたなど運動感覚へ意識を向けさせることにより，運動をコントロールさせることが可能となる。

（4）イメージ化で意識を促す

モデルを見ることにより，その像を心に焼きつけることを「イメージ化」といい，運動に対する意識を高めるために重要な働きを演じている。イメージ化は主に視覚的になされるが，熟練するにつれ運動感覚的に行うことも可能となる。スキルの遂行においては，蓄えられたイメージをいかに運動に変換できるかが大切であり，熟練者や成人ほどそれを行うことが容易である。実際の指導においては，イメージを描きやすくするために，動作の形や動きをより理解させるための工夫がなされている。たとえば比喩的表現やリズムとりがその例であり，平泳ぎの腕の動きを「大きな風船をなでるように」と表現したり，走り幅跳びの踏切のタイミングを「タ・タ・タ・タン」といったリズムに置き換えたりするのがその例である。年少者や初心者にとってイメージ化は難しいが，教師の手助けによって促進することは可能である。

イメージを動作実行中の運動感覚にマッチさせることは，運動のコントロールに貢献する。しかし，運動経験の乏しい初心者は，イメージの中に運動感覚を生じさせることが難しいため，実際の運動遂行の過程で運動の感覚を体得することが重要課題となる。

(5) 手がかりの積極的活用

　私たちは運動するとき，さまざまな感覚に依存している。運動の特性や学習者の特性に応じて，それにマッチした感覚的手がかりを与えることにより，子どもの理解を促すとともに指導の効率を高めることができる。この手がかりを与えることを「補助」といい，適切な補助によって子どもの意識の方向を明確にすることができる。よく活用される補助には，感じをつかませるための運動感覚的な補助と，運動の方向や投げる的を示すことにより運動を誘導するための視覚的な補助とがある。

　運動感覚的な補助のねらいは二つに大別できる。一つは運動の感じをつかませることであり，他の一つは正しい動作を導くことである。運動の感じをつかませるための具体的な方法には，矯正ベルトで身体の部位(肘，手首など)の運動を拘束する方法や，逆上がりの練習で用いられる蹴り台のように蹴る方向を憶えさせる方法などがその一例である。これらは身体の使い方，運動の方向や，力の入れ具合などを意識させ運動をコントロールさせるための工夫である(和田，1994)。

　正しい動作を導くためには，子どもたちの動作を拘束する方法が一般的であり，手引き指導とよばれている。水泳のバタ足で膝の曲がる子どもに脚を支えてやったり，マット運動で後転できない子どもに背中を押してやったりする指導がその例である。ここで注意すべきことは，補助はあくまでも手がかりを与えることにより，部位への意識を高めるためになされるということである。したがって，必要以上の補助は中・長期的には学習に悪影響をもたらす場合のあることも心得ておかねばならない。

　視覚的な補助は特に初心者や年少者に有効である。それは先にも述べたように，彼らは視覚的手がかりを優先する傾向があるためである。ハードル走で踏み切る位置に線を引いたり，跳び箱運動で手をつく位置に印をつけたりするのがその例である。バスケットボールのシュートのためのバックボード

の目印や，砲丸投げのプッシュの角度を教えるのに用いるテープの目印などは，物を投げるスキルにおける視覚的補助の活用例である。初心者や年少者に対しては，積極的に視覚的補助を活用するのが望ましいといえる。

(6) 意識しすぎの弊害

運動を意識し過ぎたり理論的にとらえ過ぎたりすると，動作がぎこちなくなったり鈍くなったりする。こうした場合には，むしろ無意識に運動をさせ，運動の要領を身につけさせることを重視すべきである。具体的な例として，球技の練習でボールを連続的に出して打たせることや，スキーの直滑降の練習で，少し不整地を滑らせる方法などがあげられる。これらの方法は運動を意識する余裕を与えない状況で遂行させることにより，スキルに必要な要素が自然に身につくことをねらいとしている。

このように，運動をコントロールするためには，学習過程で無意識に運動を遂行させることの有効性を認識しておくことも必要である。　　（和田　尚）

《参考・引用文献》

尾懸貢・岡沢祥訓・関岡康雄(1992)：走運動学習における言語教示と示範の有効性に関する研究．陸上競技研究 10：2-12．

和田 尚(1995)：運動の意識化が動作に及ぼす影響―指導ポイントの相違による比較―平成6年度文部省科学研究費補助金(一般研究C)研究成果報告書 1-32．

和田 尚(1994)：現代高等保健体育教授用参考資料．大修館書店, pp.394-405．

Wiese-Bjornstal, D.M.and Weiss, M.R.(1992)：Modelling Effects on Kinematics, Performance Outcome, and Cognitive Recognition of Sport Skill: An Integrated Perspective. Research Quarterly for Exercise and Sport 63(1)：67-75．

Wulf,G.McNevin,N.H.,Fuchs,T.,Ritter,F.,and Toole,T.(2000)：Attentional Focus in Complex Skill Learning. Research Quarterly for Exercise and Sport 71(3)：229-239．

Wulf,G. Hoβ,M., and Prinz,W.(1998)：Instruction for Motor Learning: Differential Effects of Internal versus External Focus of Attention. Journal of Motor Behavior 30(2)：169-179．

2) ことばによる運動の指導

(1) ことばによる指導はどこまで可能か

体育の授業においては，子どもたちの前で教師が，今教えようとする運動の演技を行ってみせることが必要で，それができなければ効果的な体育指導は望めないように思い込んでいる人は少なからずいるように思われる。特に，全教科を受けもつことが普通である小学校の教師は，他教科の対応もたいへんな上に，このような理由もつけ加わって，結果的に体育が「後まわし」になっていることが多いようにも聞く。

　しかし果たして，教師が自ら演じてみなければ，体育指導は成立しないのだろうか。筆者自身，授業研究として小学校などへ出かけ，クラスを借りて自分で授業を行ってみる機会がしばしばあるが，指導の際，その運動全体を自分でやってみせることはまずない。部分的に，手のつき方とか，踏み切り板での膝の使い方などをやってみたりすることはあるが，それはことばで足りなかった部分の「補充」であり，話の内容の「追認」であることが多い。そしてこのようなことなら誰にでもできるのである。

　むしろ，眼前の子ども集団の中に何人も上手な子はいるもので，もし必要とあれば，事前に目的に適う子を目で探しておいて，その子にやってもらえばよいのである。大人がやるよりも，その力感においても，あるいはタイミングやリズムなどにおいても，子ども同士の方が運動の質が同じであろうから，集団の〝横糸〟のようなものに乗って情報が伝わりあい，クラス全体に響きやすいというのが，過去の指導体験から得た実感である。むしろ，どの教師にも可能な「ことば」という手段を重視し，後述するように，その時々の教材と子どもに直面することによって，有効なことばを探していけば，案外，大きな力を発揮するものであることが，これまでの授業実践で，多くの教師が立証してきているのである。

(2) 体育指導に使われている三つの手段

　ふりかえって，現実に行われている体育指導ではどのような手段がとられており，それらが実際にどのように組み合わさって使われているのだろうか。

　体育の指導において教師が子どもたちに働きかける手段は，それを受けとめる側(学習者)の感覚・知覚系の〝窓口〟に即していえば，次の三つに大別することが可能である。

　第一は，いわゆる「補助」ということばで呼ばれているものであるが，教

師や周囲の友だちが学習者の身体の一部を支えたり，ある種の身体的「強制」を行うことによって，学習者の筋肉・運動感覚に直接的に訴えかけていく方法である。それは「危険防止，安全」を主眼とした場合もあれば，「新たな技能獲得」を狙いとする場合(例えば，平泳ぎのカエル足の矯正など)もあり，その双方を意図していることもある。いずれにせよ，非日常的な感覚の形成や筋肉の使い方を他者が直接的，物理的に援助することにある。

　第二は，教師や仲間による「お手本」(「示範」，「模範演技」)，あるいはVTR，図解など，主として学習者の視覚を通すものであり，体育の分野では，最も一般的に行われてきたものである(前節に詳しく述べられている)。

　「示範」は，体育においては不可欠の要因であるというような固定観念が，一般に存在しているようにみえるが，本当にそうなのであろうか。「豊富なスポーツ経験→示範→効果的体育指導」という単線的な〝ストーリー〟で，本当にすぐれた指導が実現しうるのだろうか。

　確かに示範という行為によって，上手なもの，きれいなものを子どもに見せることは，運動の全体像を視覚的に把握させ，その内面に認識の変化や感動を呼び起こす可能性を秘めているという意味で，重要なことであるにはちがいない。むしろ，よいもの，きれいなものを見せること自体がすでに教育であるという言い方さえできるであろう。

　しかし，このような積極面を認めつつも，示範という行為が，一面，教師ならもつべき専門性の何かを犠牲にしながら成立しているようにも思えてならない。つまり，示範ですませてしまっていることによって，教材(運動)を「解釈」し，その価値をつかみとるという教師の知性に根ざした内的行為が制限を受けてしまいかねないのである。そしてそれは，子どものどのような面を育てたいか，子どものからだから何を引き出したいかという教師自身の「問いかけ」や「願い」の欠如と符号しているように思われる。示範をあたり前のように考えている体育教育の世界に，現に，このような現象が慢性的に起こってはいないであろうか。

　マットの上での前まわりという簡単な教材ひとつとってみても，速くまわる場合と，ゆっくり行う場合とでは，腕の支え方やその支持時間は異なる。背中がマットに接する範囲も接触強度も違ってくる。また，手のひらを無造

作にマット上に置くのと，小指まで意識しマットをつかませるのとでは，回転そのものの様相が異なる。このようなことがらが，前まわりの学習内容になりうるのであるが，これらのどれを，今，この子たちに学ばせたいのか，という教師のあるべき「自問」が，示範ですまされてしまうことにより，頭上を"素通り"してしまってはいないだろうか。

　さらに示範とは，教師が自分の指導目的とするものを，自らの身体的技能として行って見せることであるが，それが仮にどれほど技能的に高度のものであったとしても，その運動を生のかたちで体験的に伝えることであって，それは，その教師の癖など，個人的なものまでも伝えることになってしまうのである。つまり，一個人の運動フォーム（ないしはその一部）を型として提示することであるから，その人の固定的なものを学習者に押しつけて，その枠にはめ込んでしまう場合も起こりうるし，自力で発見したり，創造したりする余地を奪ってしまうことにもなりかねない。このように，示範とは本質的には運動結果についての視覚的な「指示」でもあるという理解が必要である。

　本来，子どもに学んでほしいのは指導者個人のフォームではなく，その中に潜在しているであろう運動の法則であり，原則なのである。それは一本の木に例えれば，無数に生い茂っている枝葉ではなく，その間に見え隠れしている「幹」のことである。これが示範だけで見抜けるかどうか。「体育はやって見せるに越したことはない」とする素朴な考えでは，この幹を探し出す作業，すなわち教材の「解釈」作業が埒外に置かれてしまう恐れがある。

　示範に関する以上のような問題が，体育教育の世界で正面切って議論されたことがあったであろうか。教育は「子どもがもっているさまざまなものを引き出していくことにある」という原点に立ち返って，一度，この示範という「常識」を疑ってみる必要があるように思われる。

　第三には，この節での主題である「ことばによる指導」の問題である。ことばによる子どもへの働きかけは，前二者とは並列的に考えられるべきでない。どの場合においてもことばによる子どもへの対応は，幾分でも行っているはずであるし，すでに述べたように，ことばを軸にした指導で成果をあげている体育の授業実践にしばしば出会うのである。以下に，ことばの理論上の意義について述べ，さらに，ことばによる指導の原則と思われるものを，

実例を示しつつ，いくつかあげていくことにする。

(3) ことばの身体性とその機能

　ことば（言語）は人間社会において不可欠の文化であり，心理学上も重要な意義をもっている。ロシアの心理学者ルリア(1969)は，人間生活における言語の役割として，「意思伝達（コミュニケーション）の手段」，「認識・思考の道具」とともに「行動調整の働き」をあげ，幼少時の子どもの言語機能と運動機能との相互依存的な発達経路を明らかにした。「言語による行動の調整」とは，ひとつには，一定の状況のもとでは，一方の側からのことばの投げかけが，他者の身体を突き動かし，抑制し，制御する可能性をもつということである。そしてこの機能は特に，言語理論上のみならず，体育指導の実際においても切実な問題となってくるものと思われる。

　ことばは本来，その音声と意味内容が分かちがたく結びついているのであるが，特に話しことばは，まず「声」そのものが大きな意味をもってくる。

　演劇人の養成などに携わっている竹内(1982)は「声は平均的にひろがる空気の振動だとするのが，通俗的な常識だが，声は重さも実体をももって，確実に人のからだにふれることができる『もの』である。声がふれないとき，人は話しことばの内容は理解するが，受け入れ，納得はしない」と述べている。確かに，ことばは「情報」の伝達としてのみ考えられるのではなくて，生身の人間と人間との「関係」をつくり出すという意味で，ことばの役割を的確に言い表している。

　ことばによる働きかけを問題とする場合，まず第一に，教師と子ども（たち）との一定の心的疎通が前提になっていることはいうまでもない。この関係が成立していなければ，発することばそのものが子どものからだにふれず，届かないであろう。それは途中で下に〝落ちる〞か，〝跳ね返ってくる〞だけである。したがって，「ことばだけ」といっても，そのしぐさ，表情，動きなど，教師のからだ全体で相手（子ども）に対応するのであり，ことばは実体的にそのからだの一部として，あるいはその延長として位置づけられるべきである。つまり，ことば自体が身体性を有しており，その教師の表情，しぐさ，呼吸などを含め，からだまるごとで子どもに対応することなのである。

　第二には指導者（教師）のことばを子どものからだとの関係においてとらえ

た場合，対象(学習者)は発達の途上にある人間であること，さらにはその時々の学習状況もさまざまであり，それによって，ことばによる対応は大きく変わってくることも考慮されるべきことはいうまでもない。

(4) 体育指導におけることばの原則

　戦後日本の教育に大きな足跡を残した小学校教師，斎藤喜博(1911-1981年)は自分で「示範」など行わず，ことばですぐれた体育の授業を開拓してきた人であった。斎藤は短歌の歌人であったことでも知られており，ことばを実に豊かに駆使できる人であった。ここで，斎藤の授業記録『わたしの授業(第二集)』(1977)からいくつか例をあげながら，その特徴と背後にあることばの原則について考察してみたいと思う。

① ことばは教材に根拠をもっている

　教科指導における教師のことばは，本来，「教材に根拠をもっている」という観点が基本に考えられるべきである。次に斎藤のことばの一例を示す。

> 「『台上前まわり』というのはね，速くまわったら運動にならないの。ゆっくりとまわって，ここ(背)の骨の関節を一つ一つていねいに跳び箱につけていくことによって運動になるんですよ。…」(小・5「台上前まわり」)(下線－引用者，以下同様)

　この例は，小学校五年生に跳び箱「台上前まわり」(一般には「台上前転」)を指導しているときのことばである。

　ここで核になっていると思われることばは，「ゆっくり」であると解することができる。それをさらに「背骨の関節を一つ一つていねいに…」と，より具体的に言い換えているが，この表現には，本教材の属性の一部がすでに露出している。

　この教材は，台上で一回転(前まわり)をするものであるが，まずその速度が「ゆっくり」であり，速くまわることの否定である。速くまわると台上での接触時間が少なくなり，多くの場合，背中は固く伸びたままで回転してしまうことになって，柔らかな回転力が引き出せない。また，両腕で支える時間も短く，雑になりがちである。両腕の合理的な使い方を体得することに，

この教材の「身体形成」的価値(柔らかさの実現など)，および「身体安全」上の価値があるものと考えられるのである。さらに「ゆっくり」することにより，それだけ意識の介入する時間も多くなる。「ゆっくり」とは，このようにまず，時間に関する概念である。

しかし,それだけには留まらない。「このソファは,ゆっくり三人座れます。」という場合の「ゆっくり」は，「広さ」を表わしており，空間的意味あいをもっている。上記の例に表れている「ゆっくり」も，その具体化が「背骨の関節を一つ一つ…」であるが，背中の上部から，全面的につけていくという意味では，空間的である。「ゆっくり」という用語は，『広辞苑』(第五版)(1998)では，「空間や気持ちに余裕があるさま」とも説明されているが，確かに，「ゆっくり」は時間・速さだけでなく，空間的な意味にも，さらには「力(意識)の入れ具合」を示唆するような意味にも使われるのである。発達途上の子どもが，感覚的にこのことばをどのように受けとめるか，このような視点が，ことばの使用の際に念頭に置かれるべきであろう。

次にあげるのは，教材がもつ「リズム」に関する例であるが，これも教材に根拠をおくという場合の例として考えることができる。

理科教育の研究者であった高橋(1981)が，斎藤の指導について,『わたしの授業』の次の個所を引用しながら，重要な指摘を行っている。小学校2年生に跳び箱「開脚腕立てとび上がりおり」を指導している時のもので，助走から踏み切り・跳び越しの場面である。

> 「ゆっくりと行ってください。(ゆったりした助走をやってみせながら)ていねいに行ってください。あわてずに。――(いま指摘した子を元に戻し，後ろから肩に手を置いて)はい，胸を開いて，息吸って。はい，行ってごらん。…(伴走しながら，踏み切り直前に)はい！そうだ！(この子，美しい姿でとび越す。)」

これについて高橋は「『はい！そうだ！』のかけ声は熟慮の末ではなく瞬間的でつまり『かん』であろう。…斎藤氏は子どもと伴走する中で自分のリズムを作っていったに違いないし，それは子どもに共感されたろう。

リズムの最高頂に達したときに,『はい！そうだ！』のかけ声が出たからこそ,子どもは自然に踏み切ったのであろう。けれどもその根底には,斎藤氏の徹底的なリズム重視の体育観があるからではないか。…」(傍点―引用者)

この「記録」における状況から「はい！そうだ！」の意味を読みとっている高橋の指摘は見事なものだと思われる。斎藤は踏み切り直前に,高橋のいう「リズムの最高頂に達したとき」に,タイムリーなかけ声によって,リズムを繫いだのである。そして,ここに斎藤のこの教材についてのリズム把握が,ことばで表れているのである。「はい！そうだ！」とは,状況から切り離されれば何の意味ももたないことばではあるが,この状況でこそ生かされたことばであり,やはり,間接的にせよ,このことばも,本教材の特性(リズム)とつながりをもっているのである。

斎藤の指導のことばは,この例のように,直接的にせよ,間接的にせよ,その教材に根拠をもつものが軸となっており,教材についての自分の解釈から引き出されたことばであって,きわめて主体的であるのが特徴である。

② 適切なことばは,学習者に〝問い〟を芽生えさせる

> 「―こういうふうに,腰で走ります。腰で。足や手で走るんじゃないよ。腰をもっていけば,足はついてくる,ね。(走ってみせながら)ポーン,ポーン,ポーン,ポーン…。」(小学2年・「開脚腕立て跳び上がりおり」)

この描写は,小学2年生に跳び箱「開脚跳び」の前段階のものと考えられる「開脚腕立て跳び上がりおり」を指導している際の,助走の指導である。走るという行為の直接の身体移動器官は,実際には「足」である。「腰で走る」とは,一見,非合理的なことばである。ここで,「腰で走るとは？」という感覚的な問いが,子どもの内面に芽ばえさせるように思われる。もっともこの事例では,その後で,「腰をもっていけば,足はついてくる…」とフォローしているが,この内容自体,運動の原則に適っている。子どもにドッジボールの投げ方を指導する時,腰の移動に意識を置かせると,途端に飛距離がグーンと伸びることがある。すべての運動の基本は腰にあるといわれるが,それは運動学的に正しいだけでなく,教育としても重要な問題を含んでいる。

斎藤は,行進の指導で「歩くときには腰で歩くんです。手や足で歩くんじゃない。」(小学4年生)とも言っているが同じである。また,跳び箱の指導では「踏み切り板から力をもらう」と言っているのも同様である。

> 「…今度はね,ここ(跳び箱の上)へきたら,お尻をあげ,なるべくいつまでも待ってる。<u>ここに卵があるから。卵つぶさないように</u>,そうっとお尻をおろす。」(p.31)

この事例には「比喩」が使われている。「卵をつぶさないように…」ということばがひき起こすであろう意識内容には,脱力を含む身体コントロールの契機が内在しているように思われる。「卵」という人間の日常生活と直結し,独特の身体的感触を感じさせるものを例としてとりあげたことによって,「静かに尻をおろす」とか,「ゆっくり腰をつける」というような直接的な表現よりも一層子どもの心に入り,内面を揺さぶる可能性をもっている。

比喩を用いる場合,どのような「例え」でもよいということではなく,「例えるもの」と「例えられるもの」との間に,本質的な類似性が必要である。したがって,たとえばマットでの前まわりについて,「ボールのようにころころと…」と言ったとすれば,それは失敗であろう。なぜなら,人間の回転のしかたとボールの円運動とは異質であるのは明白だからである。

『わたしの授業』の他のいくつもの箇所で,「財布が落ちているから拾ってください。」(跳び箱の踏み切り),「風呂敷を下げていくと,すうっとたたまるでしょ。人間の背骨もそうなってるの。」(頭支持倒立)など,斎藤の授業では比喩を使って子どもに対応し,効果を引き出している場合が非常に多いが,このことも斉藤の実践上の大きな特徴である。

③ ことばには教師の教育観・教材観が反映する

現実の体育の授業を数多く見てきて,一般的に多いことばが,運動の〝強さ〟に傾斜したようなことばである。そこには,運動は「元気よく,力いっぱい行う」ことがよいという世間一般に流れている漠然とした「運動観」が横たわっている。ごく素朴な考え方であろうが,このようなことばの系列を何の意識もなく使用することが,単に運動の表面的な「できばえ」だけを目

的とするならともかく，教育の問題としてはどうあるべきかを考えてみる必要があるように思う。というのは，30数年の長期にわたって続けられてきた文部省(現文部科学省)の「体力・運動能力調査」の結果ひとつとってみても，青少年の体力のうち，「柔軟性」が落ち続けているということ，あるいは子どもの遊びや生活が変質してきたのか，子どものからだが長期的に固くなってきていることに，特に教育関係者は注目する必要があろう。

斎藤の残された授業記録は1970年代のものが多いが，「柔軟性」の問題に関しても，この『記録』における特徴的なことのひとつは，子どものからだの「柔らかさ」への注目である。

> ①「今度はうさぎとびで前へ出てきて。…がんばらないで。柔らかくいくの。がんばると，ここ(ひじ)がうまく使えないから。ふわーっとここを柔らかく。」(p.14，小学一年・うさぎとび)
> ②「(男の子，速いスピードで助走し，大きな音を立てて踏切って，勢いよくまわる。)こういうのはだめ。今まででいちばんへたなのはあんただ。もう一回やってごらん。もっと柔らかく。こういうのはだめなの。(参観者に)こういうのが英雄になるんですね。(男の子，助走を始める。)もっと柔らかく，もっと柔らかく。…」(小・5「台上前まわり」)

①の方は腕を含むからだ全体の柔らかさを，②では助走の柔らかさを要求している。この二つの例をみても，斎藤がいかに子どものからだから，柔らかさを引き出そうとしているかを読みとることができるが，ここには，一教師の体育観，教育観が如実に現れている。

からだの柔らかさとは何か。多分，「関節の可動性」だけに留まらない概念があるように思われる。仮説的にではあるが，それは自分のからだのすみずみにまで意識を通わせられるという意識化の過程，換言すれば，内外の感覚的諸情報を体内に限なく，かつ順序よくスムーズに送り込める状態にあることといってよいかもしれない。さらにそのことはからだをより「制御」できるということにもつながり，斎藤の場合，「自分のからだを守る」という体育の目的と結びつけて考えていたのであろう。事実，記録の中には「自分の身

体を守るのだから，がんばらないで，柔らかくまわる。はい，いいでしょう。…」(小・4年，「とびこみ前まわり」)という表現もみえる。

　このように，「しっかり腕を伸ばせ！」「もっと強く踏み切れ！」というような力をいっぱいに入れさせるようなことばと，「がんばらないで，柔らかくいくの。」とか「…身体をどんどん前へ出していくと，身体はゴムまりと同じになるんだから，ひとりでにいくの。…」(小・1,「前まわり」)という類のことばとでは，単にことばの違いではなく，その背後には，そのことばを発する教師の教育観の違い，ひいては拠って立つ「文化」の違いが潜在しているように思われる。
　　　　　　　　　　　　　　　　　　　　　　　　　　　　　(阪田尚彦)

〈引用・参考文献〉
ルリア：松野豊他訳(1969)：随意運動の発生．言語と精神発達　明治図書，p.10．
竹内敏晴(1983)：子どものからだとことば．晶文社，p.91．
斎藤喜博(1977)：わたしの授業(第二集)．一茎書房
新島出編(1998)：広辞苑(第5版)．岩波書店．
高橋金三郎(1981)：「カン」と　授業．現代教育科学No.290 明治図書．

5. 運動技能学習の効果を高める観察・助言のしかた

1) 子どもに運動技能を教えてはいけないか？

　子どもが運動技能を学習する際に，教師は子どもたちに教えてはならないという主張があった。そこには，三つの理由があったように考えられる。一つは，教師が技能を教え，子どもにその教えに従わせることは，「押しつけであり封建的」であるという教育思想の背景であろう。もう一つは，技能の習得は教師の示範によって示された形をまねるのではなく，学習過程の強調点を「子どもの自己発見や，子ども同士の助けあい」に置いた意見であった。第三の理由は，体育教科の目標を技能の学習よりも，「楽しさ」に重心を置こうとする考え方であった。

　それぞれに耳を傾けるべき意見であった。しかし，子どもの運動技能の学習の動機を研究したロバーツ(1989)は，12歳以上では仲間より上手になりたいという動機が強いが，11歳以下では新しい技能をマスターしたい，またそれを親や先生にほめてもらいたいという動機が強いことを報告している。

　体育の目標が技能の習得だけではないことは当然であるが，ここでの運動技能の教授についての著者の立場は次のようなものである。

　「体育授業では，運動部の練習のように基本技能の練習に終始することはよくないし，不可能でもある。しかし，運動に参加して楽しめるための基本技能は，発達段階に応じて効率的に教えられるべきである。基本技能の習得によって，子どもたちはより大きな自由と楽しみを発見できるはずである。またそのことが，将来にわたってスポーツを楽しむ生涯スポーツの基礎をつくることになる」

2) 子どもの運動技能の学習過程

(1) 「学習」とは何を意味するか

　子どものボール投げを例にとって考えてみよう。ボールをこれまでより遠

くへ投げるためにはどうしたらよいであろうか。①筋力を高める，②他者と競争してやる気を高める，③投げる前にウォーミングアップをする，④正しい投げ方をおぼえる，などさまざまな方法を考えることができる。体育授業における技能の学習は④の意味での学習であり，これまでにできなかった効率的な運動の方法をおぼえることによって，ボールを遠くへ投げられるようになったとき，投技能の学習が進んだと考える。

少し抽象的にいえば，「学習」とは，①行動の変化であり，②その変化が一時的なものではなく安定していること，つまり身についていることであり，③その変化が練習によってもたらされたものであることを意味している。

学習される内容は，身体の動きの形だけではなく，長距離走のペース配分や，テニスの前衛の適切な守備位置など，スポーツの戦術なども含まれる。それらも技能である。

（2）運動技能の学習はどのような段階を経て進むか

新しい運動技能はどのような段階を経て習熟へと進んでいくのだろうか。初心者はどのようにして熟練者になっていくのだろうか。この過程についてはさまざまな理論があるが，多くの理論はこの学習過程には三つの段階があることを示している。

フィッツとポスナー(1967)は運動学習の深まっていく過程を，①初期の認知的局面，②中間の連合局面，③最後の自動化の局面，の三つに区分した。

この「認知的」ということばは心理学の用語に不慣れな人には，理解しにくいかもしれない。現代の心理学で「認知」ということばが使われるとき，それは知覚，判断，決定，記憶，問題解決，言語の理解と使用，などを含んだ広い意味をもっている。そして，認知過程ということばは，「外界の事物に関する情報を選択的に取り入れ，その情報を理解し，判断を下し，適切な行為の決定を行う過程」を意味している。パソコンの「データ入力」－「データ処理演算」－「結果の出力」とほとんど対応した過程であると考えてもよい。平たいことばでいえば，頭を使って考え，決断を下す過程である。

運動学習の「初期の認知的局面」では，運動に関することばや視覚を通しての教示に基づいて，学習者が知的に学習を進めようとする段階である。

第二の「連合局面」では，複数の部分的技能が組みあわされ，調整されて，

新しい技能を形成していく局面である。むだな動きが除去されていく。

最後の「自動化局面」では，運動は何かきっかけがあれば，意識的にコントロールしなくとも，自動的に遂行される局面である。多くの人の歩行運動は，意識しなくとも，自動的に行われている。この局面になると，運動を実行する場面が変化しても大きな影響を受けないようになる。

マイネルとシュナーベル(1987)の理論も三段階を想定している。この理論も日本の体育界では強い支持を受けている。タイペル(1993)が紹介している彼らの理論の要点は，次のようである。

①「大きな筋群を使う協応－大まかな協応動作の習得」
②「小さな筋群の協応の参加した微妙な運動の調整能力の習得」
③「安定性(同じ技能をくりかえし発揮できること)と応用可能性の習得」

二つの理論は表現上の少しの違いはあるが，基本的には共通点があることが分かる。たとえば，自転車の技能が「自動化」するまでに上達することは，悪路での運転の「応用可能性」を獲得する段階でもある。

しかし，体育教科の中での学習段階を考えると，「自動化」までに学習を深められる教材(課題)は限られていると思われる。最初の二つの段階をいかにして，効率的に楽しく経験させるかが，体育指導者の課題となるであろう。

近年の運動学習過程理論の発展を研究する人は次の二つの文献を参照されたい。(Müller, 1997 ; Auweele, 1999)

(3) いかにして子どもたちは運動技能を学習するか

運動技能を習得するにはたくさん練習すればよい。よいお手本を示すことが大切。運動を実行した結果に対して助言を与えることが重要。などなどさまざまな理論がある。

一番目の理論は，試行錯誤的学習である。飛んでくるサッカーボールを胸で受け止めようとした少年が，ボールが跳ね返りすぎて相手にとられたとしよう。その後，その少年はキープできる範囲内にボールを落とそうと工夫する。何回も工夫するうちに，偶然に身体を引きながらボールを受けたら，ボールは自分がコントロールできる場所に残った。その経験によって，彼はトラッピングの技能を学習する。このような学習の成立が試行錯誤的学習である。このようにして学習された技能は，本人の納得した技能として定着しや

すい。しかし時間がかかりすぎる。人の一生では間に合わないほどの時間がかかることもある。

　たとえば，近代のハイジャンプの試合は1864年，オックスフォード大学とケンブリッジ大学の対校戦で初めて行われた。優勝記録は1.65メートルであった。1968年，メキシコ・オリンピックでフォスベリーが独創的な背面跳びを披露し，2.24メートルを跳ぶまでに，104年がかかっている。このような歴史を考えると，基本的技能を教えず，試行錯誤を通しての子どもの発見にまかせることが，つねに子どもの幸せにつながるかどうかは，再考を要する。

　二番目の理論は，観察学習である。子どもは物まねがうまい。テレビで見たスター選手の動きをまねる。このように，手本となる人の動きを観察して，その動きを理解して自分でも実行するような学習を，観察学習という。このような学習は，児童期の運動学習では大きな働きをする。言語を通しての学習は，子どもが言語教示を運動のイメージに置き換える能力が十分でないために，児童期では効率的ではない。逆に，大人は言語教示が大きな働きをする。この，逆転の境目は12〜13歳頃であろうと推定されている。

　三番目の理論は，フィードバックによる学習である。「実行しようとする動きの手本を選ぶ」——「どうしたらそれができるかを考え，運動の計画を頭の中につくる」——「計画にしたがって実行する」人はこのような認知過程によって運動を実行することが多い。だが，一度の試みで手本のような動きが実行されることはまれである。「実行の結果」をなんらかの方法で知って，「手本」とのずれを修正して，また実行してみる。このような繰り返しによって運動技能の学習が成立する，と考えるのが「フィードバックによる学習理論」である。ここでフィードバックとは「実行の結果」を知ることを意味している。この学習過程の概念図は(図1-3)に示される。具体的な例を考えてみよう。「背筋を伸ばして，両腕を平行に真っ直ぐ上げる」という動作は簡単なようで難しい。子どもたちは真っ直ぐ上げたつもりでも，そうはなっていないことが多い。そこで，助言者，あるいは観察者が，「腕が開いている」とか「まだ，前に傾いている」というフィードバックを返してやれば，子どもは「もうすこし体側部が伸びるように感ずるところまで上げればいいのだ」と修正を試みる。そして，「再試行」——「フィードバック」——「修正した

再試行」――「フィードバック」，という繰り返しによって目標とする動作ができるようになっていく。

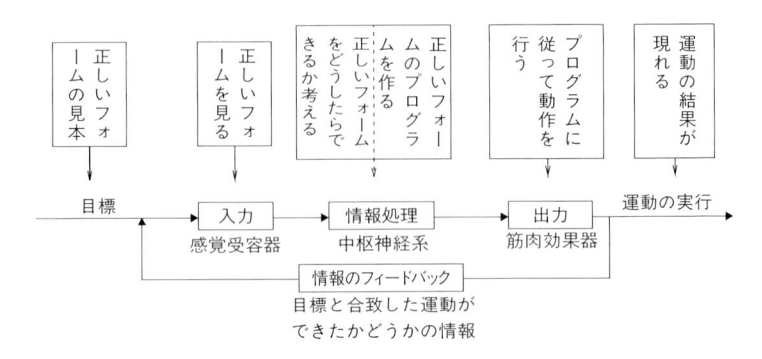

図I-3　運動学習におけるフィードバック（市村，1993より）

　教師-生徒間の教授と助言が存在する体育授業の場面では，この理論で運動学習を考えることが有益である。前述の腕上げでも，鏡を見て修正することもできるが，横からみた角度の修正は観察者がいないと困難である。

　フィードバックには「外的フィードバック」と「内的フィードバック」の二種類がある。「外的フィードバック」は実行の結果を，実行者本人の外側から返す方法である。それには，ビデオの映像にして情報を返す方法，間違った動作に対してブザーが鳴るような仕掛けなどがあるが，教師の助言は最も重要な外的フィードバックである。「内的フィードバック」は実行者自身が感じとることによって生ずるフィードバックである。いわゆる筋感覚や腱感覚，そしてバランス感覚を司る三半規管を通してのフィードバックである。

　この内的感覚を通してのフィードバックによって運動の修正が可能になるのは，運動学習の初期の段階を過ぎる頃である。前節で示した学習段階の第二の段階からだと考えてよい。

3）体育教師はいかに教えるか－学習理論に対応した教授理論

　以上で見てきた学習理論は，子どもたちがいかに運動技能を学習していくかについての理論である。従来の体育心理学の学習理論の説明は，この理論の解説にとどまっていることが多かった。体育指導者は，もちろん子どもが

いかに学習するかを理解していなければならないが，さらに，それに応じた教授の理論と方法を学ばなければならない。この方法論はこれまで体育教授学の領域で発展し，体育心理学との連携が十分ではなかった。本節では，学習理論と教授理論の連携の試みを述べる。

ここでは特に，「フィードバックによる学習」の理論に対応する教授理論について考えてみたい。フィードバック理論では，子どもは「手本を見て」「実行して」「結果について学ぶ」という過程を含んでいる。それに対応する指導者の役割は，「よい手本の教示」「子どもの運動の観察と評価」「結果を知らせる」ことである。

この教授の過程は「教示」－「観察」－「コミュニケーション」というようにまとめていわれるようになった。この考え方はスポーツコーチの方法論から発展してきたもののようである。近年のサッカーの指導書にも，指導者の観察力と，観察した結果をうまく生徒に伝達する方法を重視するものが現れている（スピンドラー，2000）。このような指導の考え方は体育の授業でも応用が可能であろう。次に，この方法を少し具体的に説明したい。

(1) 子どもの運動の観察のしかた―どこを見るのか

子どものサッカーのペナルティーキックの指導の場面を考えよう。強いボールを蹴ることはできるが，ボールは浮いてゴールの上を飛んでいってしまう。何度か練習するうちに低いボールとなってゴールに入った。このとき教師が「ナイスキック」と声をかける。これは一種のフィードバックである。子どもは成功を認めてもらえた嬉しさを感ずる。このフィードバックは「結果」に対して与えられたものであって，「結果のフィードバック」と呼ばれる。このフィードバックは子どもの動機づけにはなるが，学習効果という点では効果が少ない。このようなフィードバックではなく，「いまのは上体が反らなくてよかった」というような「実行のフィードバック」は，学習効果を高めるものである。

このように，フィードバックが学習効果を高めるためには，教師は正しい運動が可能になるようなキーポイントを教えることができ，そしてそのポイントが正しく実行されたかを観察し評価できることが望まれる。

(2) 観察能力が適切なフィードバックを可能にする

一つの例をあげよう。この例は筑波大学の水泳の椿本昇三助教授によるものである。水泳のクロールで，力強く泳ぐことはできるが，長続きしない子どもがいる。椿本はそのような子どもの口を見るのだそうである。水の中で息を吐ききれば，水面に顔を出したとき吸気は一瞬の間に行われる。そのような子どもは水の中で息をこらえていないから苦しくなることはない。彼は，水面上に現れた泳者の口の動きを見て「水の中でもっとブクブク吐きなさい」とフィードバックを与えることができる。この例は優れた指導者の観察が，大切なポイントに的を絞って行われている例である。

　学習に対応して，指導が適切に行われるためには，一般理論を知るだけでは十分ではない。各種目，各教材についての理解を抜きにしては，効果的なフィードバックは与えられない。以下に一つの例を紹介したい。

　宇都宮大学の加藤ら(2000)は，小学六年生の50m走の授業で，スタート動作や疾走動作における要点を教示し指導を行った。その要点の中には「あごの位置」「肩の動きのブレ」「腕の振り」などが含まれていた。生徒は練習の前後にビデオに映された自分のフォームを見ることで，修正すべき重要なポイントを理解し，望ましいフォームに近づいていった。この例でも，映像が「外的フィードバック」の働きをしている。水泳と50m走の例に共通することは，それぞれの種目の専門家が，生徒が注意すべきポイントを指示していることである。生徒にただ漫然と映像を見せるということでは，効果は期待できない。

　加藤らの例では映像が，教師の役割を部分的に行ったと考えることができるが，本物の教師は，各個人について観察し，その結果に応じてフィードバックを与えるという点で，映像より大きな役割をはたす。教師に技能の要点が「見えてくる」ようにするための，工夫と研究も始まっている。

(3) 指導者の観察力の養成－松本教授の講義ノート

　サッカーの世界でも，指導者の観察力を高めるための研究が始まっている。日本サッカー協会のジュニア指導部門の役員でもあった筑波大学の松本光弘教授は，指導者はどこを観察したら有効なアドバイスが与えられかについての研究を進めている。松本教授の講義ノートにある観察の要点を少し紹介したい。

　松本が担当した将来体育教師になろうとする学生に対する「基礎実技サッ

カー」の10回にわたる授業では，サッカーの技能の基本を提示し，実際に学生にやらせている。その学習の要点が，なんと約300項も彼の講義ノートに記録されている。

たとえば，「ドリブル時のフェイント」の基本動作だけを取りあげても，前フットアップ，横フットアップ，ステップオーバー，アウトサイドシザース，ピボット，ローリング，マウスフェイント，ダブルタッチ，リベリーノ，とまだまだ続く。筆者自身，何のことだか分からないものもある。しかし，学生は説明を聞き，自分で少しでもやってみることによって，指導者となったときに，子どもたちのプレーを観察して，フェイント動作が正しく意図されていたかどうかを評価できるようになる。このように松本は説明する。

彼の考えは，理論を知り，自分で経験してみることが，指導者の観察力を養うということである。

「ヘッディングのキーファクター」の項を見ると，落下点に入る，首の固定，コンタクトポイント（シュート時はボールの上部，クリア時はボールの下部）など8つの注意点が記されている。「首の固定」は初心者の指導では，重要なポイントであろう。首を動かして頭を振っただけでは，よいヘッディングはできない。首を固定し，腰を支点に上体を使って，あるいは膝からの動きを使わないと，ボールの強さも方向性もでてこない。指導者はこのような基本を理解し，観察で見分けることができることによって，有効なフィードバックを生徒に与えることができるのである。

このような指導が，サッカー部の選手ではなく，体育教員の養成過程の中で行われるようになったことは，指導法の教育の一つの進歩であろう。

紙面の制限で詳細には紹介できないが，尾縣貢の「投動作の研究」（1995，2001）も注目に値する。投動作を効率的に行うためには，「スナップを使う」とか，「ひじの高さを保って，腕を振る」とか，さまざまなヒントがある。尾縣は投動作の映像分析の結果を，パス解析することによって，「どの動作がうまくできれば，残りの動作もうまくいくか」を探り出した。その結果，「主動作前の腕と脚の準備動作＝バックスイングとステップ」が，一つの重要なポイントであることが分かった。この分析結果をもとに投動作の指導マニュア

ルが作られ，それによって小学校2・3年生の生徒のオーバーハンド投球の指導を行い，助言を与えた．その結果，生徒の投動作に明らかな進歩が見られた．この研究も運動のどの局面を指導し，観察し，そして助言を与えれば，指導が効果的に行われるかを示している．

　すぐれたな観察眼，あるいは眼力は，従来は選手の経歴をもつベテランコーチに限られたものだと思われてきた．確かに，高いレベルの選手の指導では，いまでもそのことに変わりはない．しかし子どもの体育の指導では，名指導者の経験やバイオメカニクスなどの知識を学ぶことによって，指導者は十分な観察力を身につけていくことができる．

　体育教育の雑誌などにも，観察のヒントが紹介されることがある．このような知識は将来，体系的にまとめられコンピュータ内にデータベースとして保存され，指導で困難を感じた教師がどこからでも参照できるようになることが期待される．　　　　　　　　　　　　　　（市村操一・Dieter Teipel）

《引用・参考文献》

Auweele, Y.V. et. al. eds.(1999)：Psychology for Physical Education. Human Kinetics, Chapter 10 & 11.
Fitts, P. M. & Posner, M. I. (1967)：Human Performance. Wadsworth.
加藤謙一・関戸康雄・岡崎秀充(2000)：小学6年生の体育授業における疾走能力の練習効果．体育学研究 45：530-542．
Meinel, K. & Schnabel, G. eds.(1987)：Bewegungslehre-Sportmotorik. Volk und Wissen, Berlin.
Müller, H.(1997)：Kognition und motorisches Lernen. Psychologie und Sport：74-91．
尾縣　貢・高橋健夫・高本恵美・細越淳二・関岡康雄(2001)オーバーハンドスロー能力改善のための学習プログラムの作成：小学校2・3年生を対象として．体育学研究 46：281-249．
尾縣　貢・市村操一(1995)パス解析を用いたオーバーハンドスロー動作の検討：成人女性を対象として．体育学研究 40：173-180．
Robert, G.(1989) Motivational factors in learning. In Eberspächer, H. & Hackfort, D. eds.：Entwicklungsfelder der Sportpsychologie. Köln, bps, 254-256．
スピンドラー, D. (松本光弘・野地照樹訳)(2000)：サッカーコーチングBOOK．ベースボールマガジン社．
タイペル D.(1993)：運動技能を効果的に習得する方法．市村操一(編著)トップアスリーツのための心理学　PART 2．同文書院．

第2章

心を育てる体育学習

1. 身体意識

1) 体への気づきを高める指導法—動作法

(1) 体ほぐしの運動の意義

　学習指導要領の改訂に伴い，新たな内容として，①体への気づき。②体の調整。③仲間との交流をねらいとする「体ほぐしの運動」が設定された。これまで体育では，運動技能や体力の向上を企図して，体の強化に重点が置かれてきた。これに対して，気づきや仲間との交流等の心理・社会的側面に焦点があてられたことは望ましいことである。もちろん，これらの内容は従来から取りあげられてきたものである。しかし，これまでは体育指導の結果として取り扱われていたのに対し，今回は直接の目的として明記されたことに大きな意義があるといえる。

　これらの内容が設定された理由はさまざまあろう。以前の小学生に比べると現在の小学生の体は極めて硬いことは明白である。これは幼少児からの運動不足に起因すると思われる。体の硬さは心身の健康とも関連するので，子どもたちに身体の柔らかさの獲得は急務となろう。また，近年常に問題となるいじめに対する対応も必要である。それゆえ，体の教育を通してこれらに対応することは極めて有意義と考えられる。

　そこで，体ほぐしの指導をも念頭におきながら，気づきを高めるために必要な事柄をできるだけ具体的に記してみたい。

(2) 気づきを高めるには

　ストレッチングでは，体のある部位を緩めようと自分で努めることで体を緩める。ところが，横になり，腰や軀幹部をゆすっていても自然に体が緩んでくる。体ほぐしの観点からすると，この両者は同じ事柄なのであろうか。とにかく体が緩んだのだから同じであると受け止める人もいよう。

　しかし，体を緩めた際の当人の関与のしかたは全く異なる。ストレッチングでは，体を緩めようとして努め，その結果体を緩めることができたのに対

し，後者では，当人が体をゆすっていたら，結果として緩んだのである。この，体を「緩めた」のと体が「緩んだ」とを明確に区別する必要がある。なぜなら，体を「緩めた」場合には意図的に再び緩められるが，「緩んだ」場合には再現が難しいからである。「できてしまった」ではなく，「できるようにする」ことが重要である。

　本論に入る前に，気づかせ方について触れておこう。自分の体に気づかせるには運動によるだけではない。心理療法に関した技法には，体への気づきを鋭敏にさせるものが幾つもある。しかし，ここでは体育における気づきを取り扱うのであるから，あくまで，体の動きを通した気づきの鋭敏化でなければならない。体育関係者はこの点を明確にしておかなければならないであろう。

①気づきの向上と動作課題

　学習指導要領の解説の例示では，気づきを高めるには，のびのびとした動作やリズムに乗った体操等の軽度の運動が有益としている。しかし，軽度の運動を行えば，気づきが高まるとはいえないのである。

　我々は，何らかの目的をもって毎日歩いている。歩くのは軽度の運動であるから，我々は自分の体への気づきが高まったであろうか。おそらく，毎日歩いているので，歩きに注意を向ける人はほとんどいないであろう。その結果，気づこうともしないのが普通であろう。たとえば，朝，登校のために歩く場合，当人の注意は時間までに学校につくことに向けられており，歩くことには向いていない。つまり，当人のなすべきことは登校であって歩くことではない。したがって，間にあったか，間にあわなかったには良く気づくが，歩くという体の動きには気づかないのが普通である。ところが，冬に，道が凍り滑りやすい場合には，人々は，一歩一歩注意深く歩かなければならないので，自分の動きが明確に感じられる。つまり，動きに注意を向けなければ動きへの気づきはできないのである。

　このように，気づきを鋭敏にするには，なすべき動きを当人にとって明確にする必要がある。この，明確にされた，当人がしなければならない動きを動作課題という。つまり，気づきは，のびのびした動作とか，リズムに乗った体操等の運動種目の内容によってではなく，それが学習者にとって動作課

題となることによってなされるのである。

②気づきのプロセス

　長座位で上体を前に倒し，大腿部や腰背部のリラックスを図るストレッチングを例として，運動遂行時の気づきのなされる過程を考えてみよう。

　この際に，上体がどこまで倒れたかとか，手がどこまで伸びたか等のパフォーマンスに着目したのでは体への気づきはほとんど鋭くならない。

　上体を前に倒していくと，大腿部や腰背部に突っ張り感が感じられるようになる。緊張のために曲がりにくくなったのである。「突っ張ったな」と感ずると，「どうにかしよう」と思う。突っ張りを消そうとして，「体を起こす」と「楽にはなる」が，ストレッチングの目的からははずれてしまう。そこで，「力を抜こう」として，「そのようにやってみる」。「上手くできると」，「突っ張りが消える」。「こうすればいいんだ」とストレッチングの成果を「確認する」。このように，ストレッチングでただ一度力を抜くだけでも，そこには，力を抜こうとする当人の主体的・心理的な活動を契機として「　　」でくくられたような心理的な活動や体の感じの連鎖が生ずるのである。

　ストレッチングに限らず，体を動かすには，このような心の活動や体の感じが連続的に生起する。気づきを鋭敏にするには，これらの一連の事柄を「実感」することが大事である。この，運動に伴う諸実感を「動作体験」という。体を動かす際のこのような体験の繰り返しを通して，気づきは鋭敏になるのである。

　気づきを高めるには，このように運動に伴う心身の実感を大事にしなければならない。単に，楽な，軽度の運動をすればよいのではない。極論すれば，運動の強弱は無関係で，要は，運動遂行時の心身の過程に注意を向け，この過程を実感することが基本となる。高橋尚子選手が，走るのが楽しいと走るなら，これは，体ほぐしの運動の意にかなうことになる。

(3) 体をほぐすことは適切な力を入れること

　体をほぐすというと，一見，リラックスのみととらえがちである。しかし，体育の目的は，子どもの発達の促進を図ることであるから，「体ほぐし」も発達の促進と結びつけなければならない。そのためには人間の活動の根源を考察する必要があり，それは，生まれたばかりの赤ちゃんに求めることができ

る。赤ちゃんは，起きている間はほとんど手足を動かしている。つまり，赤ちゃんの生きた証は体を動かすことにある。この活動は，老年期まで常に存在していると考えられる。しかし，人間は成長するにつれ，生活の中で知的な活動の占める割合が大きくなるので，知的な活動こそが人間の特質ととらえられるようになり，身体運動のもつ意味が次第に軽く見られるようになってしまったのであろう。

　心理的な問題を抱えている人のほとんどが，自分の体への気づきが低い。これは，人間の活動にとって必須の体の活動への関心が低下したためと考えられる。したがって，より適切な心理的活動を営むには，体の動きやそれに伴う実感を生活の中に復活させる必要があろう。

　現在，体が硬いとか，姿勢の悪い子どもが多いといわれている。これは，体の動かし方が下手なためである。体の動かし方(姿勢も含む)が下手なために，常に，腰背部や肩に余分な力を入れていたり，走る際に，膝や足首を突っ張ってしまったりするのである。したがって，余分な力を緩めることは極めて重要であるが，その真の目的は緩めることにあるのではなく，よりよい姿勢が取れたり，より上手く走るために，適切な力を入れ，不適切な力を抜くことである。体を緩めることは，より上手くからだを動かすためなのである。

(4) 体を起こすー存在への気づきー

　普通の人は立って歩けるのが当たり前と思っているので，人間にとっての立つ意味を深く考えることをしない。ところが，立つことの困難な障害児が体を起こせるようになると，心理的にさまざまな変化を示す例が非常に多い。たとえば，表情の変化の乏しい重度身心障害児がお座りができるようになると，とたんに表情が生き生きしてくる。また，座れるようになったとたんに，先生に，寒暖計は縦に動くのですねと話しかけた生徒もいる。この生徒は，上下ということばは知っていたのであろうが，寝たままの二次元世界では上下の実感はなかったのであろう。それが，自分が体を起こして初めて，上下を実感したと考えられる。

　「立つ」ことは，身体だけのことではなく，主体的・能動的な活動によって重力世界の中に自分の体を位置づける営みと見ることが正しいのであろう。

言い換えると，立つことは，三次元世界に自分を位置づけ，自分を規準として世界を見る基盤を成立させることである。ところで，健常者でも，きちんと立てる人は多くはない。肩に力が入り，宙に浮いたように立つ人，腰背部を反らし，腰に無駄な力を入れている人，猫背，胸のつぼめ等立ち方の下手な人は大勢いる。このような人たちは，主体的な活動としての立ち方に問題をもつことになる。したがって，立ち方を変えることは，三次元世界での自分の位置づけを変えることになる。

　この意味で，きちんと立つことは，自分の存在感への気づきを変えることになる。

(5) 気づきを高めるための指導法の幾つか

①躯幹部の緩め

■目的　躯幹部の弛緩を図ることと，身体の気づきの鋭敏化を図る。

図2-1の①が準備姿勢である。次いで②，肩にあてた手で，相手の肩が床に着くような方向に軽く押し込む。この働きかけは，自分が相手の躯幹を捻じるのではなく，相手に緊張のあるのを知らせるのと，それを緩める手掛かりを与えることである。

　③軽く捻じった際に，捻じれなくなったら，相手が力を抜くまで，そのまま待っている。

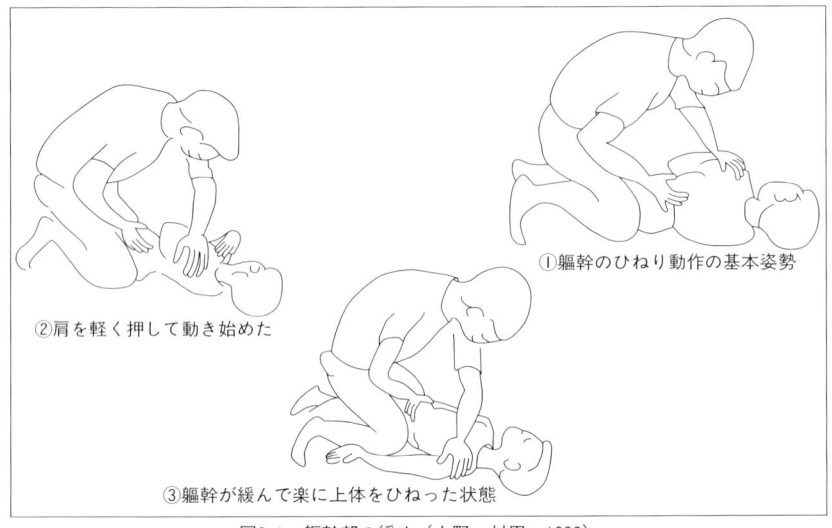

図2-1　躯幹部の緩め（大野・村田，1993）

この手続きを繰り返す。

②肩の弛緩

■目的　胸をつぼめる緊張を緩め、肩がゆったりするようにする。

　胸をつぼめる緊張があると、肩が「ハ」の字ように前に出ている。指導者は肩先をもち、両方の肩甲骨がつくように動かしてやる。この時、胸が開いてくる間は緊張がないのでそのまま動かす。動かなくなったら緊張にあたったので、相手が力を抜くまでそのまま待っている。

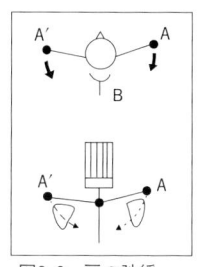

図2-2　肩の弛緩
（大野・村田，1993）

③立位の保持

■目的　体を真っ直ぐに踏みしめて立つ

●悪い姿勢

　図2-3の③は骨盤が前傾し腰背部が反り返った姿勢である。腰に無理があるので、腰が疲れやすかったり痛めたりしやすい。

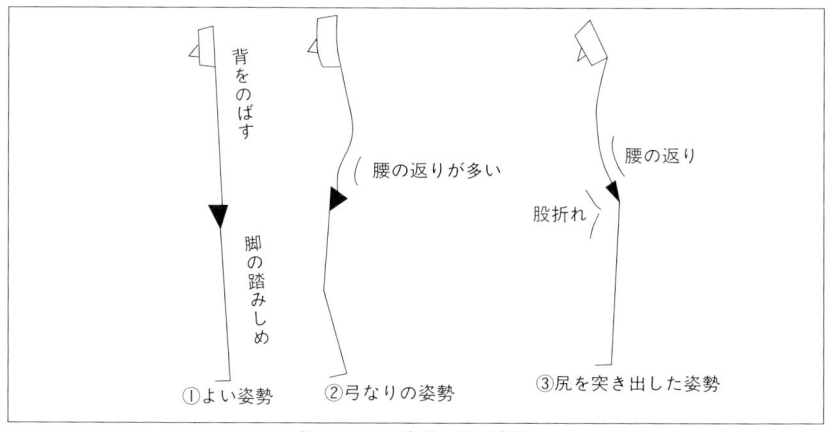

図2-3　よい姿勢と悪い姿勢

図2-3の②は腹を突き出し，弓なりの姿勢である。一見分かりにくいが，図2-3の③と同様骨盤が前傾している場合がほとんどである。やはり，腰が疲れやすい。
●よい姿勢
　図2-3の①がよい姿勢である。耳，肩，腰，膝，くるぶしが真っ直ぐなだけでなく，腰から下は大地を踏みしめる力が入り，上体には，軀幹を引き上げるような力が入る。
●指導法
①腰を立てる
　立ったまま，尻だけ引いたり出したりする。丹田を前に出すようなイメージをすると分かりやすい。これが腰を入れることである。
②弓なりの場合
　腰が足の上にくるように動かしてやる。すると，ほとんど腰を引いた場合と同じになるので，①と同じ手続きをとる。

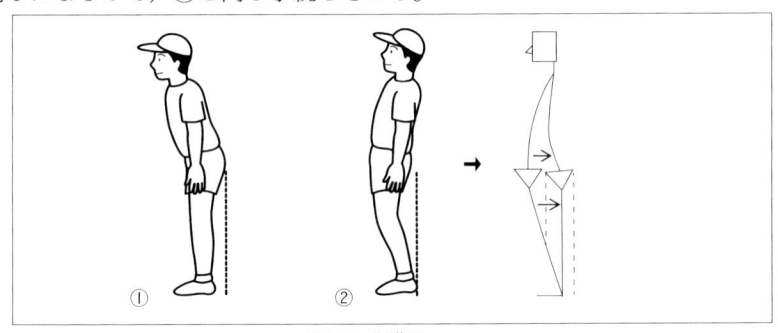

図2-4　指導法

（星野公夫）

〈引用・参考文献〉
成瀬悟策(1998)：姿勢のふしぎ．講談社．
大野清志・村田茂編(1993)：動作法ハンドブック．慶応通信．

2）ボディワーク，リラクセーション法から学ぶ

(1) 心と体を一体としてとらえる

　学習指導要領の改訂に際して，「心と体をより一体としてとらえる観点」が強調されている。この背景には，自然の中で自由に遊ぶ体験や仲間と直接（電話やゲーム機などを媒介せずに）交流する体験が減り，身体感覚を伴わない頭の中のイメージや考えだけに基づいて行動する機会が増えてしまった現状がある。このような環境で育った子どもにとって，自分の気持ちや体の状態に気づいて，欲求不満や緊張・疲労状態とうまくつきあっていくことは難しい。心や体が発しているSOSをずっと無視した後，限界に達すると突然キレたり，不登校になったりする極端な行動として現れてしまう。

　心と体が一体となった体験の特徴は，①思考，②感覚，③感情，④運動の4つの要素が統合的に結びついていることである。教育活動において，各教科が，思考だけ，感覚・感情だけ，運動だけに重点をおいてバラバラに関わっていたのでは，現代の子どもたちの問題に対応することは難しい。体育においては，運動を基盤として，そこで生じている感覚に気づき，その感情を味わうことが重要になる。

(2) ボディワーク(A.ローエン)の考え方

　ボディワークやリラクセーション法には，主なものだけでも表2-1に示したようにさまざまな方法があるが，心と体をひとつにすることに重点をおくバイオエナジェティックスの考え方が特に参考になる。創始者のA.ローエンは，自分の仕事のスタートを若い頃スポーツ指導員をしていた経験においており，その理論と技法には，体育の授業にも応用可能な内容が多く含まれている(ローエン，1994a)。

　人間の心理状態は，表情，姿勢，動作，動き，呼吸，筋緊張などに顕著に現れる。悩み苦しんでいる子どもは，肩をすぼめ顔をうつむけ眉間にしわをよせていたりするが，本人はそのような体の状態に気づいていないことが多い。心の問題に直接関わらなくても，体の緊張に気づいてそれをほぐすことができればかなり楽になるのだが，これは簡単なことではない。なぜなら，傷つくことから心を守るのに体の緊張が役立っている一面があるからである。

表2-1 主なボディワークとリラクセーション法

<ボディワーク>
①バイオエナジェティックス(A.ローエン)(ローエン,1994a；1994b)
②フェルデンクライス・メソッド(M.フェルデンクライス)
③アレクサンダー・テクニーク(F.M.アレクサンダー)
④センサリー・アウェアネス(C.セルバー)
<リラクセーション法>
①自律訓練法(J.H.シュルツ)(佐々木,1976)
②漸進的筋弛緩法(E.ジェイコブソン)

　A.ローエンは,「筋肉の鎧(よろい)」というW.ライヒの概念を用いてこのプロセスを説明している(ローエン,1994a)。突然硬いボールが顔に飛んで来たりして危険を感じると,体がぎゅっと硬くなる。他人から怒られ攻撃されるような場合も同様である。また,そこで感情を表に出さずにじっと怒りや涙などをこらえていると,さらに全身に力が入ってくる。このような体験が繰り返されると筋緊張が慢性化して,本人も気づかないまま鎧を身につけたような状態になる。慢性の筋緊張によって,肩がこったり,姿勢がゆがんだり,体が硬くなったりして生き生きとした動きができず,本来の自然な自分を出せなくなる一方で,他人から攻撃されたり自分の内面の不快な感情に直面したりすることへの不安や恐怖は軽減されることになる。慢性の筋緊張をほぐしてリラックスすることは,鎧を脱いで無防備な状態になることを意味しており,恐怖感を伴うため,自分の体や他人への信頼感が十分に育っていないと難しい。酒を飲んで気を緩めた人が怒ったり泣き出したりする場合があるように,緊張を緩めることによって,それまで抑えられていた不快な感情が溢れ出してくることがある。そのため体育の授業においては,筋緊張を一度にほぐすことを目的とせずに,生徒一人ひとりのペースを尊重して,段階を追って進めていく必要がある。まずは,自分の体に注意を向けていろいろな身体感覚に気づき,それを味わうことが大切である。

(3) 自分の体に気づく

　体の動きが複雑だったり速かったりすると,その時の身体感覚を味わうことは難しい。そこでまず,立った姿勢や座った姿勢などの静止したポーズにおける自分の体の感覚を味わい,次の段階として,単純な動きをゆっくり繰り返してその時の身体感覚に注意を向けるようにする。「歩く」というような

毎日繰り返している動作でさえ，ゆっくりやるとぎこちないものになってしまうが，太極拳や能などに見られるように，全身の身体感覚に注意が行き渡っており，かつ雑念が入らなければ，滑らかでバランスのとれた美しい動作ができる。スポーツ経験者の場合，この感覚を比較的容易に体験することが可能なようである。自分が慣れ親しんだスポーツの基本動作をゆっくり繰り返してみると，全身の身体感覚を味わいながら，体の軸をぶらさずに滑らかな動きをする時の感じがわかる。

　ただし，授業において大切なのは適切な姿勢や動きを完成することではなく，自分の姿勢や動きに伴う身体感覚や気持ちに気づき，そこに身をまかせて味わうことである。力が抜けている感覚や力んでいる感覚，心地よさや不快な気持ちなどを，ありのままに味わうようにする。

　身体感覚を味わうための姿勢や動作は基本的に何でもよいので，授業における通常の準備運動や整理運動に組み込んで実施することができるが，A.ローエンが推奨している「グランディング(地に足をつける)」を参考にして(ローエン，1994b)，具体的なやり方の例を紹介する。

①両足を平行に少し開き，膝を軽く曲げて足の裏をしっかり地面につけて立つ。体重は親指のつけ根にかかるようにする。体の力は抜けているが，背筋はまっすぐで顔は前を向いている。口を開けてゆったりと呼吸しながらこの姿勢をしばらく保ち，脚の感覚を味わう。

②地面を踏みしめながらゆっくり歩く。片足に全体重がかかるようにして，一足ごとに地面に触れる感覚を味わう。ゆったりとした呼吸を続けて肩や膝の力を抜き，重心が低くなった安定感を味わう。

③前かがみになって両手の指先をそっと地面にふれさせ，膝を少しずつ伸ばす(伸ばしきってはいけない)。ゆったりと呼吸しながら，しばらく脚や腕の感覚を味わう。また，脚がふるえ出したり，手足が温かくなったり指先がしびれてきたりすることがあるが，それらの感覚も味わう。

(4) 体と心のつながりに気づく(知的理解による裏づけ)

　体と心を仲介するのは，自律神経系である。体と心のつながりの体験を理論的に理解するために，緊張や興奮と関連する交感神経系と，弛緩や沈静と関連する副交感神経系の働きを説明した上で，実際に体に起きる生理的変化

を測定してみるのも体験として面白い。リラクセーションの深まりに伴ってさまざまな体の変化が生じるが，最も気づきやすいのは，血流の増加に伴う手足の表面温度の上昇と指先のしびれ感である。この変化は，特別なバイオフィードバック装置がなくても，温度計を指でつかんでいるだけで測定することができる。たとえば指の表面温度は，気温や子どもの心身の状態によって測定開始時の温度は異なるが，リラクセーションが深まれば1〜5度変化して35〜36度まで上昇する。

（5）体の調子を整える（リラクセーションのコツ）

　努力して頑張れば頑張るほどうまくいかず逆効果になってしまうことが2つある。リラックスすることと眠ることである。不眠症の人は，眠ろうと焦るほど目がさえてしまい，諦めた頃にやっと眠れるものである。落ち着きやすい環境を整えたら，体の力を抜いて，あとは無駄な努力をやめて体に自分をゆだねる態度が大切である。

　深いリラクセーションに至るには，最終的には体をコントロールしようとする気持ちを放棄する必要があるとはいえ，準備の段階にはコツがある。禅に，調身・調息・調心ということばがあるが，この順番が重要である。まず体の力を抜いて，呼吸をゆっくり整えて，自然に心が落ち着いてくるのを待つのが，リラクセーションのコツである。体の力を抜くには筋弛緩法のやり方が役立つ。まず力を入れてみてその感覚を味わい，それから力を緩めると自然に筋弛緩が起きる。呼吸に関しては，呼気に注意を向けて，息が出ていくのと一緒に緊張が抜けていく感覚を味わうようにするとよい。以下に，自律訓練法を参考にしたリラクセーションのやり方の例を示す（佐々木，1976）。①肩や首を回すなど軽く体を動かしてから1回大きく伸びをし，その後椅子に楽に座って（あるいは床に仰向けに寝て）目を閉じる。②1〜2回大きく深呼吸する。その際，息を吸う時に両肩を上げて上半身に力を入れ，吐く時に肩を下げて全身の力を抜くようにする。③その後は自然な呼吸に戻って，息を吐くたびに力みや緊張が抜けて楽になっていく感じをイメージしながら，手の感覚に注意を向けておく。この状態を2〜3分保てば，手のひらの温かい感覚や指先がしびれる感覚に気づくことができる。④やめる時には，軽く体を動かしてから大きく伸びをし，それからゆっくり目を開ける。この開

眼前の軽い運動がすっきりと通常の活動に戻るのに役立つ。

(6) 仲間の体に気づき，信頼関係を築く

　自分のカラにこもって頭の中だけで考えていると，自己中心的な思考になったり，孤独感に悩まされたりする。身体感覚を通して仲間の存在を実感させ，信頼関係を育てていくことが大切である。

　前述したリラクセーションのやり方を応用して，二人一組で行うのも有効である。片方の手を重ねて，相手の手の温かさや冷たさを感じる。相手の手が冷たい場合は自分の手のぬくもりが伝わっていく感じを，温かい場合は自分の手が温められてくる感じを味わうようにしながら，リラクセーションを実施する。

　また，二人一組で自分の体を相手にゆだねるワークをすることを通して，心と体をほぐしながら信頼関係を育むことができる。以下に広く行われているやり方として3つの例を示すが，いずれのワークも少し危険を伴うので，実施に際してはマットを敷くなどの準備に加えて，ふざけた雰囲気にならないよう配慮する必要がある(伊東，1983)。

① 頭をゆだねる：1人が仰向けに寝て，ゆったりと呼吸をしながら全身の力を抜く。もう1人が，両手で慎重に後頭部を持ち，優しく左右に転がす。力が抜けていれば頭部は物のように重たく感じられる。相手を信頼しているつもりでも頭部を床に置かれるときには首に力が入りがちである。

② 後ろに倒れる：1人が後ろ向きに倒れて，もう1人が両腕でしっかりと受け止める。まず，相手に目を開けたまま浅い角度で何回か倒れてもらい，脚を前後にした半身で背中を支える受け止め方の練習をする。その後，倒れる人は目を閉じて後ろに倒れ，相手に体をまかせる。全体重を支えてもらっている気持ちよさを味わう。

③ 目かくし歩き：まず全員が目を閉じて手探りで歩きまわり，いつもより鋭敏になった身体感覚や不安な気持ちなどを各自で体験する。次に，2人1組になって手をつなぐ。1人が目を閉じ，目を開けたもう1人がいろいろな場所に誘導する。いっしょに歩く時にことばは使わないようにし，互いに体の感覚を通してコミュニケーションする。

(7) 深い信頼感を育てる

現実から切り離され孤立した心が，身体感覚を十分に味わうことを通して，自分の体と触れあい，地面や空気と触れあい，仲間と触れあうことを実感できるようになる。その過程で他の存在や生命とのつながりに気づき，自分はその全体に支えられ護られながら生きているという深い信頼感が芽生えてくる。この信頼感が基礎にあってはじめて，筋緊張による体の鎧を脱いで自分の心をオープンにし，自分らしい生き生きとした動作で自由に行動し，思いやりをもって仲間と関わっていくことが可能になるのである。　　（坂入洋右）

〈引用・参考文献〉
A.ローエン：菅靖彦・国永史子訳(1994a):バイオエナジェティックス：原理と実践．春秋社．
A.ローエン：村本詔司・国永史子訳(1994b):からだのスピリチュアリティ．春秋社．
佐々木雄二(1976)：自律訓練法の実際：心身の健康のために．創元社(本・ビデオテープ)．
伊東博(1983)：ニュー・カウンセリング："からだ"にとどく新しいタイプのカウンセリング．誠信書房．

2. 運動への自信（有能感）

1) 運動有能感の必要性

　体育授業では，運動に親しむ子どもの育成が求められている。この目標を達成するために，一般的には「運動の楽しさ体験」が重要であり，自己決定を保証するために，教師の指導性を可能な限り控えるようにすることが求められている。しかし，現実にはすべての子どもに楽しさを体験させるために，技能の向上を求めない，教師が介入しないという，いわゆる放任の授業がよい体育授業であるという誤解も生じている。

　生涯体育・スポーツの実践者の育成には，みずから進んで運動に参加する，すなわち，運動に内発的に動機づけられた子どもの育成が重要である。そのためには，運動の楽しさ体験や子どもの自己決定能力が必要である。しかし，運動技能が低い子どもが自己決定したり，運動の楽しさ体験をすることは困難である。デシ(1980)は，内発的動機づけには，有能感と自己決定が大切であると述べている。自己決定するためには有能感が必要であり，生涯体育・スポーツの実践者の育成という体育授業の目標を達成するためには，すべての子どもの有能感，すなわち自信を高めることが必要である。

　運動への自信の重要性は理解できるが，その育て方となると難しい問題に突き当たる。運動に対する自信をもつためには，運動能力や運動技能が高いことが必要である。すなわち，運動への自信は運動ができるという自信であり，できるできないという基準は，他の仲間と比較するという相対的な基準によるものが多い。このように，どの集団に所属するにしても他のメンバーと比べて運動技能が低い子どもは自信をもてないだろう。運動技能の高い子どもは運動に対する自信をもっていると考えられるので，問題は運動技能の低い子どもの運動への自信をどのような方法で高めることである。

　そこで岡沢ら(1996)は，運動に対する自信を，運動が上手にできるという自信である「身体的有能さの認知」だけでなく，努力すれば，練習すればで

きるようになるという自信である「統制感」,指導者や仲間から受け入れられているという自信である「受容感」の3つでとらえることが必要であることを示している。

2) 運動に対する自信の育て方

　我々は,運動に自信がもてない子どもの運動に対する自信を高めるために,教材,教師行動,評価の3点から工夫を行い,その有効性に検討を加えてきた。そこで本節では,その方法の一部を紹介することにする。

(1) 教材の工夫

①個人スポーツの集団ゲーム化

　個人種目の多くは,陸上競技のように記録が明確に示されたり,器械運動のように何ができたのかがはっきり示されるものが多い。このような個人種目の場合には,努力して記録が伸びたり,できない技ができるようになっても,クラス内での相対的な位置は変わらないことも多くある。すなわち,努力してできるようになっても,上達したという実感が得られないことも多くあると考えられ,このような場合には運動有能感は高まらないのではないかと考えられる。このような問題を解消するために,水谷・岡澤(1999)は,小学校5年生の走り幅跳びの授業で,単元最初の記録から,測定結果がどの程度伸びたのかという伸びを意識化させることにした。すなわち,評価を相対評価から記録の伸びによる個人内評価にすることによって,努力することによってできるようになるという自信を高めようとした。また,評価の工夫だけでなく,その伸びを仲間から認めてもらえるようにグループ間の競争を取り入れた。個人スポーツを集団競技化し,その伸びをグループの仲間から認めてもらうことによって,伸びを認識してもらおうとした。このような工夫をすることによって,表2-2に示されたように,運動有能感のすべての因子の得点が高まっただけではなく,単元前には295.8cmであったクラス平均は単元終了後には342.5cmと大きな記録の伸びがみられた。運動有能感や記録の伸びだけでなく,この授業では,跳躍の順番を待っている児童が砂場の周りに集まり,グループのメンバーの跳躍を応援している姿が多く見られるなど,活気のある授業が展開された。このような個人スポーツの集団ゲーム化は,走

り幅跳びだけででなく，マット運動(岡澤・徳田，1999)などが実践されており，運動有能感を高めることに有効であることが示されている。

表2-2 走り幅跳び授業の運動有能感の変化（水谷・岡澤，1999）

	群	n	単元前 MEAN (SD)	単元後 MEAN (SD)	二要因分散分析 群の主効果 F値	測定時期の主効果 F値	F値
身体的有能さの認知	上位群	12	17.67 (1.30)	18.25 (1.71)	108.52***	18.29***	5.31***
	中位群	14	13.00 (1.36)	14.00 (2.69)			
	下位群	12	7.67 (1.88)	11.17 (1.75)			
統制感	上位群	14	20.00 (0.00)	19.36 (1.91)	23.91***	6.84***	13.08***
	中位群	13	18.00 (0.91)	18.31 (2.28)			
	下位群	11	14.46 (1.50)	17.91 (2.02)			
受容感	上位群	17	19.47 (0.51)	19.64 (0.70)	76.12***	25.06***	11.35***
	中位群	10	17.40 (0.70)	19.10 (1.60)			
	下位群	11	11.64 (2.38)	15.64 (3.01)			
運動有能感合計	上位群	13	55.85 (2.41)	57.61 (2.14)	47.67***	32.75***	14.54***
	中位群	12	48.50 (2.28)	49.42 (5.66)			
	下位群	13	37.23 (6.09)	46.92 (5.82)			

***$p<.001$

②ボールゲームのルールを変更する方法

　運動が苦手である，上手にできないと感じる子どもは，運動する前から自分にはできないとあきらめてしまっていることが多くある。特にバレーボールでは，失敗は即失点につながり，運動が苦手な子どもはできるだけボールに触れないでおこうとする傾向が強い。我々はこのような特徴をもつバレーボールを体育授業で行う場合には，誰にも触れず床に落ちた場合は，失点を2倍にするというルールでゲームを行っている。このようなルールでゲームを行うと失敗しても触れるだけで失点を少なくすることができるので，失敗してもいいからレシーブしようと行動するようになる。このようなルールで

ゲームを行うと，失敗してもチームメイトは「触れることができたじゃないの」と認める発言をすることが可能になるし，何度かの失敗の後にはレシーブを成功できるようになる。このように，上手になりたい，何とかできるようになりたいと思うこと，そしてできるようになったことをメンバーが認めることによって運動有能感は高まる。

また，ソフトボールの授業においても，運動技能の低いバッターはどうせ当たらないと考えてバッターボックスに入ることが多い。このような状況でヒットを打つことは，ほとんど不可能である。そこで，我々はピッチャーを攻撃側の選手が行い，ピッチャーが投げた球はすべてストライクであるというルールで行う三球制ソフトボールを取り入れている。このようなルールでソフトボールを行えば，バッターは打たせてくれるという意識になれるので，技能の低い生徒でもヒットを打とうと思って，バットを振るようになり，何度かに一度はヒットを打つことができるようになる。

小学校のバスケットボールへの移行教材としてはセストボールが有効である。セストボールはバスケットに似たボールゲームであるが，ドリブルが禁止されているので，パスのみでボールを運び，双方のコートの真ん中におかれた玉入れの篭のようなゴールにシュートし，得点を争うボールゲームである。ドリブルを使用しないので5名全員が協力しなければパスが繋がらないことから，すべての子どもの役割ができることや，ゴールがコートの真ん中にあるために360度どこからでもシュートが可能であり，技能が低い子どもにもシュートが打てるチャンスが多くなる。岡澤・辰巳(1999)は，それでもシュートが打てない子どもがいるという問題点を解消するために，このセストボールのゲーム開始時に全員フリースローを行い，その得点からゲームをスタートするという工夫をした実践を行っている。このセストボールの実践では表2-3に示されているように，運動有能感の低い子どもの運動有能感が高まっていることが明らかであった。

表2-3 時前の運動の有能感の上位・下位群別にみた運動の有能感の変化(岡澤・辰巳,1999)

	群	N	前 MEAN SD	中 MEAN SD	後 MEAN SD	一要因分散分散 F値	二要因分散分析 群の主効果 F値	測定時期の主効果 F値	交互作用 F値
身体的有能さの認知	上位群	10	16.10 1.29	16.00 1.89	15.50 2.32	0.78	45.16 ***	2.87	7.14 **
	下位群	12	8.83 2.62	9.92 2.81	10.75 2.22	9.95 ***			
統制感	上位群	9	16.31 1.55	16.85 1.91	16.92 1.80	—	20.50 ***	3.36 *	0.95
	下位群	13	12.44 2.01	13.33 2.78	14.22 2.49	—			
受容感	上位群	9	16.46 1.39	15.92 2.69	16.39 2.0	0.27	12.73 **	3.65 *	6.44 **
	下位群	13	10.67 2.50	13.56 2.60	14.80 3.79	0.38 ***			
運動の有能感(合計)	上位群	10	46.08 3.64	46.67 4.16	47.25 5.85	0.40	21.31 ***	7.74 **	4.24 **
	下位群	12	34.80 5.55	38.70 6.06	41.20 3.82	10.56 ***			

(* P<0.05, * * P<0.01, * * * P<0.001)

以上のように,運動技能の低い子どもができるかもしれない,やってみようと感じ積極的に参加できるような教材の工夫を行うことによって,運動に自信がもてない子どもの運動に対する自信を高めることができると考えられる。

3) 教師行動の工夫

教師の働きかけによる動機づけは外発的な動機づけである。このように考えると,子どもが運動に内発的に動機づけられるのを待つしかないことになってしまう。このことに対して鹿毛(1996)は,内発的動機づけの概念に,学習者を動機づける方法ととらえるのか,学習者の動機づけられた状態であるととらえるのかによる混乱があると述べている。すなわち,賞罰によって動機づけることを外発的動機づけととらえるのに対して,興味を喚起するような環境の設定が内発的動機づけととらえるのか,課題の遂行が何らかの手段となっている心理的状態が外発的動機づけととらえるのに対して,課題の遂行それ自体が目的であるような心理的状態を内発的動機づけとするのかということである。この鹿毛の見解にしたがえば,運動に内発的に動機づけられ

るように教師の関わり方が重要であるととらえることができる。

　体育授業中の教師行動の分析結果と児童の授業評価の結果の関係を分析した高橋ら(1991)は，児童が求める教師行動として，マネージメント場面では矯正的なフィードバックや否定的なフィードバックは授業評価を低くする傾向がみられ，学習指導場面においては，説明時間が短いこと，受理，肯定的フィードバック，矯正的フィードバック，励ましが多いことを明らかにし，これらが児童の授業評価にプラスに影響することを明らかにしている。また，教師の働きかけの対象としては，全体や集団に対する働きかけよりも個人に対する働きかけが有効であることも明らかにしている。この高橋ら(1991)の研究では，直接運動有能感や運動に対する自信との関係を分析したものではないが，叱責や罰ばかりを与える教師のもとで学習している子どもの努力は認められることはなく，運動に対する自信をもつことはできないであろう。反対に子どもを誉め，努力を認めるような教師の肯定的な働きかけは，運動に対する自信を高めることになると考えられる。このように，子どもが求める教師行動は，運動に対する自信を高めるような教師行動である。すなわち，運動に対する自信を高める教師行動は，誉める，励ます等の肯定的な行動で指導することであり，技術指導に関しては，矯正的な関わりも自信を高める可能性があると考えられる。

4）評価の視点から

　鹿毛(1996)は，誰が評価するのかという評価主体に関しては，自己評価が内発的動機づけを高め，評価基準に関しては，集団に準拠して行われる相対基準の評価が内発的動機づけに負の効果をもたらし，課題に関連した到達度評価や課題に焦点をあてた評価が内発的動機づけを高めると述べている。この鹿毛の見解にしたがえば，運動有能感を高めるためには，子どもが自己評価することが有効であり，その基準も集団のメンバーと比較するような相対評価ではなく，どこまでできるようになったのかということが基準になる到達度評価や個人内評価が有効であると考えられる。

　しかし，スポーツ競技を教材とする場合は，競争がその楽しさの中核に位置する。競争は，他者との比較で評価が行われる相対評価であると考えられ，

競争する場合にも，個人スポーツの集団ゲーム化で用いたような，伸びを基準とした競争を用いるなどの工夫が必要になると考えられる。また，自己評価するためには，評価するための能力が必要であり，この評価能力の向上も運動に対する自信を高めるためには重要な課題であると考えられる。

（岡澤祥訓）

《引用・参考文献》

E.L.デシ：安藤延男・石田梅男訳(1980)：内発的動機づけ．誠信書房．
鹿毛雅治(1996)：内発的動機づけと教育評価．風間書房．
水谷雅美・岡澤祥訓(1999)：運動有能感を高める走り幅跳びの授業実践-個人スポーツの集団ゲーム化-．体育科教育 47(9)：68-71．
岡沢祥訓・北真佐美・諏訪祐一郎(1996)：運動有能感の構造とその発達及び性差に関する研究．スポーツ教育学研究 16(2)：145-155．
岡澤祥訓・徳田直子(1999)：運動有能感を高める集団マットの授業実践．体育科教育 47(11)：54-56．
岡澤祥訓・辰巳善之(1999)：運動有能感を高めるセストボールの授業実践．体育科教育 47(12)：46-49．
高橋健夫・岡沢祥訓・中井隆司・芳本真(1991)：体育授業における教師行動に関する研究-教師行動の構造と児童の授業評価との関係-．体育学研究 36(3)：193-208．

3. 体育学習と自尊感情

1) 自尊感情とは

　自尊感情はSelf-esteemの訳語であるが，初期の研究では自尊心という訳語を使用している場合もある。ただ，自尊心と訳される原語にはSelf-respectやPrideなどもあり，現在使用されている自尊感情の概念規定からすると，ややニュアンスの異なったものとなる。すなわち，「自尊心」には自己の力や特性を自分以外の者に比べて高く評価するというニュアンスが含まれているのに対して，「自尊感情」は「自己に対する肯定的感情」を指し，「ありのままの自分を受け入れる程度」を示すものである。したがって，必ずしも相対的な価値比較を伴わない。

　しかしながら，こういった区別が厳密に行われているわけでもなく，研究によっては，両者が混在している場合もある。また，その煩わしさを避けるため，「Self-esteem」あるいは「セルフ・エスティーム」というように原語をそのまま表記することも多くなっている。そこで，以下ではSelf-esteemという原語記述を基本とし，その日本語表記に関しては，その研究で用いられた表記法をそのままの形で記述することにする。

2) Self-esteem研究の経緯

　Self-esteemは，ジェームズ以来，多くの心理学者によって，それを高めることが人間の行動の目的であるとされてきた。ジェームズは，「自尊心＝成功／願望」という公式を提唱し，分母(願望)を小さくしても，分子(成功)を大きくしても自尊心のレベルを上げることができるとした。

　その後，Self-esteemに関する研究は，1960年前後のアメリカを中心に研究が盛んに行われた。その中でクーパースミス(1960)は，Self-esteemを「自分自身に対する積極的消極的な態度」と定義づけて，50項目からなる自尊心尺度(Self-Esteem Inventory，通称SEI)を作成し，その妥当性を検討した。海保

と山下(1968)は，これを基に44項目の自尊心尺度を作成し，8つの因子，すなわち①自己に対する感情的な肯定的・否定的態度，②他者に対する優越感情，③自己の能力に対する確信，④他者からの同情の排斥，⑤自己愛，⑥自己実現欲求，⑦排他的自己中心性，⑧自己に対する肯定的態度，を見出している。

　一方，Self-esteemの研究でもうひとつ注目すべきものとして，ローゼンバーグ(1965)の研究がある。彼は，Self-esteemを「自己に対する肯定的または否定的態度」としたうえで，「とてもよい(Very Good)」と「これでよい(Good Enough)」と感じる2つの意味があるとし，彼自身は「これでよい(Good Enough)」と感じる自尊感情の測定を試みている。そして，10項目からなる自尊感情尺度を作成し，高校生を対象としたさまざまな研究を行っている。この自尊感情尺度は，十分な再現性と尺度化可能性があることが確かめられており，星野(1970)による日本語版はその後の研究にも数多く使われている。

3) Self-esteemに影響を及ぼす要因

　井上・有木(1988)は，20答法質問紙を用いて自己概念と自尊感情の関係を分析した。ここでは，「私とは」に続く空白が20個準備されたものを用い，その空白に自分自身を表現する自由な記述を求めた。その結果，20答法質問紙によってとらえられる自己概念は，その人の自己意識の中心的なものと考えられ，大学生では「好み」「対人関係のもち方」「気分のタイプ」にふれる人が多いとした。また，男女の比較において，女子では自尊感情の高い者ほど表面的なことではネガティブな感情を素直に示す傾向があること，男子においては，自尊感情の低い人は，情緒的な安定性が低く，対人関係での自信のなさをより強く意識していることを報告している。

　岩井・小田ら(1986)は，中学生を対象として，学業成績とSelf-esteemとの関連についての研究を行っている。それによると，Self-esteemに寄与しているのは，男子の場合，1年生で「家庭への適応」，2年生では特になく，3年生では「友人への適応」であった。一方，女子の場合，1年生で「学業満足度」と「家庭への適応」，2年生では「学業自己評定」，3年生では「友人への適応」と「家庭への適応」であった。また，男子よりも女子の方が学業を

気にしており，その気にしかたがSelf-esteemの程度に影響しているとしている。これらのことから，一般にいわれるほど学業成績がSelf-esteemに影響を与えているとは考えられず，むしろ友人への適応や家庭への適応の方が大きな影響を与えていること示された。すなわち，学業成績がSelf-esteemに影響を及ぼすとすれば，家庭でそのことをどう評価しているかというような，周囲の人間関係との関わりでのみ影響することが考えられる。

　また菅ら(1975)は，Self-esteem形成における他者との関わりの大切さを示すため，青年期におけるSelf-esteemと他者関係についての調査を行った。その結果，対他者関係良好群は，不良群よりも現実自己が高い傾向が窺えたが，高校生においては，小・中学生ほど顕著ではなかったとしている。現実自己と理想自己との差異得点では，小・中学生では不良群が良好群よりも高く，従来の知見と一致したが，高校生では逆の傾向が見えたことを報告している。

　このように，自尊感情は精神的安定度や社会生活への適応度を反映するという研究報告が多く，高い自尊感情は自立性やリーダーシップ，ストレスに対する回復力など，ポジティブな特性と関連があるとされている一方，低い自尊感情は，しばしば意気消沈や不安，恐怖症などの精神的症状や障害を伴うので，自尊感情を高めることは，自己の人生に自信をもち，自分なりの生活を積極的に押し進めていく原動力にもなりうると考えることができる。

4）運動と自尊感情

　運動の実践は自尊感情の向上に効果的とされ，今までさまざまな形での取り組みが行われてきた。フォックス(2000)は，これらに関わる文献をレビューし，研究結果を次のようにまとめている。①約半数の研究は，運動の実施によって自尊感情の改良が認められるという結果を示したが，残りの半数は変化が無いと報告している。このことから，運動をすれば自動的に自尊感情に好影響がもたらされるものではないことが明らかである。②望ましい影響は殆どの年齢層で認められたが，特に子どもや中年層において顕著であった。③また，その効果は自尊感情の低い者において，より顕著であった。

　フォックスは，これらの結果から，運動の効果は自尊感情よりも身体的自己知覚において顕著であることを指摘し，サンストロームとモーガン(1989)

が提唱したモデルのように，身体的自己知覚や身体的自己価値の要因に注目した取り組みが必要になることを強調した。

　以上の指摘からも明らかなように，運動を実施することによって自尊感情を高めるためには，まず実施者の身体的効力感を高めることによって，身体的有能感を味わわせることが必要である。そして，それが自己の理想的な身体像として受け入れられたとき，より大きな効果が得られると考えることができる。

5）体育学習と自尊感情

　このように，運動の実施によって自尊感情を高める可能性はあるものの，ただ単に運動を実施するだけでは効果が薄く，さまざまな配慮が必要となる。まず，第一に考えなければならないのは，運動による自尊感情の向上には身体的効力感が大きな役割を果たしていることである。すなわち，運動をすれば自分なりに成果が得られるという認識をもたせたり，運動における成就感を体験させたりすることが大切である。そしてそれが個人の身体的有能感を高め，そこから自尊感情が高まることになる。

　しかしながら，これを体育学習において考えてみたとき，すべての子どもが身体的効力感を感じ，運動有能感を得られるとは限らない。それは，教師の適切な配慮がない場合，子どもたちの意識は相対的な能力比較に集中し，客観的にはかなりの成果をあげているにもかかわらず，劣等感を抱いてしまうことが多々見受けられるからである。ましてや，教師やクラス全体の関心が運動パフォーマンスの優劣のみに注がれている場合，そのような成果が得られない子どもたちにとって，体育の授業ほど苦痛に満ちたものはないであろう。そこでは，このような子どもたちに自尊感情が芽生えるはずがない。

　川畑（1996）は，ドナ・クロスの研究を引用し，セルフ・エスティームを育てるための教育プログラムの基本要素として次のような点をあげている。

　①自分の独自性に気づき，尊重させる。②自分の能力の長所と短所を客観的に評価させ，適切な目標を設定し，実現することによって自信をもたせる。③他者との結びつきや関係を感じさせ，他者から受け入れられているという感覚をもたせる。

これらのポイントを体育学習にあてはめた場合，自尊感情を高めるための留意点としては，次のようなことが考えられる。まず，体育学習における評価の観点を運動技能の習得だけに限らないことである。たとえば，運動に伴って生じる自分の身体的変化に対してどのような意識をもったかというような身体認識や他者とのコミュニケーション能力，さらには，他の学習者との関連で生じる社会的態度，そしてこれらすべてを含んだ形での学習のしかた等，さまざまな観点での評価を実施することである。また，その評価は，他の学習者との比較によるランクづけではなく，その学習者の独自性を認識するためのものであることはいうまでもない。そして，教師をはじめ，他の学習者や保護者を含む周りの者たちがこういった個人の独自性を認め，それを尊重するような環境づくりに努力すべきであろう。

　岡(1998)は，このような視点から体育授業における自尊感情尺度を作成し，そこにポジティブフォーカス(Positive Focus)という手法を導入することによって，児童の自尊感情を高める試みを行った。ポジティブフォーカスとは，「自分自身と他者の強い面(Strongness),能力のある面(Powerfullness)や価値のある面(Worthiness)を積極的に発見する努力をし，見出した側面の意味づけを行うことである」とされている。

　ここでは小学校5・6年生の児童を対象とし，自尊感情調査を1週間間隔で5回実施した。また児童は学級毎に男女が同数になるようにして2グループを編成し，第1グループには3回目，第2グループには教育的配慮から同一の働きかけをするため，4回目の調査前にポジティブフォーカスを行った。つまり，事前に体育授業に対する価値観調査を行い，その児童が高く評価する下位尺度について，そのよさを意味づけるコメントをプリントして配布することによって，ポジティブフォーカスを実施した。

　そして，第1グループを実験群，第2グループを統制群として，実験群にポジティブフォーカスを実施した直後の3回目の自尊感情を比較したところ，実験群が有意に高い自尊感情得点を示した。なお，当然の事ながら，3回目の調査は1・2回目における調査結果の影響を受けることが考えられるため，ここでは1・2回目の自尊感情得点を加味した統計処理を行っている。また，同様の手続きによって第4回目の自尊感情得点を比較したところ，実験群・

統制群間の差が無くなった。

　これらのことからも明らかなように，自己が認識する自分の姿に対して，第三者から支持されているという感情をもつということは，本人の自尊感情を高めることにつながる。この実践では，教師からのプリント配布という方法で支持情報を提供したが，それは何もプリントに限られるわけではない。体育授業の中で示される教師や友だちのほんの些細なことばや表情によっても，同様の効果は期待しうる。運動能力が高く，かつ，それに対して意義を感じている子どもたちには，そのことに対する評価を十分に与えてやる必要はあるが，運動能力の高くない子どもたちにも，それ相応の評価を示してやることが大切である。また，当然の事ながら，教師だけでなく保護者やクラスメンバー等，その子どもを取り巻く環境にも，その子どもの独自性を温かく受け入れる土壌が必要となる。
　　　　　　　　　　　　　　　　　　　　　　　　　　（賀川昌明）

《引用・参考文献》

Coopersmith, S.(1960)：Self-Esteem and need Achievement as determinants of selective recall and receptization. Journal of Abnormal and Social Psychology 60：310-317.

Fox, K. R. (2000)：Self-esteem, Self-perception and Exercise. Int. J. Sport Psychol 31：228-240.

星野命(1970)：感情の心理と教育(2)．児童心理学 24：1445-1477．

井上祥治・有木香織(1988)：20答法による自己概念と自尊感情の関係に関する実証的研究．岡山大学教育学部研究集録 77：41-48．

岩井勇児・小田昌世(1986)：中学生の自尊心と学業成績の評定．愛知教育大学研究報告 35 教育科学編：85-97．

海保博之・山下恒夫(1968)：自尊心尺度(SEI)作成の試み．日本心理学会第32回大会発表論文集：338．

川畑徹朗(1996)：セルフ・エスティームを育てる．初等教育資料 547； 68-71．

岡雅洋(1998)：体育学習における自己評価に関する研究－セルフ・エスティームとの関連からの検討－．鳴門教育大学大学院修士論文．

Rosenberg, M. (1965)：Society and the Adolescent Self-Image. Princetom Unive. Press.

Sonstroem,R.J. and Morgan,W.P.(1989)：Exercise and self-esteem. Medicine and Science in Sports and Exercise 21：329-337．

菅佐和子(1975)：Self-Esteem と他者関係に関する一研究－青年期を対象にして－．教育心理学研究 23：224-229．

4．社会的態度

1）社会的態度とは

　社会的態度とは，一般に政治・経済・文化・宗教などの社会的事象に対する態度を指し，知覚や行動における心構え(mental set)や運動的な構え(motor set)をも含めて考える場合に，これらと社会的に意味のある認知的準備状態とを区別するために用いることが多い。また，物理現象に対する態度と区別するために，人や集団，その所有物，社会的価値や制度に対して形成される態度を社会的態度と呼ぶことがある。

　体育やスポーツの指導場面においては，後者の概念規定に近く，友人や指導者，審判やルールに対する態度を社会的態度と呼ぶことが多く，学習指導要領における目標や学習内容のひとつとして掲げられている。

2）学習指導要領(体育・保健体育)に提示された社会的態度

　学習指導要領では，小学校・中学校・高等学校ともに，体育・保健体育の教科の目標として，社会的態度に関する記述がある。また，教科の内容として，「技能に関わるもの」「態度に関わるもの」「学び方に関わるもの」が提示されているが，その「態度に関わるもの」の中に，健康安全に対する態度と並んで社会的態度が取りあげられている。

　たとえば小学校学習指導要領(1998a)の場合，各学年の目標として「第1学年及び第2学年」では「誰とでも仲良くし・・」という表現，「第3学年及び第4学年」「第5学年及び第6学年」では「協力，公正などの態度を育てる」という表現が示されている。学習内容における表記では，「第1学年及び第2学年」における基本の運動で「順番や決まりを守って仲良く運動をする」，ゲームで「規則を守り，互いに仲良くゲームを行い，勝敗を素直に認める」という項目が掲げられている。「第3学年及び第4学年」の基本の運動，ゲームでは「第1学年及び第2学年」と同じ表現になっているが，この学年から取

りあげられる器械運動，水泳，表現運動では，それぞれ「互いに励ましあって運動したり・・」や「互いに協力して水泳したり・・」，「互いの良さを認めあい，協力して練習や発表ができるようにする」といった表現がなされている。さらに，「第5学年及び第6学年」から実施される体つくり運動では，「互いに協力して運動ができる・・」，陸上運動では「互いに協力して安全に練習や競争ができるようにするとともに，競争では，勝敗に対して正しい態度がとれるようにする」という表現が示されている。

中学校学習指導要領(1998b)では，体育分野の目標として「公正な態度や，進んで規則を守り互いに協力して責任を果たすなどの態度を育てる」という表現があり，学習内容では，陸上競技の「互いに協力して練習や競技ができるようにするとともに，勝敗に対して公正な態度がとれるようにする」という記述がある。また，球技では「チームにおける自己の役割を自覚して，その責任を果たし，互いに協力して練習やゲームができるようにするとともに，勝敗に対して公正な態度がとれるようにする」，武道では「伝統的な行動のしかたに留意して，互いに相手を尊重し，練習や試合ができるようにするとともに，勝敗に対して公正な態度がとれるようにする」という表現が見られる。さらにダンスでも，「互いのよさを認めあい，協力して練習したり発表したりすることができるようにする」という記述が見られる。

高等学校学習指導要領(1999)では，体育・保健体育の目標として「公正，協力，責任などの態度を育て，・・」という表現が提示され，学習内容としては，陸上競技で「互いに協力して練習や競技ができるようにするとともに，勝敗に対して公正な態度がとれるようにする」，水泳で「互いに協力して練習ができるようにするとともに，勝敗に対して公正な態度がとれるようにする」という項目が取りあげられている。さらに球技では「チームにおける自己の役割を自覚して，その責任を果たし，互いに協力して練習やゲームができるようにするとともに，勝敗に対して公正な態度がとれるようにする」，武道では「伝統的な行動のしかたに留意して，互いに相手を尊重し，練習や試合ができるようにするとともに，勝敗に対して公正な態度がとれるようにする」，ダンスで「互いのよさを認めあい，協力して練習したり，交流したり，発表したりすることができるようにする」という表現が見られる。

このように，学校種・学年や運動領域によって少しずつ違いはあるが，そこに示されている社会的態度は，「協力」「協調」「相手の尊重」「公正」「責任」といった項目に集約されており，従来，「スポーツマンシップ」といった表現で示された行動規範とほぼ一致する。たとえば，体育大辞典には「スポーツマンシップとは，スポーツを愛好し，実践する者の間に自ずから発生し，そしてそれらの人たちが個人的，社会的に常に所有すべき道徳的精神で，公明正大，相手の立場を尊重し，規則を重んじて明朗に敢闘する精神をいう」とされているが，まさにこれらと同様の内容が提示されているわけである。

3）体育・スポーツ活動と社会的態度

　それでは，このような社会的態度やスポーツマンシップ的な行動は，体育やスポーツ活動によって望ましい方向に形成されるのであろうか。少なくとも一般にはそのように思われていることが多く，また，それが体育やスポーツ活動を推奨する根拠ともなってきた。しかしながら，実際には必ずしも望ましい方向で機能しているとは言い切れないのが実状である。

　たとえば，体育授業中，あまり運動が得意でなく，ゲームでミスをした子どもを他の子どもたちが非難したり，スポーツ少年団で活躍している子どもが自分勝手な行動をとったりするといったことが見受けられる。さらに，スポーツ活動を長く続けている者が必ずしも望ましい行動規範を身につけているとは言い切れず，条件によっては，むしろ反スポーツマンシップ的な行動規範を身につけている場合もある。たとえば，自分たちにとって有利な判定を得るためにわざと転んだり，審判に見えないように反則をしたりすることなどは，その典型的なものである。

　こういった状況が生じる背景には，「ゲームの結果のみを重視した放任主義」や「過度な勝利至上主義」といった傾向が認められる。つまり，体育授業の場合は運動能力の高い子だけが活躍するゲーム中心の授業展開であり，教師の働きかけが全く認められない授業である。スポーツ活動の場合は，逆に勝つことが第一という指導者の働きかけが強く，メンバーはその方針に対して同調せざるを得ない状況に追い込まれているようなときに生じやすい。

　これらのことからすると，単に体育の授業があるからとか，スポーツ活動

に参加しているからといったことだけでは，望ましい社会的態度が育成されるとは限らないといえよう。

4）体育授業における社会的態度の育成

それではどのような形で授業を展開すれば，体育授業において望ましい社会的態度の育成が可能になるのであろうか。ここにその実現を目指して行われたひとつの実践をとりあげ，その可能性を検討してみることにする。

前にも述べたように，今回の指導要領では，体育授業における学習内容として「技能」「態度」「学び方」が提示されている。当然の事ながら，これらの内容は，取り扱い時間や方法には差があるにしろ，同等の重みで位置づけられるべきものである。しかしながら，実際の体育授業では，「技能」，それも「運動技能」の習得を中心として展開されることが多く，他の2項目に関しては指導案に記載されるだけという場合も少なくない。つまり，この2項目については，運動技能を効果的に習得することによって自動的に習得されたと見なされる場合が多いわけである。無論，安全に対する配慮や他の人と協力する等の「望ましい態度」や練習方法の工夫等の「学び方」が習得されることによって，効率的な「技能習得」が図られ得る。しかしながら，逆に効率的な「技能習得」がなされたからといって，必ずしも「望ましい態度」や「学び方」が習得されたとは限らない。そこで行われる学習指導の方針や学習集団の雰囲気によっては，高いレベルの技能習得はなされたものの，態度の形成や学び方の学習には，逆の結果がもたらされることもあることに留意しなければならない。体育学習を通じて「望ましい態度」や「学び方」が習得されるためには，常にこういった点からの教師の配慮や働きかけが必要である。

賀川ら(1991)は，こういった立場から次に述べるような授業実践を行い，教師の働きかけによる行動規範への影響を検討した。

ここでは，小学校6年生の「サッカー」を対象とし，少人数のゲームを中心とした授業展開を計画した。また，児童自らの手で課題を発見し，ゲーム観察やゲーム記録をもとにした学習計画を立案した。

そして，実験群として4クラス，統制群として2クラスの教師に同じ単元

計画による授業を依頼した。ただし，実験群の指導教師に対しては次のような実験的働きかけをするように要請した。①オリエンテーション時，本単元においては「行動規範(児童に対してはマナーという用語を使用)」を重視した指導を行うことを強調する。②各時の冒頭(めあての確認)において，必ず何かの形で行動規範に関するコメントを加える。③各時の終了(反省・学習カードの記入)時，必ず行動規範に関する評価を行う。④学習カードの中に行動規範を自己評価する欄を設ける。

そして，単元開始前と単元終了時に行動規範尺度項目による調査を実施し，その変化を比較した。その結果，実験群においては，いずれのクラスも単元終了時に行動規範得点の向上が認められ，教師の働きかけが有効であったことが示された。一方，統制群では，行動規範得点は変化しないか，もしくは低下するという結果を示した。

このことは，ゲーム中心・児童中心の学習形態をとった場合，教師の特別な配慮がなされないと，行動規範という観点では，かえって好ましくない結果が生じ得るということを示している。すなわち，放任的な授業運営の場合，児童の関心はどうしてもゲームの勝ち負けに集中し，その結果，下手な子どもを非難したり，審判の判定に対して文句を言ったりするといった行動を容認しがちになることが考えられるわけである。

さらに，事前調査によって行動規範得点の高い子どもと行動規範得点の低い子どもとをピックアップし，その子どもの学習行動を録画ビデオで分析した結果，行動規範得点の高い子どもは常に積極的な学習態度を示し，学級のリーダーとして活躍していた。また，その行動は献身的であり，女子を含め，運動能力の低い子どもからも絶大なる信頼を得ていた。一方，行動規範得点の低い児童の場合，ゲームや自分の好きな練習に対しては積極的である反面，他人と協力したり自分に直接関係のないことについて話しあったりする場面においては，しばしば自己中心的な行動をとった。そして，ここで観察の対象となった2人の子どもの行動は，彼らの運動能力が高かったこともあって，他の子ども達の学習活動に対してかなりの悪影響を及ぼしていた。

このように，ひとりの子どもがとる社会的な行動は，他の子どもたちにも大きな影響を与える。授業のはじめや終わりの段階などで教師が全体の関心

を引くような働きかけをすることも有効だが，こういった個々の子どもに対する対応も重要なポイントとなる。全体に対して協力や公正といった社会的態度の重要性を強調したところで，他に迷惑をかけている子どもの行動を放置したのでは元の木阿弥になる。直接その子どもに注意を与えるかどうかはそのときの状況次第であるが，少なくとも何らかの形でクラスの子どもたちに問題提起をすべきである。逆に好ましい行動を示している子どもの例は，できるだけ速やかに全体に紹介する等の処置によって，教師がどのような行動を望ましいと思っているのか，クラス全体に周知させておく必要がある。

体育学習では，ゲーム等を通じて，直接，他の子どもと利害関係が対立する場面が多く生じる。そして，それだけに自己の行動に対する他人からの評価が情緒的な葛藤を引き起こす。しかしこれは，教師側の事前配慮で発生を避けるべきものではなく，むしろ社会生活における対人関係の模擬体験として積極的に活用すべきものである。つまり，こういったトラブルの生起場面を適切にとらえ，「何故それが問題となったのか」「そのとき自分はどのように考えて行動したのか」，そして「そのことを友だちはどのように受け取ったのか」といった観点からの振り返りが重要な意味をもってくる。すなわち，事前措置よりも事後措置が大切になってくるわけである。また，それは一方的な教師からの指摘だけでなく，子どもたち自身による内省活動が不可欠となる。教師の指導とは，こういった視点からの働きかけととらえるべきであろう。そして，これらの積み重ねにより，「自己との関わり」や「他人との関わり」，さらには「ものとの関わり」に対する適切な判断力が身につき，ひいては望ましい「社会的態度」の育成に役立つものと考えられる。（賀川昌明）

〈引用・参考文献〉
文部省(1998a)：小学校学習指導要領．大蔵省印刷局，pp.80-89．
文部省(1998b)：中学校学習指導要領．大蔵省印刷局，pp.71-87．
文部省(1999)：高等学校学習指導要領．大蔵省印刷局，pp.96-103．
賀川昌明・石井源信・岡沢祥訓・米川直樹(1991)：スポーツゲームにおける行動規範の研究―小学校体育授業における意識変容への実験的試み―，鳴門教育大学研究紀要(生活・健康編) 6：21-37．

5. 体育と社会的スキル教育

1) 社会的スキル教育の現代的問題

「友だちと遊べない」
「ささいなことが原因でケンカになってしまう」
「相手の目を見て話せない」
「相手の方に身体を向けて話せない」
「自分の意見や感情を相手に伝えることができない」
「他者をほめることも，注意することもできない」
「他者からの注意を聞くことができない」

小学校の低学年でもこのような子どもを見ることがある。子どもだけではなく，成人式の式典でじっと座っていられない若者，大学の授業で私語を続ける学生など，社会的行動ができない青年も増えている。

このような社会的適応の不全を，人格(性格)形成の問題を原因とするのではなく，社会的スキル(技能)の習得過程に問題があると考える立場がある。つまり，しつけが適切に行われなかったり，子ども社会での経験が不足していたと考えるのである。

本来ならば，幼児期の兄弟関係や，4～5歳頃はじまる「協同遊び」の中で学習されてきた，対人スキル，社会的スキルを学びそこねて成長した子どもは，冒頭に示したようなスキルの欠陥をもったまま学校に入ってくるであろう。

このような問題は日本ばかりではなく，アメリカでも教育者の関心を集めた。アメリカでは，10年ほど前から学校教育の中でスキル教育が試みられている。

日本では，山本ら(1994)によって「主張訓練」の研究が発表されている。この研究では，引っ込み思案の児童に対して，「はっきりした声で」「相手の方を向いて」「自分の言いたいことを，相手に納得してもらえるように」伝え

る主張訓練が行われた。その結果，子どもは相手とのコミュニケーションにおいて，次の点で明らかな改善を示した。「理由の表明」「声の大きさ」「表情」「体の向き」などの対話の際のスキルである。

小林真(1997)は，社会的スキルの訓練の可能性について次のように記している。
「非社会的な子どもは，友だちのまわりでうろうろしたり，他の子どもの遊びを眺めていることがよくある。どのように話しかければ仲間入りできるのかがわからないことが多いので，相手の活動や話題をよく見て，相手をしてくれそうな友だちに話しかけることや社会的スキルの訓練が必要になる」
このような社会的スキルは従来の社会的条件では，子ども同士の遊びを通して習得されてきた部分が多い。そのことを考えると，教科体育は子どもが社会的スキルを学習する重要な機会を提供する可能性をもっているといえよう。
現在のところ，体育の研究の中で「社会的スキル」の育成に焦点をあてたものは少ないようであるが，子どもの現状を考えると，将来は重要なテーマとなってくるであろう。特に体育・スポーツ教育は社会的場面を多く含む活動であるために，子どものみならず青年の社会的スキルを学ぶよい機会をも与えることができる。

2）パブリックスクールのラグビー教育

「ワン・フォー・オール，オール・フォー・ワン」（一人は皆のために，皆は一人のために）。このことばはラグビー・フットボールのモットー(標語)の一つである。
ラグビーは，19世紀半ばに英国のパブリックスクール(私立中高一貫教育校)のカリキュラムの中に取り入れられた。パブリックスクールはラグビーやクリケットなどの団体競技の教育的価値を重要視していた。そこでは，チームワークの観念を育てること，チームのためにプレーすること，チームに忠誠を尽くすこと，ルールを尊重することなどが期待された。このような，社会生活に必要な態度や行動を育てることは，広い意味での社会的スキルの教育

につながっていた。

　ラグビーに関して語られることばの一つに「ラグビーは少年を早く大人にし，大人にいつまでも少年の魂を抱かせる」というものがある。このことばの前半は，ラグビーの体験を通して，少年が社会生活の規範を学び，早く子ども離れをして成熟した行動を身につけていくことを意味している。

　また，ラグビーの中にある「ノーサイドの精神」は，戦ったもの同士が試合終了と同時にサイド（チーム）意識を離れ，親睦を深める精神と態度を意味している。彼らは，自分の着ていたジャージを交換し，試合の後では正装してパーティーを開くというような伝統をつくった。ラグビーというスポーツは，ボールを奪いあい，突進し，トライするということだけにはとどまらなかった。ラグビーの試合では，コーチは指示を与えることができない。すべてが，プレーする少年たちの自主判断にまかされる。このようなラグビーの「文化様式」を通して，少年たちは洗練された社会的スキルを学習する機会を与えられた。

　パブリックスクールがラグビーを取り入れた目的は，体力増強や不屈な精神の涵養にもまして，社会的スキルの教育があったとみることができる。

　日本の武道の教育に中にも，礼儀・作法を重んじるなど，社会的スキル教育のねらいが含まれていた。

　しかし，ラグビーにせよ武道にせよ，20世紀の中葉以降の，競技スポーツ化，勝利指向の中で，教育的目的は二次的なものとされてきた。また，競技スポーツ指向や技術学習優先の対極として主張された「楽しさ優先」の体育との狭間で，スポーツを通してのマナーや社会的スキルの教育という考えには，十分な注意が払われなかった。武道の精神や，それに付随した振る舞いの教育は，反動的な教育として封印され，十分な議論と研究が行われてこなかったようである。

　このような武道の伝統の教育的価値の見直しは，我が国の体育者よりも欧米の体育者によって盛んに行われ始めている（例，Brown, D. & Johnson, A., 2000）。

　競技スポーツの立場や「楽しいスポーツ」の立場を認めながらも，教科体育の中では，現代的立場から，運動やスポーツを通した社会的スキル教育の

可能性を考えるべきであろう。

3) アメリカでのスポーツによる社会的スキル教育

　2001年5月のギリシャにおける世界スポーツ心理学会では，スポーツを通して社会的スキルの教育を実践している報告がいくつか現れた。スポーツ心理学においても，競技スポーツの向上を目指した研究が多い中にも，教育心理学的な発表の数も増えはじめている印象を受けた。その中から，二つの研究を紹介したい。研究としては厳密さを欠いてはいるが，スポーツを通した社会的スキル教育が実践に踏み込みはじめた様子を知ることができる。

　一つの発表は「ゴルフを通しての生活技能(Life Skills)の教育」という標題であった(ペトリチコフ)。この発表は，研究というよりは現場の実践報告であったが，冒頭でダニッシュとネルソンのことばが引用された。

　「スポーツ心理学コンサルタントは，スポーツを通して教育環境が恵まれない子どもたちに，社会的技能を教えることにも心を向けねばならない」 引き続いてアメリカでの実践報告に入った。アメリカのゴルフ界では(The First Tee)プログラムが展開中である。このことばは，「人生最初のショット」の比喩的表現であり，子どものゴルフ普及のキャッチフレーズである。この運動は，貧しい家庭やマイノリティーの家庭の子どもにもゴルフの機会を与えることを目標としている。運動の主体は，USGA(アメリカゴルフ協会)，USPGA(プロゴルフ協会)，PGAツアー(トーナメントプロの協会)，オーガスタ・ナショナル・ゴルフ・クラブであり，タイガー・ウッズも基金をよせて協力しているとのことであった。

　本物のコースの一部を借りることもあるが，空き地に3～9ホールのミニコースを造り，子どもにゴルフ遊びをさせる「草野球」ならぬ「草ゴルフ」である。

　このプログラムはゴルフの普及運動というよりは，教育的な目的で始められた。その中では技術だけでなく，エチケットやルールの尊重，自己の感情のコントロール，その他，学校や社会でも役立つ社会的技能が教えられる。指導者の講習会はカンザス大学のゴルフコースで年に一度行われており，ゴルフの技術の指導法だけではなく，児童心理学や子どものグループの管理方

法などが教えられる。このプログラムで子どもを指導するためには，プロゴルファーも講習を受けるということであった。

このプログラムは社会的支持を得て，現在100施設があるが，2005年には，全米で50,000になるだろうと予想されている。

「ナショナルフットボール財団の(Play It Smart) プログラム」の実践研究がペティパスによって報告された。この研究は，高等学校のクラブ活動における社会的スキルの教育に関するものであった。

発達心理学の研究に基づいて，ナショナルフットボール財団(NFF) は，フットボールを高校選手の全人的発達に役立つように運営するプログラムを始めた。その目標の中には，競技能力のほかに，学業，生活技能，人格面での向上が含まれていた。

スプリングフィールド大学は，市内の経済力が低く，家庭の教育力が十分ではない地域の4校を選び，予備実験を行い，よい成果を得た。その予備実験の内容は次のようなものであった。

まず，選手にチームの一員であるという意識(アイデンティティー)をもたせるために，一人ひとりに役割を与えた。チームのもつ規範(きまり)や信条を明確なものとし，メンバーに分かりやすくした。その中では，チームワーク，スポーツマンシップ，ルールの尊重，地域社会への奉仕などが強調された。

技術のコーチの他に，アカデミック(学業)コーチが加わり，選手の援助や相談相手を努めると同時に，学校，家庭，コミュニティーとの連絡調整にあたった。アカデミックコーチは，選手に「授業をサボらないこと」「授業でノートをとること」「宿題を期日までに出すこと」「テストは定められた日に受けること」など，学校生活の基本を守るよう指導した。

1997年に始まった2年間の実験では，学業成績の選手の平均値は2.16→2.54となり，一般の平均値2.25よりよくなった。高校の卒業率も98％と，一般生徒より明らかによい結果であり，そのうち83％が進学した。社会奉仕への時間も増大した。

この予備実験の成果に基づき，現在28校が (Play It Smart)プログラムに

参加している。ナショナルフットボール財団は2002年までに40校，2005年までに200校の参加を目指し予算の準備をしている。

　スポーツを徳育の媒介手段として考えることは昔からあったが，今回の会議では徳育の内容を社会的技能，あるいは生活技能としてとらえ，スポーツを通しての経験学習の立場から徳育を試みる実践研究の報告がいくつか現れた。この傾向は，本章の初めに示したように，教育全体の中で「社会的スキル」の教育が重要視されるようになった流れと関連があるだろう。

（市村操一・中川　昭）

〈引用・参考文献〉

小林真(1997)：社会性(社会的スキル)の発達．新井邦二郎編著　図でわかる発達心理学12章．福村出版．

山本恭子・小林真・松尾直博・神原明子・松枝千穂(1994)：軽度の発達障害をもった児童に対する社会的スキル訓練．筑波大学発達臨床心理学研究 6：13-21．

Brown, D. & Johnson, A. (2000)：The social practice of self-defense martial arts: Applications for physical education．Quest, 52(3)：246-259．

Petitpas, A. (2001)：National Football Foundation's Play It Smart Program. Proceedings of The 10th World Congress of Sport Psychology 2：316-317．

Petlichkoff, L. M. (2001)：Teaching life skills through golf: Development and delivery of a sports-based program．Proceedings of The 10th World Congress of Sport Psychology 2：318．

6. 体育と環境意識

1) スポーツと環境の摩擦

　「スポーツと環境－摩擦とその反省について」という表題の論文が，1987年にドイツの「スポーツ教育」雑誌に発表された。著者はチュービンゲン大学のスポーツ社会学のツァハイ教授であった。

　「スポーツは新鮮な空気，自由で自然な環境の中での運動として，その健康的価値がつねに強調されてきた。その点では，自然はスポーツを裏切ってはいない。スポーツは今でも人々の健康を増進させる目的のために，自然が我々の身の回りにあることを前提として，その可能性を追求している。スポーツと(自然)環境の関係は，当然のこととして与えられたものであり，そこには問題などまったく存在していないように見える。しかし，これまでに問題のなかった関係に影がさしはじめているように思われる。スポーツはだんだんに自然保護主義者や環境保護主義者の非難と告発の対象になりつつある。スポーツはこのような批判を克服する模索を始めた。だが，現実的な解決はこれからの問題である」とこの論文は始まり，スポーツと環境の摩擦のさまざまな事例を示している。

　ツァハイの指摘している「摩擦の起こっている領域」には次のようなのもがある。

①広大な土地の使用…大規模スポーツ施設，駐車場，取りつけ道路などが，緑地帯や森林区域の中に割り込み，住宅地が自然を破壊したと同じような自然環境の侵食を進めている。

②環境の汚染…第一にゴミの投げ捨て。キャンプ地や山小屋からの汚水や屎尿による水の汚染。スポーツ大会やスポーツリゾートへの大量の自動車の排気ガス。自動車レース，モトクロス，モーターボート。

③生態系への圧迫と，その破壊…水上スポーツ，水辺スポーツによる水辺の破壊は，魚の産卵場所，水鳥の抱卵の場所を奪う。スキーを含む山岳

スポーツによる高山の生態系の破壊。(日本ならゴルフ場のいくつかはこの問題と関係するであろう)

④騒音

①から③までの領域は，学校体育の授業では校外授業を除いては，直接問題になることは少ない。しかし，④の領域は，これまで日本の体育者があまり注意を払ってこなかった問題が指摘されている。ツァハイは次のように述べている。

「スポーツによって生ずる騒音は，すべてのモータースポーツで重大な影響を人や動物に与えている。しかし，騒音の問題はこのような『やかましい』スポーツ種目に限られているだけではない。本来『おとなしい』スポーツといわれてきた種目から発する騒音と，住民のそれに対する苦情が，今や，スポーツ騒音と環境の問題の中心的関心事になってきている。

遊び場や運動場での子どもの叫び声，テニスの打球音，ボールゲームでのプレーヤー同士の掛け声，サッカーボールがゴールやフェンスに当たる音などに対する苦情が確実に増えている。裁判所の調停の結果を見ると，現在，住民の安息を求める要求は，スポーツ愛好者のスポーツ活動への興味よりも優先して考えられるようになったことを示している」

この状況は環境意識と個人の権利意識の強いドイツのものであるが，学校体育の運営においても，教育活動であるからといって，騒音の発生を大目に見てもらえる時代ではなくなったことを示している。

2）学校体育と環境問題

我が国の学校体育は，環境問題を引き起こしてはいないだろうか。この問題を研究した報告が筑波大学の八代らによって1994年に発表されている。「学校体育活動が近隣住民へ及ぼす環境問題」と題されたこの研究では，学校に寄せられた体育に関わる環境問題についての苦情と，それに対する学校側の対応が調べられている。

調査対象となった学校は，小学校153校，中学校67校，高校28校であった。これらの学校の体育主任による回答では，かなりの数の学校が近隣住民から苦情をもち込まれていた。全調査校の34.9パーセントが(体育的行事)につい

て苦情を受けていた。(運動部活動)では19.3パーセント，(体育の授業)に対しても14パーセントの学校がなんらかの苦情を受けていた。中学校の運動部活動では30パーセントの苦情の経験が報告されていた。

　苦情の内容では，(騒音)が最も多く，活動自体から生ずる騒音では19パーセント，スピーカーなどから発せられる騒音に対しては18パーセントの学校が苦情を受けていた。砂ほこりに対する苦情は20パーセント，迷惑駐車は13.5パーセント，ゴミは12パーセントであった。

　この調査と平行して行われた，学校の近隣住民への聞き取り調査によると，実際には迷惑を感じながらも，「学校だからしかたがない」「子どもが世話になっているから言えない」「それほど深刻ではない」と答えた人がかなりいた。グランドの近くの15家庭の中10家庭が砂塵の被害を報告していた。

　このように，近隣住民の意識から見る限り，学校体育も環境問題と無関係ではなくなっている現代の社会心理的状況をみることができる。

　しかし，学校側(この調査の場合は体育主任)の環境問題についての認識は，住民のそれとは対応していない。学校側の住民の苦情に対する意識を見ると，

① 「問題が生じるのはやむを得ないので，住民はそのことを理解して協力すべき」という意見が13.8パーセント。

② 「基本的には，学校・行政の対応が必要だが，住民の理解・協力も必要」という意見が81.6パーセントであった。

③ 「あくまで，行政と学校で解決すべき」という意見は4.6パーセントであった。

　①②を合計すると94.4パーセントとなり，ほとんどの体育主任は「住民の理解」を求めている。この「理解」ということばは，住民のことばでは「がまん」とほとんど同義語である。

　この調査は1993年に実施されたもので，現在の環境問題についての学校側の責任意識は当時と比べて高くなっていると期待されるが，今後も体育現場の指導者は，体育活動を通して，環境問題で近隣住民に対する加害者になりうる可能性を意識し続けなければならない(住民の環境意識，そしてよい住環境を守る権利意識も高くなっていることに注意しなければならない)。

　本稿の筆者も，この研究の一部である電話での聞き取り調査に参加したが，

体育教師の工夫と努力で解決できる問題がいくつかあることに気づいた。一つは授業で使用するハンドマイクの音量の調整である。本来なら，体育教師たるもの，肉声で指導できなければならない。拡声器を通して外に聞こえてくる教師の罵声がPTAで問題になったケースもあった。

もう一つは，運動会の練習での拡声器から町へ響いていく音である。運動会の当日だけなら我慢もできようが，毎日何回もとなると，それはもう騒音公害といってもよいであろう。

3）体育を通しての環境教育の可能性

「経験学習による環境教育」

体育は外の環境に開かれた場所で行われることが多いために，他の教科と比べて環境との摩擦を生じやすい。しかし，それだからこそ，生徒の環境に対する意識を高める機会に恵まれた教科であると考えることもできる。このような立場に立って，ドイツのレーゲンスブルグ大学のロープメイヤーは，環境教育としての体育の可能性を論じている。知識を通して環境問題を学ぶ座学の教科に比べて，体育では経験学習を通して環境の問題を学ぶことができ，環境保護・環境保全の態度を育てる点で体育は大きな利点をもっていると彼は主張している。その一つの実践例として，ドイツで行われた子どもたちのカヌーの校外授業を紹介している(Hahn,1987)。このカヌーは急流下りの競技カヌーではなく，ゆるやかな川下りのカヌーである。子どもたちは，カヌーを川に入れるときに定められた場所から入り，自然の川岸を痛めないような指導を受ける。川の上では魚や，水鳥や，植物の生態の観察を行う。体育科の授業であるから当然カヌーの指導も受けるわけである。このような授業によって子どもたちは環境に対する意識を高めることができたと報告されている。

「野外活動で生態系を知る」

飯田は，その著書「森林を生かした野外教育」(1992)の中で，野外活動で実行することができる環境教育の理念と方法を述べている。環境教育の中心は，人を含む自然の生態系の理解である。この理解のためには以下の7つの概念が必要であり，野外活動ではそれらの概念を経験を通して学ぶことができ

ると，飯田は述べている。
　①エネルギーの流れ：太陽－緑の植物－動物というエネルギーの流れ。
　②物質循環：生命の構成要素の水，空気，化学物質はいろいろな生物によって繰り返し利用される。
　③多様性：多様な動植物が，地球を分かちあって生きている。
　④群集：動植物は生存のためにいろいろな場所に住みかと仕事をもっている。
　⑤相互関係：動植物は互いに，そして周囲の環境と相互に掛かりあっている。
　⑥変化：自然界は常に変化しつつある。
　⑦適応：動植物は生命を維持し，自分の環境でうまくやっていけるよういろいろな方法を身につけている。
　環境教育においては，ただ単に「環境を大切に」というスローガンを伝えるだけではなく，人を含めた生物全体がこのような特性をもった生態系の中で生存しているという，科学的な知識を学ぶ必要がある。このような知識を体験を通して学ぶことは，環境を守る行為に結びつく態度を育てるためには，机の上だけの学習より有効である。
「なぜ環境意識が体育の対象となるのか」
　体育では古くから，身体活動を通して精神面の育成が目標とされてきた。その目標とする精神面での成長の内容は時代や社会の条件によって変化してきた。闘争心が育成すべき目標であった時代もあったし，民主主義的態度の育成が目標であった時代もあった。「我慢する心」を育てようと試みた指導者もいたし，「思いやりと協力の精神」を体育学習のめあてとした指導者もいた。さまざまな強調点の違いはあっても，そのめざすところは，体育の実施される社会や時代において価値あるものと認められた道徳的あるいは倫理的目標であった。
　このような観点から体育の目標としての「環境意識」を考えるとき，それは体育の目標として適切なものであろうか，という疑問もあろう。
　人がその人個人にとっても，社会にとっても「悪い行いをせず，よい行いをする」ことを道徳的に生きることの基準とするならば，環境に配慮して生

きることは，現代においては最高の道徳の一つとなっている。「環境倫理学のすすめ」(1991)の著者，加藤尚武は，我々は同世代の人に対して道徳的でなければならないだけでなく，未来世代に対しても責任があるとしたうえで，「環境を破壊し，資源を枯渇させることは，未来世代の生存可能性の破壊である。これは人類の歴史上，奴隷制度とか，大量殺人とか，さまざまの犯罪が行われた中でもっとも悪質な犯罪である」と述べている。

このような，現代社会における「環境意識」の倫理としての重要性を考えれば，それが体育の教育的目標となることは，体育の伝統からはずれたものではなく，むしろ重要な目標とされねばならない。前出のツァハイは，その論文の後半で「スポーツと環境の関係は，スポーツ授業やスポーツ教師養成の中での一つのテーマとならねばならない。そこでは，生徒に環境意識をもたせ，環境を守る行動の個人的基盤を作ることが目的とされねばならない」と述べている。(なお，ドイツではスポーツということばの中に体育を含める)

4) 総合学習の中での体育と環境教育

「知識と態度」

環境保全の重要性についての知識は，もちろん，環境を守る行動を引き出すうえで欠くことはできない。しかし，それは十分条件ではない。知識はあってもそれが行動につながらない場合が多い。ゴミのポイ捨てが悪いことだとはだれでも知っている。でも，知識だけでは行動につながらないことがある。知識に加えて，ゴミのない街の快適さに感動する経験や，町のゴミ拾いのボランティア活動での体験は，環境を守ろうとする態度と行動につながりやすい。

「態度」ということばは心理学の中では，日常語とは異なる意味で使われる。行動の準備態勢というような意味をもつ。保守的な態度というときには，ある特定の行動で保守的であるだけではなく，さまざまな行動で一貫して現れる保守的行動の背後にある準備態勢を意味する。このような行動の準備態勢としての「態度」を環境保護について育てるためには，知識による学習だけではなく，経験を通して学ぶことが有利である。環境保護の態度も知識と経験によってよりよく学習されることが期待される。

「総合学習の中での体育と環境教育」

　神奈川県のある小学校が，近くの川沿いを歩きながら自然観察を行っている様子がテレビで紹介されたことがあった。このような教育的試みは，体育・理科・社会科などを組みあわせた総合学習としての環境教育と見ることができる。

　日本ウォーキング協会の主催している「ゴミ拾いウォーキング」は，都内のいくつかのコースで行われている。約10キロのコースをウォーキングを楽しみながらゴミを拾って行くのである。このような活動は，学校体育の授業の中にも取り入れることができよう。

　自然観察とウォーキングを組みあわせる方法もある。この方法に関しては，とてもよい参考書がある。富村周平の「都市の自然を歩こう」(1995) は，大都市周辺に残された自然の中を歩きながら，地質，動植物の生態を観察する手引き書である。この本は小学校の4年生なら読めるし，大人が読んでも面白い。体育が総合学習の中でさまざまな教科と協力して環境教育を行うためのヒントが数多く含まれている。また，野田知佑の「日本の川を旅する－カヌー単独行」は，一つのスポーツの体験を通して日本の自然破壊を告発した優れた著作である。毎日新聞社のスポーツ文化賞を得ている。この本は中学生以上と先生方に読んでいただきたい。　　　　　　　　　　　（市村操一）

〈引用・参考文献〉

飯田稔(1992)：森林を生かした野外教育．全国林業改良普及協会．
加藤尚武(1991)：環境倫理学のすすめ．丸善ライブラリー．
富村周平(1995)：都市の自然を歩こう．岩波ジュニア新書263．
野田知佑(1985)：日本の川を旅する－カヌー単独行．新潮文庫．
八代勉・市村操一・柳沢和雄・西野明(1994)：学校体育活動が近隣住民へ及ぼす環境問題．筑波大学体育科学系紀要 17：233-242．
Cachay,K. (1987)：Sport und Umwelt: Zur Entwicklung und Reflexion eines Konflikts．Sportunterricht 36(3)：93-101．
Hahn,H. (1987)：Sport und Umwelt: Probleme und Problemloesungen am Beispiel des Kanufahrens．Sportunterricht 36(3)：87-92．
Lobmeyer,H. & Lutter,H. (1990)：The incorporation of environmental education in school sports．International Journal of Physical Education 27(3)：20-27．

第3章

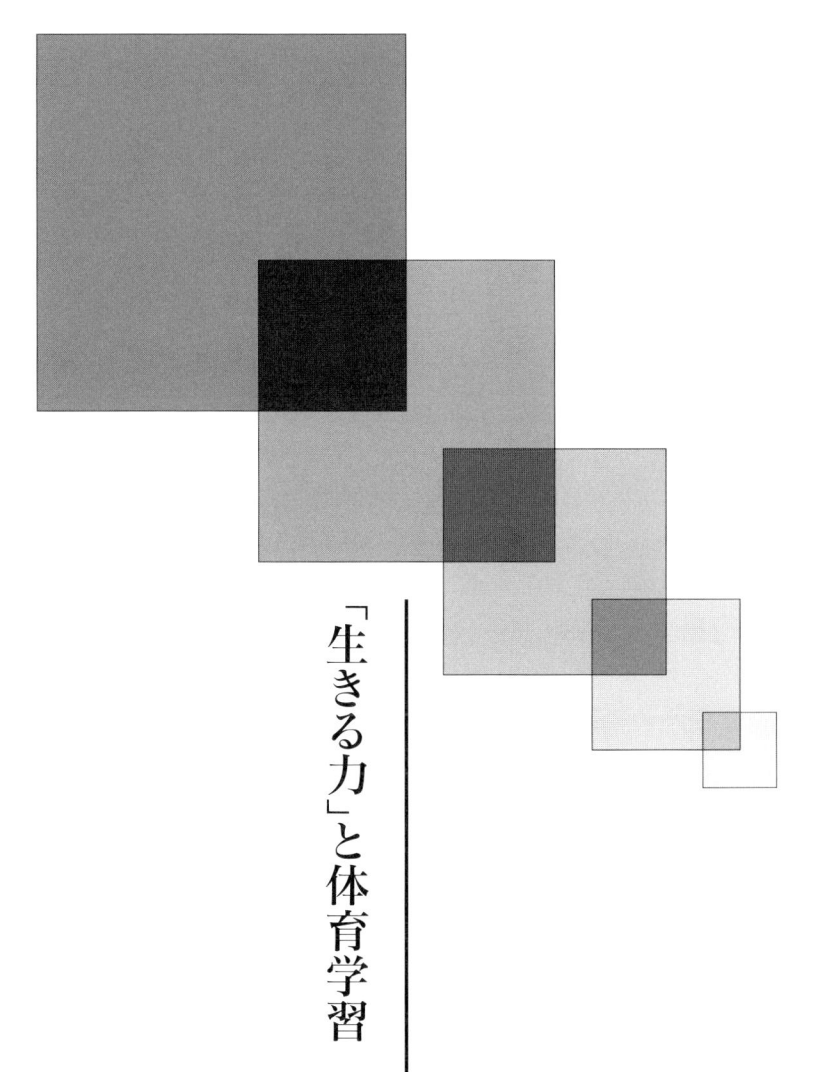

「生きる力」と体育学習

1．「生きる力」と自己教育力

1）「生きる力」とは

　1996年7月，中央教育審議会(1996)は，その第一次答申「21世紀を展望した我が国の教育の在り方について」の中で，次のように提言した。

　①これからの変化の激しい社会において必要とされるのは，単なる知識の獲得だけではなく，自分で課題を見つけ，自ら学び，自ら考え，主体的に判断し，行動し，よりよく問題を解決する資質や能力であり，また，自らを律しつつ，他人とともに協調し，他人を思いやる心や感動する心など，豊かな人間性である。②たくましく生きるための健康や体力は不可欠であり，こうした資質や能力を「生きる力」と称することとし，これらをバランスよくはぐくんでいくことが重要である。

　また，これからの学校教育の目指す方向として，6項目にわたって記述されているが，その中で「生きる力」に関する記述には次のようなものがある。

　①「生きる力」の育成を基本とし，知識を一方的に教え込むことになりがちであった教育から，子どもたちが自ら学び，自ら考える教育への転換を目指す。そして，知・徳・体のバランスのとれた教育を展開し，豊かな人間性とたくましい体を育んでいく。②生涯学習社会を見据えつつ，学校ですべての教育を完結するという考え方を採らずに，自ら学び，自ら考える力などの「生きる力」という生涯学習の基礎的な資質の育成を重視する。③「ゆとり」のある教育環境で「ゆとり」のある教育活動を展開する。そして，子どもたち一人ひとりが大切にされ，教員や仲間と楽しく学びあい活動する中で，存在感や自己実現の喜びを実感しつつ，「生きる力」を身につけていく。

　このように，中央教育審議会答申で盛んに強調された「生きる力」であるが，これと同様の趣旨で強調された用語に「自己教育力」がある。以下，その「自己教育力」という概念が提示された背景と，その内容についてふれてみることにする。

2)「自己教育力」とは

　「自己教育力」という概念は，昭和58年中央教育審議会・教育内容等小委員会の審議経過報告(1983)において打ち出されたものである。この報告では，時代の変化と学校教育の在り方について検討を加えながら，今後，特に重視しなければならない視点として，①自己教育力の育成，②基礎・基本の徹底，③個性と創造性の伸長，④文化と伝統の尊重の4項目をあげている。

　この「自己教育力」という概念は，「自己学習」「自己形成」「自己啓発」「自己陶冶」などの概念を統合したものであり，「個性と創造性の伸長」「基礎・基本の徹底」「文化と伝統の尊重」の三つの視点をも統合する概念でもある。

　また，審議経過報告では，この自己教育力という概念の具体的な意味内容として，次の3点が含まれているとした。

①学習意欲と意志の形成

　「自己教育力とは，まずもって学習への意欲である。児童・生徒に学習への動機を与え，学ぶことの楽しさや達成の喜びを体験させることが大切である。いわゆる実物ないし本物教育あるいは体験的手段や方法が重視される。そのためには，児童・生徒の能力・適性あるいは興味・関心に配慮した教育が必要である。」

②学習のしかたの習得

　「自己教育力は，学習のしかたの習得である。将来の日常生活や職業生活において，何をどのように学ぶかという学習のしかたについての能力を身につけることが大切である。そのためには，基礎的・基本的な知識・技能を着実に学習させるとともに，問題解決的あるいは問題探求的な学習方法を重視する必要がある。」

③生き方の探求

　「自己教育力は，これからの変化の激しい社会における生き方の問題に関わるものである。特に中等教育の段階では，自己を生涯にわたって教育し続ける意志を形成することが求められている。」

　そしてこの「自己教育力」の育成は，臨時教育審議会の第二次答申(1986a)において，学校教育活動すべてにわたる概念として位置づけられるようにな

った。ここでは、「これからの学習は、学校教育の自己完結的な考え方を脱却するとともに、学校教育においては自己教育力の育成を図り、その基盤の上に各人の自発的意志に基づき、必要に応じて、自己に適した手段・方法を自らの責任において自由に選択し、生涯を通じて行われるべきものである。」と記述されている。このように、自己教育力の育成は、将来、自己実現を図るための人間教育の軸としてとらえられている。

しかしながら、その年の10月に報告された教育課程審議会の「中間まとめ」(1986b)では、「自己教育力」ということばは見あたらない。しかも、臨時教育審議会が自己教育力と同様に使ってきた「自己実現」ということばも出ていない。これは、自己教育力という概念が一定せず、学校現場においてもそのとらえ方がさまざまであること、また、自己教育は「自己実現」ということばとともに成人教育に対応したことばで、小・中学校の教育であえて使う必要がないという理由によるとされている。

ただし、この「中間まとめ」では、中教審、臨教審を通して強調されてきた自己教育力育成への配慮が随所に見られる。

たとえば、「改善の基本方向」の第1項「豊かな心を持ち、たくましく生きる人間の育成を図ること」の内容として、「基本的な生活習慣を身につけ、自らの意志で社会規範を守る態度を育てること、自立・自制の心や強靭な意志と実践力を育てること、自ら生きる目標を求めその実現に努める態度を育てること、等に配慮する必要がある。」と記述されている。これは自己教育力の育成が「強靭な意志と実践意欲」「自ら生きる目標を求め、その実現に努める態度」等の面から押さえられたものと考えられる。

また、第2項「自ら学ぶ意欲と社会の変化に主体的に対応できる能力の育成を重視すること」の中では、自己教育力の基礎をなす「必要な知識や技術を身につけさせる」「思考力、判断力、表現力などの能力」をあげ、「生涯にわたる学習の基礎を培うという観点に立って、自ら学ぶ目標を定め、何をどのように学ぶかという主体的な学習のしかたを身につけさせる」「学ぶことの楽しさや成就感を体得させる」といった形で、自己教育力育成の中の「学ぶ意欲」「学習のしかた」をはじめ、自己実現志向への下地をなす「成就感の体得」などが配慮されている。

このように「自己教育力」という用語は使用されていないものの，それまでの過程で審議された自己教育力育成の意義は脈々として存在しており，それらがより具体的な形として提示されたと考えることができよう。

3）「生きる力」と自己教育力との関係

　以上のことからも明らかなように，今回の学習指導要領で強調されている「生きる力」とは，昭和58年の中央教育審議会・教育内容等小委員会で強調された「自己教育力」の考え方が基本になっている。したがって，今回の指導要領において「自己教育力」という用語は使用されていないものの，そこで主張された「学習意欲と意志の形成」「学習のしかたの習得」「生き方の探求」といった考え方は，「生きる力」の内容として提示された各項目と密接に関連しているといえよう。

4）体育授業における自己教育力の育成

　それでは，この「生きる力」の基本概念ともいえる「自己教育力」は，どのような形で育成できるのであろうか。

　梶田(1989)は，自己教育を行っていく上で必要な要素として，①成長・発達への志向，②自己の対象化と統制，③学習の技能と基盤，④自信・プライド・安定性の四点を指摘し，次のような説明を加えている。

　「成長・発達への志向」は，自分の進むべき方向・なすべき事項等々について，自分なりの願いとねらいをもち，それに対する達成や向上の意欲をもつことである。また，「自己の対象化と統制」は，自らを素直に，ありのままに認識しようとする姿勢と能力や自分自身をコントロールし，一定の方向に向けていく力である。さらに，「学習の技能と基盤」は，学び方の知識と技能，基本的な学力を指す。そしてこれらの三側面をもっとも深いところで支えるのが「自信・プライド・心理的安定性」である。

　すなわち，自己教育を促進するためには，まず自分自身のあるべき姿を想定し，自己の現状を素直に認識しながらこれからの課題を把握し，自己をコントロールしながら行動することが必要となる。当然，そのためにはそのような活動を保証する場の設定が必要になるとともに，教師の学習者に対する

受容的・支持的なことばとまなざしや適切なアドバイスが不可欠である。
　次に，こういった視点から体育授業に焦点をあて，「生きる力」につながる「自己教育力」の育成を考えてみることとする。
　体育学習の目標は，指導要領にも記されているように「運動や健康・安全についての理解と運動の合理的な実践を通し，生涯にわたって計画的に運動に親しむ資質や能力を育てるとともに，健康の保持増進のための実践力の育成と体力の向上を図り，明るく豊かで活力ある生活を営む態度を育てる」ことである。これは，いわゆる「生涯体育・スポーツ」を志向した目標ともいえよう。
　学校生活を終えた後，社会に出てからも体育・スポーツ活動を実践するためには，体育・スポーツに対する強い関心と，それを生涯にわたって実施する主体的・内発的な意欲が必要である。そしてその現れ方は，学齢期における体育・スポーツ活動を通じて体験した，さまざまな「思い」によって規定される。社会に出た後も何らかの形で活動を継続するためには，少なくともそれらの活動に対する期待や意義づけが必要である。そういった意味でも，学校生活の中で展開される体育授業を通じ，常に運動に対する関心をもたせ，実践への意欲へとつなげる好意的態度を育成することは，生涯体育・スポーツを実現する上での重要なポイントとなる。
　また，活動を継続するためには，自己の特性にあった適切な内容・方法を選択できる力が必要である。せっかく活動を始めても，それが自分の技能・体力に合わないものでは長続きしない。したがって，生涯体育・スポーツを実現するためには，現在の自分の状態を適切にモニタリングし，自分が置かれた状況にマッチした行動を選択するための思考・判断力が必要である。
　さらに，生涯体育・スポーツを実践・継続していくためには，その活動が成立するための基礎的な技能・知識が必要である。個人的種目や集団的種目といった種目の特性，あるいは発達段階や活動目的によって差はあるものの，ひとつの活動が成立するために必要な最低限の技能・知識がある。そしてそれは，運動パフォーマンスに関わるもの，対人関係に関わるもの，運動の企画・運営に関わるもの等，多岐にわたっている。
　このように，生涯体育・スポーツを目指した体育学習，言い換えるならば

「生きる力」を育てる体育学習においては，その学習結果として示される技能や知識だけではなく，将来の社会生活における運動実践に対する認識や行動傾向に影響を及ぼす主体的要因をも，重要な学習課題としている。そして，これらがいわゆる「自己教育力」としての機能を発揮するわけである。

　それでは，このような「自己教育力」を培う体育学習を実現するためにはどのような点に留意すべきであろうか。次のような基本的姿勢に基づいて学習指導を展開していく必要があるように思われる。

　①体育学習における生徒の主体性・多様性を認めつつ，学習集団全体の学習目標と調和した目標設定を促す。②それぞれの学習目標に応じて選択が可能な課題解決の場を与える。③各自の課題解決策を策定する上で必要な情報を提供する。④お互いの課題解決が促進されるような親和的・意欲的学習集団を育てる。

　これらの配慮により，自己の学習課題に対する自我関与度の向上と内発的動機づけが図られ，学習活動を通じて自己の身体や行動に対するモニタリング能力(自己を見つめる力)やメタ認知能力(先を見通す力)の育成が期待できる。さらに，他人の課題を自己の課題として共有できる学習集団の実現により，自他の権利を共に認めあうという「共生感覚」が育成されるものと思われる。しかし，これはただ単にこのような情況設定をすればいいというものではなく，そこにはこういった視点からの教師の細やかな配慮や働きかけが必要なことはいうまでもない。

(賀川昌明)

《引用・参考文献》
文部省(1983)：中央教育審議会・教育内容等小委員会「審議経過報告」．
文部省(1986a)：臨時教育審議会「第二次答申」．
文部省(1986b)：教育課程審議会「中間まとめ」．
文部省(1996)：中央教育審議会「第一次答申」．
梶田叡一(1989)：自己教育力とは何か－基本的な4側面，7視点について－．指導と評価　2．図書文化社，pp.19-27．

2. 運動不振児の指導

1）運動不振とは

　体育の授業では，与えられた課題を次々にこなしていく者から，練習，努力をするが上達は遅く，学習成果がなかなかあがらない者まで様々である。

　運動の不振や遅滞を招く原因には，基礎的な運動能力や運動学習能力，情緒的・性格的な要因，教育指導上の要因，人間関係，運動環境などの要因が複雑に関与しているが，運動不振を広義にとらえれば，そういった様々な要因の影響を受け，練習，努力するにもかかわらず，なかなか学習成果があがらない状態ということになろう。一方，与えられた運動課題をこなし，一定の運動技能を獲得して体育の学習成果をあげるには，基礎的な運動能力や運動学習能力が強く関係する。そういった能力をもっていながら能力に見合った学習成果があがらない状態を運動不振といい，そもそも基礎的な運動能力や運動学習能力が低いために学習課題を達成できない場合を運動遅滞と呼んで区別することがあり，この場合は狭義のとらえ方ということになる。

　しかし運動遅滞児においても，適切に指導することにより，多くの学習成果が期待できるものであり，また「生きる力」を養い，生涯にわたって豊かなスポーツ生活を送るために，学校体育の果たす役割はすこぶる大きい。このことから，体育授業では広くとらえて指導にあたることが重要であろう。

2）運動不振の発見

　運動不振であるかどうかを判定するには，体育学習場面の観察，体力・運動能力検査，運動技能テスト等を手がかりに行う。

（1）体育学習場面の観察

　体育の授業についていけないとか，その学年の水準から遥かに遅れてしまっているような子どもは，体育の授業を通して比較的容易に発見できる。これは指導経験にもとづいた運動不振の判定ということになるが，体育実践の

場では大きな意味があり，大事にすべき運動不振児発見法の一つである。
　ただしその際，子どもに対して非常に高い要求水準をもつ教師は，少しの遅れであっても不振と判定するかもしれないし，要求水準の低い教師ならばかなり遅れていても不振と判定しないといったように，教師による判定のズレが生ずることに留意しなければならない。

(2) 運動能力検査による判定

　運動能力検査は，運動の基礎的な能力がどの程度発達しているかを客観的に知る目的で作られている。このために，多くの学校で実施されている文部科学省による新体力テストを活用するのも一つの手である。このテストは表3-1の測定項目を実施して，その総合点から体力・運動能力の程度がA〜Eの5段階で判定される。テストの結果がDまたはEの場合，運動能力の発達に遅れが見られ，運動不振または不振傾向にあると考えられる。但し，DまたはE段階に入る者のすべてがそうであると機械的に判定してはならない。というのは，テストの結果が低くても，普段の運動・スポーツ活動では特に支障をきたしていない，運動技能にそれほど問題をもっていないといったケースも少なからず存在するからである。したがって運動不振かどうかは，単に運動能力検査によるだけでなく，授業における行動観察，運動技能のチェック，体格なども考慮に入れて総合的に判断することが大切である。

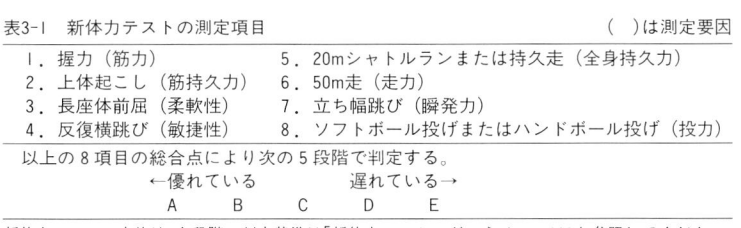

表3-1　新体力テストの測定項目　　　　　　　　　　（　）は測定要因

1. 握力（筋力）	5. 20mシャトルランまたは持久走（全身持久力）
2. 上体起こし（筋持久力）	6. 50m走（走力）
3. 長座体前屈（柔軟性）	7. 立ち幅跳び（瞬発力）
4. 反復横跳び（敏捷性）	8. ソフトボール投げまたはハンドボール投げ（投力）

以上の8項目の総合点により次の5段階で判定する。
　　　　←優れている　　　　　遅れている→
　　　　　A　　B　　C　　D　　E

新体力テストの実施法、各段階の判定基準は「新体力テスト」、ぎょうせい、2000を参照してください。

(3) 運動技能テストによる判定

① 小学生の運動技能チェック法

　運動技能を評価する場合，多くの技能について絶対評価基準を設定し，多面的に行うことが望ましい。しかし，測定する項目が多くなると，実施に多大な時間と労力を要し，現実には不可能なことが多い。したがって実践の場

では，妥当性，信頼性を確保しながら，実施のしかたが簡単で実用性の高いものが望まれる。表3-2に示されているチェック票は，そういったことを考慮して作成されたものである。判定の手順は次のようにすすめる。

(a) 体育授業等さまざまな機会を通して運動技能の観察をおこなう。各項目のでき具合は表3-3の観点にもとづいてチェックする。

(b) チェックする時点で未実施の項目がある場合，実際に行って判定する。但し，でき具合が明確にわかっている場合は実施せずに判定してもよい。

(c) 運動恐怖心のチェック

運動している時の様子をよく観察するか，直接本人から聞き取りをおこなうなどによりチェックする。運動不振児の場合，表3-5に示すように，恐怖心をもっている者が多いので是非チェックすべきである。

(d) 運動技能の判定と結果の解釈

運動技能点を算出して，表3-4の判定基準によって安全圏，要注意，運動不振のいずれに該当するかを判定する。表3-2の運動技能項目をみれば分かるとおり，多くは基礎的な運動に関するものである。したがって，ここに掲げられている運動内容ができないということは運動の次のステップを踏む時に支障をきたすことが多いと推測される。

(ア) 運動不振

全体的に見て運動技能は低い状態にあり，運動・スポーツ場面に適応していくのに困難をきたすことが多い。これには2つのタイプがあり，一つはその学年またはそれ以前に獲得すべき運動技能が未だ獲得されていない技能が多いため，体育学習場面で与えられる運動課題は達成困難なことが多いタイプである。他は，ある種の運動系(種目)に限って技能水準が低い状態にとどまっているというタイプである。

(イ) 要注意

全体的に見て著しい遅れはなく，その学年またはそれ以前に獲得すべき運動技能は一応は獲得されていると考えられる。しかし決して満足すべき状態ではなく，いっそうの努力(練習)を重ねて基礎技能をしっかりと身につけるべき段階にあると考えられる。

(ウ) 安全圏

獲得不十分な技能が散見されるものの，その学年または以前の学年で獲得すべき基礎的運動技能はほぼ獲得されていると見てよいであろう。

表3-2　運動技能チェック票（小学3年～6年適用）

運動技能項目	できる ○	ふつう △	できない ×
1　全力でまっすぐ走る			
2　障害走（ハードル走）ができる			
3　走り幅跳びで，助走－踏み切り－着地動作がとれる			
4　前回り，後ろ回りなどが連続してできる			
5　開脚前転ができる			
6　開脚後転ができる			
7　補助倒立ができる			
8　腕立て側転ができる			
9　前回り下りが滑らかにできる			
10　足抜き回りができる			
11　逆上がりができる			
12　「こうもりふり」ができる			
13　台上前転ができる			
14　開脚跳びができる			
15　閉脚跳びができる			
16　長縄で回旋跳びができる			
17　前回し，後ろ回しができる（10回以上）			
18　かけ足跳びができる			
19　あや跳びができる			
20　水に浮く，潜るなどができる			
21　ばた足で進む（5m以上）			
22　ばた足しながら息継ぎができる			
23　クロールで泳げる（10m以上）			
24　走りながらドリブルができる			
25　相手にパスができる			
26　ドリブル→シュートができる			
27　走りながらドリブルができる			
28　インステップキックができる			
29　ドリブル→シュートができる			
30　相手のいるところにパスできる			
31　キャッチボールができる			
32　ゴロ，フライをとることができる			
33　投げられたボールを打つことができる			
チェック項目数(○△×それぞれの数とその合計) 合計　個←	個	個	個
得点とその合計(○は2点，△は1点，×は0点) 合計　個←	点	点	

運動技能点 = $\dfrac{[○の数×2][△の数×1][×の数×0]}{チェック項目数}$ = $\dfrac{[\quad]}{[\quad]}$ = 〔　　　点〕
（小数第2位を四捨五入する）

運動技能の判定	安全圏　要注意　運動不振　（いずれかを○で囲む）
恐怖心の有無	な　い　あ　る　［鉄棒，跳び箱，ボール運動，水泳，その他の運動］

注：「こうもりふり」は鉄棒に両膝をかけて逆さにぶら下がった姿勢から，体を前後に振る運動のこと。

表3-3 運動技能項目のでき具合を判定するときの観点

できる	じょうずにできる。いつでもできる。 その運動技能は十分獲得している。
普通	たまにできないこともあるが、大体はできる。 多少の難点はあるが、その技能は一応獲得している。
できない	ほとんどできない。できるときもあるができないことの方が多い。 その運動技能はまだ獲得されていない。

表3-4 運動技能点の判定基準

区分 学年		運動不振 〜20パーセンタイル	要注意 21〜30パーセンタイル	安全圏 31パーセンタイル〜
3年	男子	0〜1.0	1.1〜1.2	1.3〜2.0
	女子	0〜0.9	1.0	1.1〜2.0
4年	男子	0〜1.0	1.1	1.2〜2.0
	女子	0〜0.9	1.0	1.1〜2.0
5年	男子	0〜1.4	1.5〜1.6	1.7〜2.0
	女子	0〜1.3	1.4	1.5〜2.0
6年	男子	0〜1.5	1.6	1.7〜2.0
	女子	0〜1.4	1.5	1.6〜2.0

表3-5 運動不振児の中で運動を怖がる子の出現率（％）

学年	鉄棒	跳び箱	水泳	バスケット	サッカー	平均
3、4年	51	36	14	27	36	33
5、6年	40	30	14	21	22	25

(エ) 運動恐怖心と運動不振

　運動が不振な者がすべて運動に対して恐怖心をもっているというわけではない。しかし表3-5に示すように、平均でみると運動不振児のうち25〜33％の者は技能が不振な上に運動恐怖心も併せもっている。このようなことから、運動技能が不振でかつ運動恐怖心もともなう場合は、心理的側面にも十分配慮して運動指導を行う必要がある。

② 中学生以上の運動技能のチェック法

　運動種目の基礎、基本となる運動技能についてチェックを行うとともに、運動・スポーツ場面を通して、全体的な動き、活動全般についての状況を注意深く観察し、不自然な動きや行動がみられないかどうかをチェックするとよい。表3-6はバスケットボールについての例を示している。

3) 運動不振児と指導

　運動不振児の指導においては、不振の実態を把握し、それに応じた個別の指導計画をたて、見通しをもって指導することが大切である。

表3-6 バスケットボール基礎技能のチェック

技能項目	観　点	できる	普通	できない
パ　　　ス	ボールの突き出し、正確さ、腕を伸ばしてボールを受け取っているか、脚の動作が伴っているか			
ド リ ブ ル	ボールを手でたたくような動作はないか			
	ボールをみながらドリブルしていないか			
	10m以上走ることができるか			
シュート	ボールがゴールまたはボードに届くか			
	10本中3本以上はいるか			
ゲーム中の動き	ボールや人の動きに合わせて適切な位置に移動できるか			

(1) 不振の実態を明らかにする。

　一口に運動不振といっても，その状態は一人ひとり異なっている。個別にその実態を明らかにし，有用な情報を多く集め，全体像を明らかにする。

(2) 個別指導計画の作成

　得られた資料にもとづいて指導計画を作成する。

① 個別の実態に即した指導計画

　一人ひとりの状況や特性，発達段階，現在の全体像をもとに個別の指導目標を明確にし，指導内容や指導方法に検討を加え，指導計画を立てる。

② 継続して実態把握，経過観察を行う

　指導開始後の指導過程において当該児が課題にどのように取り組み，どのような変化がみられたか，子どもの実態を継続的に把握していく。

③ 学習の進度や変化に応じて指導計画を修正する

　一度決めた指導計画は変更しないのではなく，指導過程をみながら進歩の状況，発達的変化に応じて指導計画を柔軟に修正していくことが大切である。

(3) 運動不振児指導の実際

　運動不振児を実際に指導した実践者の経験にもとづいて，有効と思われる事項を列挙すると以下のようになる。

① 指導全般について

○技能段階を細かく提示し，段階を追ってきめ細かく指導する。

○子どもの実態にあわせた教材づくりを行い，運動の特性に触れる楽しさを，能力に応じて味わえるような授業を展開する。

○練習のしかた，練習回数を多くする，楽しく練習できる等について工夫を

こらし，必要に応じて補助運動，補強運動も取り入れる。
○シールによる評価：シールをもらうことにより，できた証拠，努力の証となり，次への目標達成意欲につながる。
○学習カードの活用：自分の目標，成果の確認，反省などに有効である。感想欄の活用によって気持ちの変化がつかみやすいなど多くの利点がある。
○授業のほか，放課後にもできるだけ練習を見てあげる。
○勝ち負けがない，でき不出来が判然としない運動教材(例：表現運動)から導入を試みるのも有効なときがある。
○励ましのことばをかける：「いいぞ！いまだ！うまい！がんばれ！あと一息だ！もうちょっとでいけそう！」
○伸びたら誉める，認める：運動不振児は叱られたり，周囲から注意を受けこそすれ，誉められた経験が少ない。少しの伸びでも努力を認め，誉める。
○怖がる子には恐怖感を取り除くため，補助者をつけたり補助具を工夫する。
② 運動課題の与え方について
○今もっている技能，できる動きを正しく把握し，不完全だができるもの，頑張れば手が届きそうな課題を与える。それによって，成功回数，成功経験が増え，成功感を味わわせることができる。
○何がどこまででき，どこができていないか，また，解決策を具体的に示す。
○課題の達成度を見ながら，上手になったら少しずつ新しい技に挑戦させる。
③ 学級づくり，仲間づくりについて
○運動のできない子を支える学級づくりを心がける。
○励まし，教えあうよい仲間関係を育てる。

(藤巻公裕)

《引用・参考文献》
文部省(1996)：21世紀を展望した我が国の教育の在り方について(第15期中央教育審議会第1次答申)．文部時報8月臨時増刊号．
文部省(2000)：新体力テスト．ぎょうせい．
近藤充夫(1976)：運動学習の遅滞と不振．体育の科学 32(4)：246-247．
藤巻公裕(1987)：運動不振児の心理と指導．幸和製本社．
藤巻公裕・山口徳明(1999)：運動不振児の友人関係に関する研究．埼玉大学紀要教育学部(教育科学Ⅱ) 48(1)：37-42．

3．情緒的障害をもつ子どもの指導

　本節では情緒面の障害をもつ子どもが，情緒の安定をとりもどし，精神的耐久性を養い，主体的に行動できるようにするための援助を，体育的活動を通して行った実践的研究について述べる。

1）情緒障害児とはどのような子どもか

　障害児(現在では「心身障害児」というのが標準的)は，その障害の種類によって，知的障害児，自閉症児，視覚・言語・聴覚の障害児，肢体不自由児，虚弱・病弱児，学習障害児，情緒障害児などに分けられるが，本節では主として情緒障害児に絞り，その運動遊びや体育的活動を通しての養育・指導について述べる。

　情緒障害児とは，先天的障害がないのに人間関係の歪みによって感情生活に支障をきたし，社会生活が困難になった児童，つまり感情的・情緒的もつれや軋轢に起因する行動上の異常をもつ児童であり，登校拒否，緘黙(かんもく＝口を閉じ喋らない)，極度の引っ込み思案，友だちができない，遊べない，学習意欲の欠如，落ち着きのない多動，指示に応じられない，遺尿，放心(ボーッとして何もしない)・・・などの発達上の問題を示すことが多い。先天的障害があってその上に情緒的障害が加わることも多いが，その場合は基本的には先天的障害の方に分類されるのが妥当であろう。この節の後半で扱う自閉症児は，理解のされにくさの故に特に幼少期に情緒障害のつきやすい先天的障害児である。

2）情緒障害児の療育援助としての運動遊びや体育の可能性

　情緒的発達障害をもつ子どもの療育にとりくむ際には，表面的症状の消失だけを狙った性急な対処療法よりも，精神的基盤の立て直しを計るための援助的介入をする方が大切であるとする考えがある。

　こういう立場に立つ一つの方法として，運動遊びやその子の発達段階に応

じた体育活動など，自発的な「知覚－運動」活動の利用が可能である。その理由は，こういう「知覚－運動」活動は，情緒障害児の精神に有効な効果を与えると考えられる次のような特徴をもっているためである。
　①運動による盛んな新陳代謝が起こる時には，心理的発散が伴いやすい。
　②自分の身体や感覚を直接に使う体験を通して，「自分」についての感覚が促される。
　③他者との関わりが自然に導入されやすい。
　④自己表現の機会が豊富にあり，実際に身体を動かすことを通して自己有能感の感覚が得られやすい。
　⑤多様な活動，つまり思い切りダイナミックな運動から，隅っこでうずくまるような行動までを受け入れる機会を整えることができる。
　以上のように，「知覚－運動」活動は，子どもの抑圧された感情を発散させる効果だけではなく，さまざまな行動・状態が受け入れられる機会を提供することによって，子どもが自己像を把握したり，自己表現や達成を通して有能感を獲得する機会をも与えることが期待される。

3）治療教育的運動プログラムの作成

　前項で述べた「知覚－運動」活動を，適応上の問題をもつ情緒障害児の援助を目的として実施可能なものにするためには，具体的なプログラムの作成が求められる。このプログラムには，子どもの感情の自由な表出だけではなく，課題を与えてそれを達成することによって得られる自己有能感を育てるための教育的活動も含む必要がある（石川・小池，1989）。以下，この領域の実践研究を1981年から現在(2001年)まで続けている筆者のプログラムに基づいて述べていく。筆者の活動プログラムは次のような二つの部分を含んでいる。
＜治療教育的運動プログラムの内容＞
　①自由遊び(各種の遊具・用具を準備しておき，好きなものを使って自由に遊ばせる)
　②課題活動(体力・運動能力づくりのための基本運動，ボディーイメージ体操，簡単なボールゲーム，レクリエーションゲーム，各種体育教材など)
　このプログラムの実施は，日本女子体育大学の体育館に問題や障害をもつ

子どもに来てもらい，担当の個別援助者による1対1の援助のもとで，週1回約1時間の集団活動というスケジュールで継続的に行われている。個別援助者(筆者の研究室生)は，このプログラムが心理学的に次のような意味と目的をもって行われることが前もって，及び活動の進行に伴い指導される。

＜治療教育的運動プログラムに期待される心理学的効果＞
　A:自己表現
　B:自己理解－ボディーイメージ・身体的コントロール感覚
　C:基礎的運動能力・運動技能
　D:親和的信頼的対人関係
　E:外界の理解－指示・約束・ルールの受け入れ

　以上のようにこのプログラムは，子どもの情緒の安定から始まり，社会的に適応した行動に発展させるまでを狙って構成されている。たとえば，情緒障害児にとって最初に必要なことは，自分の思い通りの行動(振るまい)が許され，認められ，そういう行動をすることが受け入れられることである。そのような段階の重要な援助として，「自由な運動遊び」が導入されている。具体的には，トランポリン，スケートボードなどの滑車のついた各種の遊具，各種のボールやフリスビーやその他の遊具を自由に使用する遊びである。

　他者との関係をつくることへの不安を取り除き，親和的信頼的対人関係をつくることが必要な段階では，個別援助者の助けを求めないとできないゲームや各種の鬼ごっこ，ゴロドッジボールや簡単なルールによる室内サッカーゲーム，その他が実施される。

　外界の理解は，障害をもつ子が社会の一員として適応していくための社会化にとってとくに必要である。ここでは，集団の一員としての行動がとれるようにするために，集団挨拶や皆で揃ってやるリズム運動，順番やルールを守ってやるプログラムなどが行われる。紙面の都合で，プログラム全体の内容は，[石川・小池，1989]を参照されたい。

4) 情緒的障害をもつ子どもへの治療教育的プログラムの適用

　本項では標記の教育的実践についての筆者の研究を紹介し，情緒障害児の適応能力改善におよぼす運動活動の効果を検討する。まず，軽度の情緒発達

障害児の指導に関して1983年～1990年の二つの事例研究(石川, 1991)を取りあげ, さらに自閉症児に対する研究についても紹介する。なお, ここで行われた教育的介入のしかたは, 基本的には前項で記した通りだが, 個別には状況に応じて調整された。

(1) 軽度の情緒発達障害児に対する治療教育的プログラムの適用

―事例1　ボーッとしているKのケース―

＜主訴＞いつもボーッと無表情で, 目がうつろで, 喋らない。人の話を聞いていない。動作は極めて緩慢。運動はまったく駄目。友だちなし。外へ遊びに出ず, 室内でロボット作り, 絵かきばかりしている。

＜関わった期間＞「運動の不得意な生徒に対する体育指導」の呼びかけに応募してきた近隣地区の10名の小学生の1人がKであった。Kは小学2年生4月から3年生11月までの1年8月の間に, 57回プログラムに参加した。

＜経過＞#1(#＝回数)　初めて参加したときには, 歩くときに背筋を伸ばすことすらできず, マット運動ではぐにゃぐにゃと全身がマットに沈んでしまうような状態で, 外見は精神遅滞的であった。

　#2　愛想のよいHに引き入れられて, ぎこちないながらもラジオ体操をやり, ケンケン, 両足跳びなどもなんとかやったが, リズム感は無かった。マット運動はどこにも力が入らず全くできなかった。

　#5―6　ランニングの腕振りやサイドステップのこつを教えると理解でき, 同時に自分からやろうとするようになった。(ここまでが約2カ月の経過)

　#12―13　サーキットで抜かれまいとしたり, 苦しくなってもやり続けるようになったが, やりたくないとふざけるようにもなった。

　#14　母親から「このごろとみに明るくなり, 喋るようになった」と報告があった。学校で友だちと遊び始めた。

　#20―25　やりたいことをやりたいと意志表示するようになり, みんなとの活動を楽しむようになってきた。この頃には学校の体育が好きになっていた。

　#26―56　落ち着きなく動きまわり, 何かをいじったり眺めたりとうるさくなったが, しゃきっとする感じも出始め, 動きにリズムや協応性が出てきた。指示行動はきちんとやろうとすることが多いので技能学習が容易になった。

　#57　Kに学校のサッカー部に入りたい気持ちが出てきたので, ここでプロ

グラム参加は終わりにした。これは日常生活の中に居場所・頑張り場所ができたという一つの理想的な終結の形であろう。

　このケースは，心身の発達上の初期の課題の未解決が，このプログラムの中で基礎的な運動の改善から始めることでその効果が精神面での成長にも及び，しだいに解決されていったことを示すものである。

―事例2　引っ込み思案のＴのケース―
＜主訴＞極度の引っ込み思案。学級ではほとんど喋らない。動きも少なく小さく遅い。新しい集団に極めて入りにくい。ことばも発音もあいまい。
＜関わった期間＞小学1年生3月から4年生11月の間，69回活動に参加した。
＜経過＞#1－3　初回，体育館の隅に座り，うつむいて，小さくなっている。担当の援助者が側に寄り添い，無理強いすることなく，しんぼうして声をかけていると，やがて小さく頷いたり首を振ったりし始め，誘いかけに「イヤ，ヤラナイ」と言いながら顔を上げて終了間際にサッカーを少しやった。#3で，それまで親しげに寄ってきていたＨ（Ｔは無視）と妹が始めたウルトラマンごっこを見て笑っているうちに，一緒に遊び出した。運動能力に問題はないようだった。

　#4－11　担当の援助者が誘うと遊びの仲間に加わったが，担当者が休むと参加できず，話す声も蚊が鳴くように小さい。

　#12－28　みんなと一緒にはやらなかったのにみんなが帰った後でやろうとした時，実は動き方がわからなくて動けなかったこと，つまり動作の感覚がないことがわかった。そこを強調する指導をすると動けるようになった。縄跳びが3－4回できるようになると喜び，野球や立ち幅跳びを喜んでやった。苦手なスキップ，ギャロップなどは断固やろうとせず，みんなと一緒にやることも興味がなければ拒否を示した。この頃，学校からの帰りに寄り道をするようになる（自発性の表れとみられた）。

　#29－53　ボールを受けるのを怖がり，下手だったが，練習する意欲は見せた。縄跳びが20回以上できるようになった。

　#54－61　リズムもバランスも向上し，いろいろ頑張る反面，スタッフに対する拒否行動で発散するようにもなった。この頃，放課後に友だちに誘われて遊びにいくことが多くなった。

#62-69 何でもこなし，他児との接触も多くなって，69回でTの参加は終わるのだが，この少し前の奥多摩登山の時，彼は心の成長を示す印象的なことばを発した。山頂からの急坂の下りを怖がって動けないHに，こともなげに「H君，一緒に行こう！」と声をかけるのである。

その他の事例及び，事例の考察は(石川，1991)を参照されたい。

(2) 自閉症児に対する治療教育的運動プログラムの適用

自閉症は，1)で述べたように，わかりにくさによる対応の間違いから幼少期には顕著な情緒障害を呈することもあるし，自閉症の症候が情緒障害に見えることもあるが，本来広汎性の発達障害症候群であり，その主な徴候は，①社会的相互作用の発達の質的障害，②特に言語的コミュニケーション能力の発達の質的障害，③反復的または常同的な行動，つまりこだわり，である。このような特徴を考えると，彼らが社会と接点をもてるようになるのを援助することこそ必要であると思われる。遊びを含めた運動行動を集団で行う場は，子どもの感情の発散のために有効であるが，子どもと援助者，あるいは子ども同士が交わる場面が多いことから，社会的学習の場として利用することも有効であろうと考えられる。

前節で示した治療教育的運動スポーツ活動のプログラムを，筆者は自閉症の適応面の改善を引き出す実践としても行っている(石川，1999)。

このプログラムに，1984年～1999年の間に2年以上参加した自閉症児24名の，プログラム参加前後の変化を分析したところ，表3-7に示す結果が得られた。

＜分析の観点＞

①遊びは変わったか。②課題参加は変わったか。③学習されたことはあるか。④ことばは変化したか。⑤対人関係は変わったか。⑥こだわりに変化は

表3-7 自閉症児24名における運動プログラム前後の変化

観点	よい変化	変化なし	悪化	不明
① 遊び	12人	10	2	
② 課題参加	13	6	5	10
③ 学習	11	2	1	
④ ことば	3	21		
⑤ 対人関係	13	5	6	1
⑥ こだわり	4	14	5	
⑦ 情緒など	13	5	6	

起こったか。⑦情緒やパニックは変化したか。

　この結果によれば，遊び，課題参加，学習，対人関係，情緒の面で多くの自閉症児によい効果が現れており，ことばやこだわりの面では効果は少なかった。ここから，この運動プログラムは自閉症児達の安定化や発達を促すのに効果的であるといってよいだろう。そして，ことば・こだわりの二つの面の改善にはあまりつながらなかったことは，自閉症の三つの主な徴候のうち，社会的相互作用やことば以外のコミュニケーションについては，健常者のようにはならないとしてもそれなりの変化・改善は可能であるが，ことばのコミュニケーションとこだわりや執着などの面は最も動かしがたい自閉症の特徴であることを示唆するようである。自閉症の医学的な治療法が確立されていない現在，教育的・心理的な側面からの貢献が強く求められるのであるが，この運動プログラムは発達心理学からみて自閉症児の発達を引き出す方向へいざなう効果をもつと考えられる。

5) 治療教育的プログラムにおける重要なポイントとしての運動技能の指導

　情緒的な障害をもつ子どもを運動プログラムで援助し指導してきた経験を振り返ると，紹介した事例からも分かるように，重要なポイントがいくつかあることがわかる。まず，①自由遊びにしろ課題的活動にしろ，「運動」は非常に有効な援助媒体であること，②情緒発達障害においてはとくに，「個別援助者」がいて子どもを受け入れたり挑戦のための踏み台となったりすることが，「運動」が生かされるか否かの決め手になること，③他児やその援助者らがいる集団を活動の場とすることは，子どもの阻害された日常生活の改善に繋がりやすいために有効であること，などがある。さらに，もう一つ重要なポイントがあるが，それは④運動技能の指導が予想以上に治療教育的働きをすることである。

　自由遊びや運動ゲームは，子どもの抑圧された感情の発散になるが，それだけでは十分ではない。子どもは各発達段階において，そこでの発達課題を達成し成長していかなければ正常な発達を遂げることはできない。E.エリクソン(1977)によれば，幼児期後期には積極性の獲得が必要であり，児童期には勤勉性・生産性の獲得，つまりやらなければならないことに前向きに一生懸命

取り組めるようになることが発達課題となる。そして児童期はまた，この課題を達成することを通してコンピテンス(能力あるいは有能感—自分の周りの環境に働きかけてこれを変化させたり，環境との相互作用において主体的に有能さを発揮できる感覚)を獲得することが期待されるのであるが，このコンピテンスはとりわけ運動技能の獲得と大きく関わっていると考えられるのである。発達心理学者のハヴィガースト(1953)は「普通のゲームをするための身体的スキル(技能)を学ぶこと」も児童期の発達課題であると述べているが，本節で紹介したプログラムに参加した子ども達において，情緒的，社会行動的変化は，運動技能の改善と絡みあって起こる場合が極めて多かったのである。

　子どもの心理療法を目指した運動プログラムを実施するとしたら，「子どもの心を受け止める」ことが不可欠であるが，受け止めるとは，発散させたり楽しく遊ばせるだけではなく，子どもの変化の状態を睨んで運動技能獲得への挑戦欲求を育んでいくことでもあるのである。つまり子どもの運動技能の状態や特性を理解して，その子にふさわしく運動を指導できることが必要なのである。指導者の能力とは，つまるところ，子どもに成功経験をもたらすことを通して——それもできるだけ努力を伴う成功経験である方がよいが——コンピテンスを獲得させられる能力なのである。このことは，一般の学校体育の授業でも同じであろう。　　　　　　　　　　　　　　　　(石川尚子)

《参考・引用文献》

石川尚子(1988)：情緒発達障害児に対する運動遊びを利用した養育活動の効果とあり方．体育の科学 38(8)：602-608．

石川尚子(1989)：情緒的な発達障害をもつ児童の発達指導のためのムーブメント教育プログラムの作成．日本女子体育大学紀要 19：57-67．

石川尚子(1991)：情緒的な問題をもつ児童のための運動および運動遊びを通しての療育過程．日本女子体育大学紀要 21：53-63．

石川尚子(1994)：虚弱児と運動．I 運動指導による体力や運動能力の変化(共著)　II 運動の練習の心理的作用について．日本女子体育大学紀要 24：31-42, 45-52．

石川尚子(1999)：交流的スポーツ活動の場に展開された自閉症児の行動．日本女子体育大学紀要 29：9-21．

エリクソン，E.H. 仁科弥生(訳)(1977)：幼児期と社会．みすず書房．

小口忠彦編(1983)：人間の発達過程—ライフサイクルの心理．明治図書．

ハヴィガースト，R.J. (1953)/荘司雅子訳 1958：人間の発達課題と教育．牧書房．

4. 身体の認識力と生きる力の育成

　体育は，身体を対象として，子どもの身体に意図的に，また，計画的に働きかけ，子どもに身体の意識を形成し，身体に対する認識を発達させることである。そのためには命の大切さを教え，身体づくりの目的意識性を育て，身体づくりの意欲をかきたて，身体づくりの方法を学ばせることが必要である（正木，1958）。こうした身体づくりの実践を通して，心身ともに健康に生きる力を育てることができるのではないだろうか。

　このように身体教育は，子どもが心身ともに健康に生きるためには，身体の現実を知り，身体の何が問題かという発見と学習を通じて，問題を解決していくことである。

　それには子どもの身体に対する意識と認識が重要な役割を果たしているので，まず身体の意識についてふれておきたい。

　身体の意識(consciousness)とは，いま自分の身体がどうなっているか，生活の中で健康と体力がどんな状況になっているのか，などと自分で身体のことがわかる心の働きのことである。このように，自分の身体を意識したり，また，生活における身体の現状を意識することにほかならない。それは，子どもが自分自身の身体を単に直感しているばかりでなく，「こんな乱れた生活をして身体や健康によいのであろうか」というように，自分や仲間の身体について心配や疑問が生じ，身体のことを注意して表現するときに，身体に対する意識があるといわれている。しかし，こうした自己反省がない場合には，身体の意識がないことになる（宮城，1979）。

　このように身体の意識をとらえてみると，子どもが生きる力をつけるためには，まさに子どもの身体に意識的に働きかけ，自分や仲間の身体の現実を見つめさせることを出発点としなくてはならない。本稿では，子どもの身体の意識と認識が生きる力になるための作業を通し，新しい体育授業の目標と課題を明らかにしたい。

1）身体の現状と問題の直視

　子どもが心身ともに健康で人間らしく生きる力を育てるためには，子どもの身体の意識が生きる力にどのように関わっているかを明らかにしなくてはならない。それは，子どもが身体についてわかることを生きる力に結びつけるにはどうすればよいかという問題である。これに答えるには，子どもの「体と心」に何が起こっているかを追求する必要がある。なぜかといえば，子どもが自分や仲間の身体の現状とそれをとりまく生活の現実をみつめることによって，自分たちの身体がどうなっているのか，あるいは身体のどこに問題があるかを知らないかぎり，身体や健康のことを意識したり，また認識することは困難であり，生きる力にはならないからである。

　そこで，子どもの身体がどうなっているかをみることにしよう。日本体育大学の学校体育研究室（正木健雄）では，全国各地の小学校，中学校，高等学校を対象に1978年，1990年，2000年にわたって「子どものからだ調査」を実施した。この調査は養護教諭をはじめ，現場の教師が実感した「最近増えている"からだ"のおかしさワースト10」である（子どものからだと心白書，2000）。

　それによれば，全国各地の各学校を段階的にみて「からだの"おかしさ"」(disorder)として実感された項目の中で，過去10年間に共通しているのは，「アレルギー」（82.2〜90.8％）と「すぐ"疲れた"」（71.6％〜83.8％）という項目が実感の上位を占めている。また，「腹痛・頭痛を訴える」（65.5〜80.2％），「皮膚がカサカサ」（67.1〜72.8％）の項目が目立っている。さらに小学校，中学校では「背中ぐにゃ」（61.3〜68.7％）であり，また中学校，高校に共通する項目では「腰痛」（66.6〜79.0％）となっている。そして最近では「平熱36度未満」（60.9〜71.3％）の項目が小学校，中学校，高校で共通にみられることである。

　それらの各学校段階に共通する「からだのおかしさ」として予想される特徴は，「アレルギー」「皮膚がカサカサ」といったアレルギー性(A)，また「すぐ"疲れたと"いう」「腹痛・頭痛を訴える」「首，肩のこり」といった疲労感，体調不良，自律神経失調傾向(B)が進行し，さらに「背中ぐにゃ」といっ

た姿勢不良，「腰痛」など，筋緊張の低下や体幹筋力の低下(C)，そして「平熱36度未満」といった体温調節機能の発達不全(D)など，「からだのおかしさ」の実態が進行している。このような「からだのおかしさ」の実態については，(A)(B)そして(D)を防衛体力の問題に，また(C)を行動体力の問題に分けることができる。

(1) 行動体力と防衛体力の問題

　子どもの「からだのおかしさ」の実態は，行動体力と防衛体力の低下に起因することが予想されるので，文部科学省が毎年実施してきた体力・運動能力テストの結果に注目してみることにしたい。

　それによると小学生(11歳)中学生(14歳)高校生(17歳)の体力診断テスト合計点の平均値および運動能力テスト合計点の平均値による年次推移は，1964年以来，上昇の傾向を示しているが1980年前後をピークに体力・運動能力ともほぼ平行して低下の傾向を示している(日本体育大学学校体育研究室，2000)。

　特に体力要素の中でも背筋力と立位体前屈の平均値が低下し，今日まで進行している。こうした子どもの行動体力の問題は，これまで文部科学省が学習指導要領の総則に掲げ，学校教育を通して取り組んできた。しかし，授業の実践現場では，単にスポーツ技術の習得といった運動文化を追求しても，「身体づくり」を体育の目標に位置づけないかぎり効果をあげることが困難であることを示している。そればかりか「身体づくり」を授業の目標に位置づけたとしても，体力要素のどこに問題が生じているかを明らかにしないで授業を展開しただけでは，成果があがらないということを示しているのではないだろうか。このため授業では，背筋力や柔軟性の到達目標を設定し，それを目指した「身体づくり」の取り組みが要請されている。

　一方，防衛体力の問題は，学校体育では取り組んでこなかった分野である。この防衛体力というのは免疫系，ホルモン系，そして自律神経系から成り立っている。このうち免疫系がなくなるのがエイズであり，刺激・要請や化学物質に過敏に反応し過ぎるのがアレルギーといわれている。ホルモン系についてはホルモン物質の調節不全が過食症や拒食症の原因ともいわれており，また「内分泌攪乱物質」に代表されるように，環境ホルモンの人体への影響

が心配されている。しかし，子どもの身体のおかしさにホルモン系がどんな作用を及ぼしているかは明らかではない。そして自律神経系の調節機能の発達不全が，自律神経失調症である。

防衛体力の問題として「からだのおかしさ」が実感され「すぐ〝疲れた″と言う」，「腹痛・頭痛を訴える」「首，肩のこり」そして「平熱36度未満」といった項目の実態については，自律神経系に問題が生じているのことが予想される。特に「すぐ〝疲れた″と言う」項目に関しては，日本学校保健会が小学生(4万人)，中学生(2万人)の男女を対象に自覚症状調査(1981年)を実施している(日本学校保健会，1981)。その結果，「からだのだるさや疲れを感じる」と訴えた者が小学1・2年生では18％前後だったが，2・3年生では20％以上になり，また4年生から6年生では30〜40％以上になり，さらに中学生では40〜50％以上に達するなど，加齢に伴って顕著に増加しているのである。この事実は，自律神経系の発達不全を示しているのではないだろうか。

(2) 自律神経系の発達不全の問題

ここで，子どもの自律神経系の発達がどうなっているかを確かめてみることにしたい。この自律神経機能を調べる方法には「体位血圧反射法」(福田邦三)がある。その方法は，座って上腕動脈の血圧を計り，次に寝かせて素早く起こす。その時，自分で起きると血圧は変わらないが，他人に素早く起こしてもらうと血圧が急に下がる。このときの血圧が元に戻るまでの時間を計測して，血圧調節機能の程度を調べるのがこの方法である。

これは，疲労が脳幹にまで及ぶと「体位血圧反射」が不良になることに着目し，この方法が疲労の判定法として提案されている(福田，1949)。これを用いて猪飼ら(1956)のデータと正木ら(1984)のデータを比較した結果，1956年の調査では「血圧調節良好群」が小学生で60％程度，中学生で80％程度，高校生で90％程度いた。ところが，1984年の調査では，「血圧調節良好群」が小学生で30％〜40％，中学生で30％，高校生で30％〜40％という結果を示している。その後，1995年には20％以下にまで低下しているのである(正木，2001)。

このように自律神経系の良好な子どもが年々少なくなっており，自律神経系の発達不全が確実に進行しているのである。こうした事実から，自律神経

系は意図的に働きかけない限り，自然に発達するものではないことが明らかにされている。

2) 疲労感の自覚症状と心理的ストレス症状

自律神経系の発達不全や自律神経調節機能の低下は，疲労感をはじめ身心の不調，自律神経失調傾向の症状として，子どもの身体意識に現れることが明らかになった。これらの身体違和感としての自覚症状は，子どもに対する何らかの刺激・要請によるストレス源が身心の負担や心理的ストレス症状としてあらわれることが予想されるので，これらの症状とその因果関係について検討を加えてみることにしよう。

(1) 蓄積疲労調査からみた身心の自覚症状

子どもが「からだのだるさや疲れを訴える」自覚症状といった疲労感に注目した報告には西條ら(1998)のデータがある。この報告は，各地の中学生668名を対象に「蓄積疲労インデックス」(CFSI)と「生活における満足感，充実感といった「生活の質」(Quality of Life：QOL)を用いて，子どもの疲労感と生活様式の関連を調べた。その結果，蓄積疲労は，子どもの自由時間，友人関係，学校生活，地域活動などの不満や問題などの「生活の質」(QOL)の低下と深く関わっていた。一方，それらの生活様式における質の低下は，「いらいら状態」(35％程度)，「不安感」(30％程度)，そして「意欲の低下」および「気力の減退」(25％程度)などの蓄積疲労の症候群との関連が強いことが明らかにされていた(西條ら，1998)。これらの事実は，子どもをとりまく生活様式の満足感，充実感などの「生活の質」(QOL)の低下が子どもの生きる力を衰弱させ，「身心の負担」(ストレス症状)に大きな影響を与えることを示していた。

(2) ストレス調査からみた心理的ストレス症状

我々は東京，神奈川，新潟の中学生(756名)高校生(438名)を対象に，新名理恵らによる「心理的ストレス反応尺度」(PSRS－50R)を用いて調査(1998年)を実施した(円田ほか，1989)。その結果，ストレス反応の合計点の平均値は，中学生で20％程度であるが，高校生では25％程度と訴え率が増加することがわかった。図3-1は心理的ストレス反応の訴え率を発達段階ごとのストレス合

計得点の平均値でみたものである。図3-1にみられるように，発達段階にともなって，心理的ストレス反応の得点が顕著に増加していた。特に中学3年生，高校2年生では健常域の得点を越えて，要注意水準の範囲に達していた。これは，要注意水準の範囲を越えると自律神経失調症，神経症，うつ病などの頻度が増加するレベルである。また，ストレス反応の領域別特性については，とりわけ「うつ・不安・怒り」といった情動と思考力の低下が同様の傾向を示していた。これらの事実は，既にみた自律神経系の発達不全とも全く一致していることから，自律神経系の問題が心理的ストレス症状を増加させていることを示唆している。

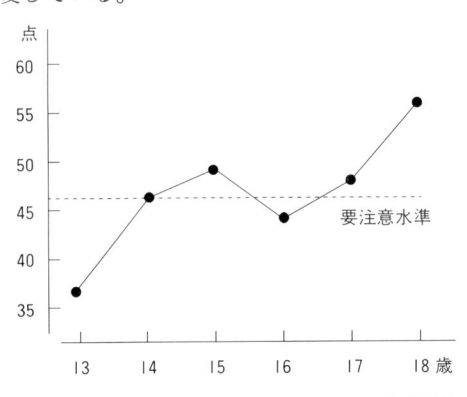

図3-1 発達段階に伴う心理的ストレス反応の合計得点

(3) 生きる力の衰弱と自律神経系の発達不全

著者らは高校生(538名)および大学生(627名)を対象にストレス源と心理的ストレス反応の関連について，調査(2000年)を実施した(円田ほか，1989)。これは「生活の実体」(生活の質)つまり人間関係の問題や生活規律の乱れなどの外的要因が生体内部の自律神経系に作用し，また，自律神経の問題が心理的ストレス症状にどんな影響を与えるかを検討した。その結果，「生活の質」の低下が生きる力を衰弱させ，自律神経系の機能低下が心理的ストレス症状を増加させるという因果関係をつきとめた。

3）身体の認識力と生きる力の育成

子どもが身心とも健康に生きる力を育てるための体育教育は，子どもをと

りまく「生活の質」の向上と身体の形成，身体の操作，身体の認識といった身体の全面発達をめざすことである。それにもかかわらず子どもの「からだと心」のおかしさの問題は確実に進行しているのである。私たちは，この問題をくいとめなくてはならない。

　そのため身体の認識力と生きる力を育てる授業では，教師が子どものからだと心の生活現実に意識的に働きかけなければならない。それは教師の「からだと心」についての発問による子どもとの対話をはじめ，からだと心の調査や自分のからだの現状を生活綴方の教育方法として積極的に活用するなど，授業の過程がきわめて重要であると考える。かつて佐々木は，身体教育を身体の生活過程の現実から出発して，身体的行動による現実の認識とともに，言語による認識をさらに深め，この両面をもって子どもの人間形成を体育科で果たすべきだと述べている(佐々木，1971)。

　こうした教授過程を通して子どもは，からだと心の関係を意識することができるようになり，身体についての科学的認識が可能になるのではないだろうか。

　いま，教師が子どものからだに対する認識力をつけるためには，子どもに生活と身体づくりについての目的意識性を自覚させ，自ら身体の発達と学習の主体に育てることである。それは子どもが「身体づくり」についての実践を通じて身体についての科学的な認識を発達させ，また，子どもに「身体づくり」についての価値意識を育てることが生きる力になるのではないだろうか。我々体育教師は，日ごろの実践を通じて，子どもの生活と身体の学習に取り組み，身心ともに健康に生きる力と認識力を育てることが，子どもに身体と健康についての自己管理能力をつけることになるのである。(円田善英)

《引用・参考文献》

正木健雄(1958)：「教科の現代的課題」．からだづくりと子どもの認識『教育』特集号，pp. 36-43．

宮城音弥(1979)：「心理学小辞典」．岩波書店，p.9．

日本体育大学学校体育研究室(2000)：「子どものからだの調査2000」結果報告，pp. 54-56, 84-97．

日本学校保健会(1981)：児童・生徒健康状況報告書．

福田邦三(1949)：体位血圧反射法．学術研究会議疲労研究班『疲労判定法』．厚生科学叢書第5輯．創元社, pp. 14-16．

猪飼道夫・古畑宏・山川純子(1956)：体位血圧反射の年齢に伴う変化．民族衛生 22(5・6)：141-147．

正木健雄(1985)：青少年における血圧調節機能の実態及び対策に関する実験的研究．日本体育学会第36回大会誌．

正木健雄(2001)：国連・子どもの権利委員会を動かした一つの添付資料－子どものからだと心白書．日本体育大学紀要 30(2)：190-191．

西條修光・渡辺光洋(1998)：中学生の疲労感と生活の関連について．疲労と休養科学 13(1)：119-127．

円田善英・池原忠明(1989)：日本体育学会第44回大会報告．

円田善英・平田大輔・渡辺光洋(2001)：生活実体のストレス要因が心理的ストレス反応に及ぼす影響－大学生のストレス構造の因果関係．日本体育大学体育研究所雑誌 26：1-19．また高校生のストレス構造の因果関係については日本健康心理学会第14回大会報告(2001, 11)．

正木健雄(2001)：ヒトになる、人間になる－子育ての教育生理学．創教出版．

5. 子どもの自主性・自発性の育て方

1)「自主性」と「勝手,気まま」は同じか

(1) 教育の目標として「自主性」はどのような位置をしめているか

　「自主性」ということばは,「自ら判断して行動する」ことを意味する。教育界では自主性と主体性がほぼ同義語で使われているようである。教育学の専門家によれば,戦後教育では自主性の語が使用され,現代教育では主体性ということばが多く使われる。平成元年の教育課程審議会の答申の前文にも「自ら考え主体的に判断し行動する力を育てる教育」という文章が見られた。平成14年度からの教育課程の基準改善の「ねらい」の中には,「自ら学び,自ら考える力を育成すること」という項目が見られる。4項目からなる「ねらい」の中には,主体性ということばは見あたらないが,上記の項目の中に「自ら」ということばが強調されている。これに対応して「自立心の育成」に教育のねらいの重点が移動しているように見えるが,主体性の尊重は依然として教育の目標である。

(2)「自主性」の定義の難しさ

　ところが,この自主性にせよ主体性にせよ,心理学的あるいは行動科学的に定義することは簡単ではない。マラソンの途中で近道を走ってごまかすことも,茶髪は禁止という学校の規則を破って髪を緑色に染めることも,自発的であり主体的である。昨今の教育が目標とする個性の発揮でもある。夕方からの塾の勉強で眠くならないように,体育の授業で手を抜くことも,極めて自主的な行動である。だが教育の中では,そのような行動は自主的・主体的であると承認されることはないだろう。

　では,教師の望む方向へ自ら判断し行動する,世話を焼かせないよい子のみを主体性があるというのだろうか。このように,自主性・主体性,あるいは自発性ということばを「自ら判断して行動する」と考えただけでは,教育の目標とすることは難しい。

体育授業が自主性をどのようにして育てることができるかという議論をするためには，もう少し綿密な定義が必要であろう。この議論は，この節の後半で再び取りあげることにして，子どもがスポーツにかかわる動機づけに関するいくつかの研究を紹介したい。それらの研究を見ながら自主性・自発性の心理学的意味を考えていきたい。

2）「内発的動機づけと自主性」

(1)　「内発的動機づけ」とは

　だれもいない空き地の石塀に向かってサッカーのシュートの練習をしている少年を想像してみよう。この少年が「上手に蹴れるようになって，体育の授業でほめられたい」と思って練習をしているならば，彼は「外発的に動機づけられている」という。外からの報償(他者からほめられること)を求めて行動しているからである。一方，外からの報償をめあてにせず，自分が狙ったところに強いボールを蹴ることができるようになる喜びを求めて練習を続けている少年は「内発的に動機づけられている」という。

　ド・シャーム(1968)は人の行動を動機づける要因として「自らが自分の行動の原因をなしているという，主体的な自律感を得ようとする動機」があると述べている。この理論の上にデシ(1975)は「内発的動機づけ」という考えを発展させた。この理論では，人を行動に向かわせる動機は「自分が有能で，自己決定によって行動しているという感情を得ようとする要求」であると考えられた。

　上記のシュートの練習をしている少年は両方の場合とも，だれからも命令されずに「自主練習」をしているという点では，自主的かもしれないが，「内発的に動機づけられている練習」の方が，自主性が高いといえるだろう。

(2)　「内発的動機づけと報償」

　内発的に「運動遊び」をしている子どもに，ごほうび(外的動機づけ)をあげたらどうなるか。内発的で自主的な行動は促進されるであろうか。このような疑問から出発した実験研究がある。研究の手続きが少し込み入っているが，注意して読んでいただきたい。

　5,7,9歳の男子424名を被験者にしたトーマスとテナント(1978)による運動

への動機づけの実験である。

　子どもたちは，まず，教室の中で「運動遊び」4種目の映画を見せられる。それらは，①平均台を渡る遊び，②ドリブル・ジグザグ歩行の遊び，③お手玉なげ，④テニスボールでの的あて遊び，であった。

　映画を見た後で，子どもたちは「どの遊びをやってみたいか」のアンケートに答えた。これは，運動遊びに対する内発的動機を調べるためであった。34パーセントがボールの的当てを選び，30パーセントがドリブル，21パーセントが平均台，15パーセントがお手玉投げを選んだ。

　この中から，「的当て」を選んだものだけが次の実験に進んだ。子どもたちは，同心円によって得点が配分されている的に向かって，5分間ボールを投げ，得点を獲得する遊びを行うことになる。ここで被験者は4つのグループに分けられ，異なる教示を受けた。ここでの実験の意図は，内発的動機で遊びを選んだ子どもに外からの報償を与えたら，彼らの行動はどう変化するかを確かめることであった。

　○グループ1は「成績に応じて8セントから32セントの賞金がもらえる」という教示を受けた(注：当時コカコーラ一缶は75セントだから，金額としてはわずかである)。
　○グループ2は「成績とは関係なく，賞金がもらえる」という教示を受けた。
　○グループ3は，なにも教示を受けなかったが，遊びが終わった後で，ごほうびとして賞金をもらった。
　○グループ4は，なにも教示を受けず，遊びの後で賞金もでない，統制群(他の条件のグループと比較するための)であった。

　このような条件下で5分間の遊びが行われた。

　その後，2週間経って，4つのグループの子どもたちは再び集められ，体育館に入った。そこには前述の4種目の遊び場が設定されていた。子どもたちは実験者から次のように告げられた。「どれで遊んでもいいですよ。だけど，的当てでは今日は賞金はでません」ここで，実験者は内発的動機づけが，どのぐらい持続しているかを観察しようとした。実験者は「用事があるから，自由に遊んでいるように」と子どもたちに告げて，隠れたところから「的当

て」に関わる子どもの行動を観察した。5分間に子どもたちが，どのぐらいの時間「的当て」に関わるかが計測された。その結果次のような傾向がみられた。

　①他の種目の遊びが可能になったので，5分間全部を的当てに関わる子どもは少なかったが，その平均時間を調べると，成績に応じて賞金をもらったグループが，もっとも長く的当てに関わった。

　②成績に関係なく賞金をもらったグループも，5歳児では的当てに長く関わったけれども，7歳児では統制群と同じ程度の関わりになり，9歳になると関わりの時間が4グループの中で，際立って短いものになった。

　この結果が，現実の場面にどのような示唆を与えるかを考えてみたい。内発的動機で選ばれた遊びは，自分で上手にできたと認識し，それに応じて報償が与えられたとき，その動機を増す。しかし，自分の認識と関係なく報償が与えられたときには，学童期の子どもでは内発的動機を著しく低下させる。

　内発的動機で行動している子どもに，外からよけいな報償が与えられると，その動機づけが低下することがあることは，「内発的動機づけ」の提唱者のデシ（1971）によってすでに指摘されていたことである。

　的当て遊びの実験でも，なにも報償を与えなかった統制群のほうが，9歳児では成績に関係なく報償を与えられたグループより高い内発的動機をもっていた。

　この実験結果の教えるところは，体育教師は内発的動機によって運動を楽しんでいる子どもに対して，彼らの成績の自己認識に合致するようなほめことばや，承認の合図を送ってやることが「自主的な行動」を強化することにつながるだろう，ということである。そうではなく本人の自己認知と関係ないほめことばや賞品(たとえば，運動会での成績と関係ない賞品)は，むしろ彼らの内発的動機に水をさすことになりかねない。このような問題は，さらに実証的データをとって確かめてみる必要がある。

3）社会的要求と個人的欲求のはざまの自主性

　横断歩道の赤信号と歩行者の関係を考えてみたい。赤信号は止まれという社会的要求である。早く渡りたいという気持ちは「内発的動機」であり，個

人的欲求である。

　車が何台か通るのに，赤信号を無視して横断するのは，内発的動機からの行動であっても社会性のない行動である。一方，夜中の車のまったく通らなくなった横断歩道で，急ぎの用事があるにもかかわらず，赤信号を待っているのは，社会的要求に忠実ではあっても，内発的動機はまったく抑圧してしまっている。ロンドン市内の赤信号は，昼間から平気で無視されている。ロンドンの人は，安全が確認できればどんどん渡ってしまう。責任は自分にあるという雰囲気の，堂々たる確信的・主体的違反である。

　このような，社会的要求と個人的欲求の葛藤・相剋をいかに解決するかが「自主性」であると主張する研究者もいる。新井邦二郎(1998)は，フロイトの自我の構造になぞらえて，社会的ルールと個人的欲求の間を取りもって，現実社会に柔軟に適応していけるような「自我」の機能を「自主性」と考えてはどうかと提案している。たしかに，「内発的動機」を高めるだけでは，社会性をもった自主性にはならない場合がある。自主性をさらに一段上の心的機能と考えたほうが，教育で考える自主性に近いものになる。

　指導要領の総則の中には「社会の変化に主体的に対応できる能力」という文言があるが，ここでの主体性も個人を基盤とした能力にとどまることなく，社会性をもった能力，あるいは態度を意味していることがわかる。

　体育授業で扱われる教材の中のスポーツ種目を見ると，社会的要求と個人的欲求を調和させて自主性を発揮しなければならない場面がたくさん含まれていることに気づく。スポーツのルールは一つの社会的要求の象徴である。たとえば，バスケットボールでは相手を突き飛ばしてはいけない。だが，突き飛ばしたくなるような場面には頻繁に遭遇する。しかし，そこで個人的欲求にしたがって相手を突き飛ばすことはできない。その限界の中でプレーヤーはベストをつくすことが要求される。スポーツが正しく行われるならば，そこには「内発的動機」の発揮と「社会的要求への対応」の両方を同時に経験する機会は十分に存在している。

4）内発的動機づけを越えて－スポーツと「自己動機づけ」

　ドイツのケルン体育大学のザムルスキー(1986)は，スポーツ授業(日本の体

育授業）では，内発的動機づけに加えて，自己コントロールの動機，目標達成の動機，成功失敗の原因を自分に帰属させる動機などが，動機づけとして働いていると考えた。ザムルスキーはこれらの動機をひとまとめにして「自己動機づけ＝Selbstmotivierung」と呼んだ。この自己動機づけは，我々が考えている自主性に近いものであろう。

　彼の研究は8～10年生を対象に，体育授業に関する綿密なインタビューを行い，生徒に上記のような動機が働いていることを確認した。

　この研究では，生徒が体育の授業の中で自分にどのように語りかけて，自分を励ましているかの調査も行われている。課題に取りかかる前には「さあ，走れ」「そんなに固くなるな」「さあ，やるぞ」「こらえろ，やらなくっちゃ」「でも，参加しよう」といった自己への語りかけが行われていた。課題の実行途中では「うまくいってるぞ」「先へ進もう」「まだ大丈夫」「ありがたや，切り抜けたぞ」といったことばを子どもたちは自分自身に向かって発していた。その内容を分析すると，そこには自己コントロールも，目標達成の動機も含まれていることが確認された。

　ここに見られる動機からは，次のことが推察される。「単なる内発的動機だけで子どもたちは体育授業に関わっているのではなく，また単に教師からの指導にしたがっているだけでもない。子どもたちは自らを動機づける素朴なテクニックを無意識のうちに使いながら，困難な課題にも向かおうとしているのである」

　この研究報告は243ページにおよぶものであり，その全体をここで紹介することはできないが，子ども自身が心の中で使っている自己動機づけの技法を知ることは，教師が彼ら彼女らの自主性を高める指導をするうえでも，大いに参考になることを示唆している。

　この研究は「人の行動は刺激に対する反応である」とする行動主義的心理学ではなく，「人は行動を決定する自由意志をもち，意志の命令と努力の感情によって行動する」と考えるドイツ流の意志心理学の流れを組むものとみることができる。

　教師は子どもたちが心の中で実行している「自己動機づけ」の工夫を理解し，それを伸ばすような助言や介入を行うことを研究しなければならないだ

ろう。

　最初の可能性は，子どもたちに自分は自分を励ましながら努力し行動している，ということに気づかせることであろう。そして，「自分を励ましているもう一人の自分の声を聞いてみよう」というように生徒を指導することもよいであろう。

　子どもの自主性の問題は，現代の日本の教育にとって大きな問題である。教科体育が自主性の育成にどのように貢献できるかについての研究と実践がさらに期待される。　　　　　　　　　　　　　　　　　　（市村操一）

〈引用・参考文献〉
新井邦二郎(1998)：図でわかる発達心理学．福村出版．
尾田幸雄(1988)：新指導要領にみる「主体性」のとらえかた．児童心理 43(10)：42-46．
Samulski, D.(1987)：Selbstmotivierung im Sportunterricht. bps, Köln.
Thomas, J. R. & Tennant, L. K.(1978)：Effects of rewards on changes in children's motivation for athletic tasks. In Smoll, F. L. & Smith, R. E. eds. Psychological Perspectives in Youth Sports. Wiley & Sons, 123-145.

6．子どもの自主性と教師の指導性

1）子どもの自主性と教師の指導性とは矛盾しない

　子どもの自発性（自主性）と教師の指導性とはどのような関係にあるのであろうか。この問題にはさまざまな立場，見解があり，その人の授業観，教育観にまで通じている問題であるように思われる。本来，自発性と自主性は同義語とはいえないが，ここでは区別せず用いることにする。

　一方では，子どもの自発性を最大限に伸ばしていくために，教師はできるだけ前面に出ない方がよいとする考えが現実に広くあり，他方で，子どもの事実・実態からはずれた教師の「一方指示」的な体育指導の風潮も，たいへん根強く存在している。

　授業における教師の指導とは，さまざまな言い方が可能であろうが，本質的には「子どもが自力でなし得る以上の学習を引き出すこと」にあると考えるべきである。

　上記のうちの前者は，まず，子どもの内側に潜在する「発展の芽」を見通すことのできない子ども観，授業観であるように思われる。指導性とは，本来，「ああしろ，こうしろ…」と一方的指示のみで進められていくことに矮小化してとらえるべきではなく，その子の自主的判断や発見や創造的活動がなされる機会をも十分に残していくという幅を有した概念であるはずである。したがって，教師に意図があるなら，一定時間，子どもにその活動をまかせておくという場合も，あるいは，わざと〝無視する〟ような場面も有り得ることも，指導性の一環としてあるのである。学級という社会の中で，子どもが指導者なしでも，自力で活動したり，新しいことを発見したりすることは部分的には起こっているはずであるが，現実にはほとんどの場合，教師が触発しているのである。やはり，基本的には教師が必要な内容を，「時機」をみて提示していくことが，教科（授業）の基本的な仕事であることにはちがいない。

また後者は，子どもがもっているさまざまなものを引き出し，それをもとにして問題を積み上げていくという姿勢ではなく，子どもの実態はどうであれ，指導者があらかじめ決めておいた方向へ引っ張っていくという，従来の体育・スポーツ界に根強くある体質と同根のやり方である。

　さらに，子どもの事実・実態が視野に置かれていないということでは共通するが，次のような「指導」のタイプにもしばしば出会うことがある。

　以下の引用は，ある小学校の校長が自分の学校における体育の授業を見た時の感想の一部である（花畠，1981）。

　「…体育館で1年生が，マットを横に使い，3人ずつ1組になって前まわりをしていた。マットを間において子どもたちと対した教師は，『はい，次』『はい，次』と，子どもたちに順番を促し，前まわりの格好をさせているだけであった。しばらくは，教師が，子どもの出す事実をとらえ，対応していく課題を明確にしたり，個々の問題点を具体的につかもうとしているのだと思い，見ていた。ところが，しばらく経っても指導とか，手入れとかいう教師の作業が出てこないのである。…」

　この校長の文章の中に，現実に行われている授業のひとつの典型を見る思いがする。多分，この描写に出てくる教師には，前まわりという教材について，問題を見つけ出せないでいるのだろう。したがって，目の前の子どもが何をしていようと問題が見えず，『はい，次』『はい，次』ということばだけが，子どもたちの頭上を素通りしているのである。

　しかし，前まわりという一見単純な教材には，本書第5章の器械運動（小学校低学年の床運動）のところでも述べていることであるが，提示すべき内容は実に多い。もし，それらが見つからなければ，マットを取り払って，床の上でやってみるとよい。回転の音を聴くだけでも，その子の運動の質はわかるはずである。「…教師が，子どもの出す事実をとらえ，対応していく課題を明確にしたり，個々の問題点を具体的につかもうとしているのだと思い，見ていた。…」というこの校長の指摘はたいへん重要である。この内容が，子どもの自発性を引き出す大きな根拠となっていくのである。にもかかわらず，このような形式的な「指示」だけで終わったのでは，子どもの方は単純な繰り返しを要求されただけということであり，ここから疑問とか工夫とか

友だちとの相談など，自発的なものが涌き出てくる余地は少ないであろう。教科(授業)が考える自発性とは，本来このように限定して考えるべきであると思われる。

　私の指導体験からみれば，これらの傾向はすべて，教育の問題として本質的な欠陥をはらんでいる。自発性も指導性もともに，その概念は多面的な構造をもっていると考えられるが，両者の関係の主要な側面だけを取り出すとすれば，教師の本来の指導性によってこそ，子どもの自発性は引き出されていくものであり，自発性の顕現・拡大と指導性は矛盾しないと考えるべきである。そしてこのことは，過去の多くの優れた教育実践が示していることである。

2）自発性の発現は教育内容の浸透度と関係がある

　小学校5年生のクラスで，子どもたちに跳び箱「かかえ込み跳び(縦向き)」(157ページの写真)の授業を，5回のシリーズで行った時のことであった(阪田，1992)。教材が縦向きのかかえ込み跳びという比較的難度の高い運動であることも影響して，技能上の目立った変化も当初はそれほど見られず，私が逐一投げかけるコメントに対し，子どもたちは黙々とその意味を聞きとりながら，授業は一見淡々と進行していった。

　ところが，この授業シリーズが後半にさしかかったころ，クラスの雰囲気が変わってきたのである。始めの頃に漂っていたシーンとした空気が徐々に薄れ，子どもたちの中に"ささやき"や"ざわめき"が出始めたのである。

　たとえば，スタートや助走の大切さを当初から強調し，スタート地点で大きく吸った息を止めながら，からだを静かに進行方向に倒していく指導を，何度も繰り返し行った。そしてその中で，助走距離はそれでよいか，膝はやわらかく使われているか，腰が逃げていないか等々，関連する問題をいろいろ投げかけてみた。そしてこの限りでは，教師の「一方通行」的授業であるといわれてもしかたのないような授業であった。

　しかしこのことによって，助走，踏み切り，台上へと「流れ」が出始め，跳び越すことのできる子も増えてくると，子どもたちは，スタートという一見何でもない地点がこの運動の起点であり，流れを生みだす源であることに

気づき始める。そして、これらのポイントや視点に基づいて、他の子どもに「ああだ、こうだ」とか、「今のは良い、悪い」などとささやき始め、これからスタートしようとしている友だちに、背後から〝方針〟を出してやったりしているのである。

　私はすかさず、このタイミングをとらえ、「この人の助走は加速があるだろうか！」とか「○○君の足音はどうだったか？」などと誘いかけながら、典型的なスタート姿勢と思われる子にやってもらったり、友だちと比較させたりしながら、にわかに子ども集団の交流を組織しようとした。そして、この交流を通して、個々の技をみんなの目にさらし、集団の吟味にかけようとしたのである。

　すでに述べたように、この一連の授業のうち、前半ぐらいまで子どもたちにはあまり会話もなく、黙々と指示されたことを繰り返し実行しているだけのように見えた。ところが、4回目ぐらいからあちこちに〝ささやき〟や〝ざわめき〟が出始め、これから跳ぼうとしている友だちに、背後から〝指針〟を出してやったり、跳んだ後、「今のは○○だった。」と評価しあうなど、グループ内で「どうしたら、うまく跳べるか」という技術に関わる〝問い〟が現れ、交流をし始めたのである。

　この5回の授業シリーズは、次のことを示唆しているように思う。
　私のこの授業はいわゆる「教師主導型」の授業であり、多分に押しつけ的な面もあったことであろう。ところが、後半ぐらいから、そのパターンが少

子どもの自主性と教師の指導性　157

しずつ子どもたちの手によって破られていったのである。子どもたちは徐々にではあるが，グループ内で跳び方等について話しあい，評価しあい，相互に吟味し始めたのである。そのきっかけは，初めて跳び越えたとか，まだ跳べないけれども，からだがほぐれ，軽くなってきたなど，目に見える変化がグループ内で起き始めたことであった。「変化」という事実を目の当たりにし，見通しが見え始めてくると，子どもたちは自発的に動き出すものである。自分の目先の課題，「手が届きそうな」課題が実感されてくるからであろう。

　私は，指導する際の「心構え」として，全体を前にしての一般的説明は最小限にとどめ，個々の子どものからだに現れる個別的事実(実際には，多くの子に共通のことが多いのであるが)に対応しようと日頃から心がけてきた。そして，それが共通に認識できるものであれば，「横」(友だち間)に広がっていくことが多いのであった。

　いずれにせよ，上記の授業シリーズの前半で，彼らはかかえ込み跳びについてかなりの情報を入手していたのであろう。子どもは学習内容がわかってくると，そこで得られた情報を手がかりとして，自発的に行動するようになってくるのである。その内容を提示し，認識を促していくのは基本的に教師の仕事であり，子どもだけでは気づかずに通り過ぎてしまうような教育内容は無数にあるのである。そのような意味においても，子どもの自発性の発現は教師の指導性と深く結びついているように思われる。

3）今日の指導が明日の自主性を呼び起こす

　子どもの自主性・自発性が指導によって伸びていくことを心理学の分野で明らかにしたのはヴィゴツキー(Vygotsky,L.S.,1896－1934年)であった。

　ヴィゴツキーは，7歳の子どもが問題に独力でとりくんだ時，7歳レベルぐらいの問題までしか解けなかったのに，共同のなかで助けられ，指示，援助を受けて行うと，8～9歳ぐらいの水準の問題まで解けたというような一連の実験から，自己の力のみで解決した知識や技能の水準と，大人の指導や仲間の援助を通した時の水準との間には一定の幅があることをつきとめ，この幅を「発達の最近接領域」と呼んだ。ヴィゴツキーは次のような指摘をしている。

「発達状態というものは，その成熟した部分だけで決定されるものでは決してない。自分の果樹園の状態を明らかにしようと思う園丁が，成熟した実を結んでいるりんごの木だけでそれを評価しようと考えるのはまちがっているのと同じように，心理学者も発達状態を評価するときには，成熟した機能だけでなく，成熟しつつある機能を，現在の水準だけでなく，発達の近接領域を考慮しなければならない。」

この理論の意義は，子どもが大人や仲間の援助・協力を受ければ，独力ではやれないことまでも達成できるようになるという集団に潜在する教育力と同時に，今日，大人の指導や仲間の助けによってできたことは，やがて明日は自分自身の自主的な活動でできるという可能性をも示唆している。

ここにあげたかかえ込み跳びの例も，前半から後半への変化は，これに似たものがある。つまり，前半の授業で教師の多くの指示を受け，かなりの情報を手に入れた結果，「成熟しつつある機能」（ヴィゴツキー）が触発されることによって〝ささやき〟や〝ざわめき〟などに見られる自発性が発現してきたと考えることができる。ヴィゴツキー流にいえば，今日の指導が明日の自発性を生み出したということであろう。

子どもの自発性にしろ，集中力や意欲（やる気）にしろ，授業の場においては，教育内容の浸透に伴う〝問い〟の芽生えやその拡大に関わって出現していくものなのであろう。

4）「子ども中心」と「教師中心」ということについて

「自発性」と「指導性」の問題は，戦後の学校教育で論争されてきた「子ども中心か教師中心か」という問題と対応しており，教育史的には，20世紀初頭にアメリカを中心に展開された教育改革運動における「児童中心主義」と，それに対する批判がもととなっているとされている。

体育教育の分野では，「グループ学習」対「一斉授業」という授業形態にまで関わって，長い間，論争されてきたこともある。

体育では，笛や号令で子ども集団を一斉に駆りたて，子どもらを「動かして」きた軍事教練と隣あわせの歴史があるので，一斉授業が即，教師中心で，子どもの自主性，自発性を奪っているものという見方をする人が多かった。

しかし,「子ども中心・教師中心」という場合,授業には「中心」とそうでないもの,つまり,「周辺」とでも呼んでよいものがあるかのようである。本来,授業に関してこのような用語を用いることが適切であるとはいえないように思われる。

授業において,学習の「主体」は明らかに子どもたち(学習者)であるが,指導の「主体」は教師であるという言い方の方が正確であるといえる。「主体」と「中心」とは異質な概念である。子どもが,自力ではどうしても気づかないような内容を提示するのも,あるいは逆に,意図的に口をはさまず,一定時間,子どもたちだけの活動にまかせるのも,時には,知っていることに対して知らない〝ふり〟をするのも,指導の主体である教師の指導性に属することがらであると考えるべきである。

教師という職業は,しばしば医師と対比されることがあるが,教師が医師とは違った最大の点は,実践対象が集団であるということであろう。集団を相手にする職種は多いが,〝発達渦中〟の人間集団が相手であるという意味では特殊であるのかもしれない。したがって,このような集団を組織する技量を身につけていかなければ,いつでも,いわゆる「教師中心」の画一性が顔を出す危険性をはらんでいることも事実である。　　　　　　　　（阪田尚彦）

《引用・参考文献》
花畠福太郎(1981):「教育と作陶と」『開く』(第29集).一茎書房.
阪田尚彦(1992):「個人的スポーツの授業における子どもの自発性と教師の指導性」.学校体育1992年5月号.日本体育社.
ヴィゴツキー:柴田義松訳(1969):思考と言語・上.明治図書.

7. 生きる力の測定法

　平成8年7月の中央教育審議会第一次答申で提言された〝生きる力〟は，平成14年度から実施される完全学校週5日制のもとで，各学校がゆとりのある教育内容を展開する際に育成すべき重要な能力として取りあげられている。この〝生きる力〟は「一人ひとりの子供たちが自分で課題を見つけ，自ら学び，自ら考え，主体的に判断し，行動し，より良く問題を解決する資質や能力のことであり，また，自らを律しつつ他人と協調し，他人を思いやる心や感動する心などの豊かな人間性，そして，たくましく生きるための健康や体力の事である。」と解説されている。

　さて，「生きる力」を測るために開発された心理テストにはどのようなものがあるかをこの節では簡単に紹介していく。もちろん，〝生きる力〟そのものを測るために開発されたテストは見あたらない。しかし，〝生きる力〟の解説から「自主性」「内発的動機づけ」「達成動機」や課題を自分の力で処理できるという信念を表す「自己効力感」等の心理テストがこれに対応するものと考えられる。

1) 自主性

　自主性を測るための診断テストとしては自主性診断検査(金子書房)があり，長い間使用されてきた。

　自主性診断検査は，石川・藤原(1973)によって開発されたものである。このテストを構成する各質問項目は，子どもの生活のさまざまな場面や領域を覆うように考えられており，その領域は基本的態度，学習態度，人間関係，余暇の利用から家庭生活までを含むものである。全部で120の質問項目から構成されているが，「自己に関することは，自己の力で処理すること」という自主性の辞義的な解釈を手がかりにして10の下位検査を設定しており，下位検査の内容は次のようである。①自主性：他者によって強制された行動ではなく内的要求に基づき自発的に行動する傾向。②主体性：他者からの影響を受

けないだけでなく，自らの問題を自分自身の課題としてとらえようとする傾向。③独立性：他者に不当な依存をなすことなく行動し，生活しようとする傾向。④自己主張：自己の価値を他者に認められようと努力する傾向。⑤判断力：自己が直面する事態を多方面から分析し，合理的な行動のしかたを見いだし，適切に対処するための知的判断力を備えている傾向。⑥独創性：他者とは異なった，ユニークな存在としての自己を追求する傾向。⑦自律性：自己の言動などについて自ら反省し，自己批判をなしつつ行動する傾向。⑧自己統制：自己の欲望に一方的に支配されることなく，その支配から自己を適切に守ろうとする傾向。⑨責任性：個人が果たすべき，自己自身の責任をきちんと成し遂げる傾向。⑩役割認知：個人が直面している事態において，自己自身および他者の果たすべき役割を的確に認知する傾向。

　自主性診断検査は，以上の10の下位検査の結果を基にパーセンタイルプロフィールを描くことができ，各学年別基準にしたがって診断・指導できるように作成されている。

2）内発的動機づけ

　動機づけに関する心理テストは数多くあるが，学習場面における子どもを対象とした内発的動機づけを測定するためのテストは数少ない。桜井（1985）は，ハトラーの内発的－外発的動機づけ測定尺度を検討し，その他の先行研究等も考慮して日本語版の内発的-外発的動機づけ測定尺度の作成を試みている。

　桜井らの作成した内発的-外発的動機づけ測定尺度は，30対の質問項目から構成されている。それぞれ2つの選択肢（内発的か外発的に動機づけられた行動あるいは意識内容）から自分に該当すると思われる方を選択するという強制二者択一法である。そして，内発的な動機づけ傾向を示す選択肢を選択した場合は1点，外発的な動機づけ傾向を示す選択肢を選択した場合は0点が与えられるという方法により得点化される（表3-8参照）。

　この内発的-外発的動機づけ測定尺度は6つの下位尺度から構成されており，それは以下の通りである。①挑戦，②知的好奇心，③達成。さらに，内発的動機づけに及ぼす外的報酬の効果について論じたデシ（1975）の認知的評価理

表3－8 内発的－外発的動機づけ測定尺度

1	イ. 先生が教えてくれるだけ勉強すればよいと思います。 ロ. いろいろなことを、進んで勉強したいと思います。	16	イ. おとうさんやおかあさんに、ほめられたいから勉強をするのではありません。 ロ. おとうさんやおかあさんに、ほめられたいので、勉強します。
2	イ. 自分がやりたいので、勉強します。 ロ. おとうさんやおかあさんに、「やりなさい」といわれるので、勉強します。	17	イ. 答えが、かんたんにだせる問題のほうがすきです。 ロ. 答えをだすのが、むずかしい問題のほうがすきです。
3	イ. 問題がむずかしいと、すぐ先生に教えてもらおうとします。 ロ. 問題がむずかしくても、自分の力でできるところまでは、やってみようとします。	18	イ. むずかしい問題がとけると、とてもうれしくなります。 ロ. むずかしい問題がとけても、うれしいとは思いません。
4	イ. すきなことが学べるので、勉強します。 ロ. よいせいせきをとるために、勉強します。	19	イ. 先生にいわれた宿題だけでなく、おもしろいと思うことは勉強します。 ロ. 先生にいわれた宿題しかしません。
5	イ. かならずできる、やさしい問題のほうがすきです。 ロ. あたまをつかう、むずかしい問題のほうがすきです。	20	イ. 先生や家の人にいわれるまでは、勉強する気になりません。 ロ. 先生や家の人にいわれなくても、勉強する気になります。
6	イ. 授業は、たのしくやれます。 ロ. 授業は、たのしくありません。	21	イ. 問題のとき方は、自分で考えます。 ロ. 先生に、問題のとき方を教えてもらいます。
7	イ. できるだけ多くのことを勉強したいと思います。 ロ. 学校でおそわる勉強だけしていればよいと思います。	22	イ. 友だちよりもよいせいせきをとりたいので、勉強します。 ロ. すきだから、勉強します。
8	イ. 「やりなさい」といわれるので、ドリルや練習問題をします。 ロ. いろいろな問題のとき方が知りたいので、ドリルや練習問題をします。	23	イ. 今までよりむずかしい問題をやるほうがすきです。 ロ. 今までよりやさしい問題をやるほうがすきです。
9	イ. 答えがまちがっていたとき、自分の力で正しい答えを出そうとします。 ロ. 答えがまちがっていたとき、すぐ正しい答えを先生にきこうとします。	24	イ. 家に帰るとき、1日たのしく勉強できたと思える日は、ほとんどありません。 ロ. 家に帰るとき、1日たのしく勉強できたと思える日が多いです。
10	イ. よい点をとるために、勉強します。 ロ. たのしいから、勉強します。	25	イ. とくに、たくさんのことを知りたいとは思いません。 ロ. いつでも、できるだけたくさんのことを知りたいと思います。
11	イ. むずかしい問題は、とけたときとてもうれしいので、すきです。 ロ. むずかしい問題をやるのは、きらいです。	26	イ. おとうさんやおかあさんにいわれる前に、自分から勉強します。 ロ. おとうさんやおかあさんにいわれて、しかたなく勉強することが多いです。
12	イ. 学校の勉強は、たのしくありません。 ロ. 学校の勉強は、たのしいと思います。	27	イ. 問題がむずかしいと、すぐ友だちにきこうとします。 ロ. 問題がむずかしくても、自分でとこうとします。
13	イ. マンガ以外の本は、あまり読みたいと思いません。 ロ. いろいろな本を、読みたいと思います。	28	イ. おもしろいので、勉強します。 ロ. おとうさんやおかあさんにしかられたくないので、勉強します。
14	イ. 宿題は、家の人にいわれなくても、進んでやります。 ロ. 家の人に、「やりなさい」といわれるので、宿題をします。	29	イ. 2つの問題のうち、どちらかをえらぶのなら、かんたんな方にします。 ロ. 2つの問題のうち、どちらかをえらぶのなら、むずかしい方にします。
15	イ. 問題がとけないと、すぐ先生にききます。 ロ. 問題がむずかしくても、自分の力でとこうとがんばります。	30	イ. 新しいことを勉強するのは、とてもたのしいです。 ロ. 新しいことを勉強しても、たのしくありません。

論で最も重要な概念の一つであり，ある行動を引き起こす意図が個人によって引き起こされるか，あるいは環境によって引き起こされるかという因果的な視点からとらえた④認知された因果律の所在。その行動をすること自体に目的があるのか，その行動以外に目的があり行動は手段であるかという目的－手段の観点から⑤内生的－外生的帰属。そして，楽しいか否かという感情を内発的動機づけと外発的動機づけを区別する有効な測度である⑥楽しさ（表3－9参照）。桜井はこの学習場面に関する包括的な尺度を用い，内発的動機づけの諸側面について教育的観点からの妥当性を検討した結果，特に教師評定や学業成績との高い相関を確認している。

体育場面に関しての研究としては，細田・杉原(1999)が桜井(1985)の作成した尺度を参考に内発的動機づけと目標志向性の関連を検討したものがある。

表3-9　内発的-外発的動機づけ尺度の下位尺度

下位尺度名		質問項目
1 知的好奇心	curiosity	1, 7, 13, 19, 25
2 認知された因果律の所在	perceived locus of causality	2, 8, 14, 20, 26
3 達成	mastery	3, 9, 15, 21, 27
4 内因性-外因性帰属	endogenous-exogenous attribution	4, 10, 16, 22, 28
5 挑戦	challenge	5, 11, 17, 23, 29
6 楽しさ	enjoyment	6, 12, 18, 24, 30

3) 達成動機

　一般的な学習動機に関しての検査としては，藤原・下山が作成した「学習動機診断検査(MAAT：金子書房)」が古くから用いられている。体育に関するものとしては，西田(1989)が体育という教科の学習意欲そのものを直接取り扱った「体育における学習意欲検査(AMPET)」を作成しているが，このAMPETは，達成動機づけ概念を中心として構成されている。達成動機は，内発的動機づけから分化した一つの特殊な内発的動機づけであるという指摘もあり，達成動機づけ概念と内発的動機づけ概念はかなり類似したものといえよう。

　西田のAMPETは，次の7つの下位尺度から構成されている。①体育学習を効率よく行うための方法・手段を考えたり実行することに関する「学習ストラテジー」。②人よりうまく運動ができるようになろうと練習を続けたり，うまくいかなくとも最後まで頑張るといった「困難の克服」。③先生や指導者の話をきちんと聞き，指導・助言を受け入れルールを守ったりする「学習の規範的態度」。④運動に対する自信や優越感に関する「運動の有能感」。⑤運動に対する目的意識や学習することの必要性に関する「学習の価値」。⑥人前で運動するようなときに緊張したりあがったりすることに関する「緊張性不安」。⑦人に負けるのではないか，試合で失敗するのではないかということに関する「失敗不安」。また，これらの下位尺度は，体育学習を促進させる積極的な側面(学習ストラテジー，困難の克服，学習の規範的態度，運動の有能感，学習の価値)に関する成功達成得点，および体育学習を阻害したり抑制する消極的な側面(緊張性不安，失敗不安)に関する失敗回避得点の両方について評価できるように設定されている。AMPETは，運動実施の興味や体育授

業の楽しさ，運動能力の自己認知との間で高い相関があり，これらの面での妥当性が認められるとともに，運動実施頻度や運動クラブ活動実施の有無との関連では，いずれの条件の下でもAMPET得点に有意な差が認められ，その弁別性にも信頼があるとされている。

4）自己効力感

「自己効力感(Self efficacy)」はバンデューラ(1977)が提唱した理論であり，期待を二つに分けて考えたものである。一つは「効力予期」であり，これから遂行しようとする課題に対して達成可能であるかどうかという自信である。もう一つは，「結果予期」であり，課題を遂行した結果についての期待である。バンデューラによれば，過去の成功失敗経験や，こう行動すればよい結果が得られると分かっていることよりも，課題遂行時点の効力予期の有無が行動の達成に重要であると指摘している。

このバンデューラの理論とハーター(1982)による先行研究を参考にして，桜井(1987)は「児童用領域別効力感尺度」を作成している。桜井の児童用領域別効力感尺度は合計32項目(逆転項目16項目)からなり，「はい」「どちらかといえばはい」「どちらかといえばいいえ」「いいえ」の4件法で自己評定するものであり，効力感の高いほうから4,3,2,1と得点化するものである(表3-10参照)。

また，この質問紙は4つの下位尺度から構成されており，それぞれ①学業達成②友人関係③運動④自己である。前三者は限られた領域の効力感を測定するものであるのに対し，最後の自己は統合されたやや高次の効力感(いわゆる自己効力感)を測定するために設定されたものである。さらに，それぞれ対応する質問項目は表3-11に示してある。

以上「生きる力」に関連すると考えられる「自主性」，「内発的動機づけ」，「達成動機」，「自己効力感」について概観してきたが，さて，「生きる力」に関する測定法はどのような意味をもつのであろうか。

表3-10　児童用領域別効力感尺度

つぎの質問に答えてください。この調査は、学校の成績などとは関係ありませんから、正直に答えてください。
質問は全部で32問あります。あてはまる数字を、○でかこんでください。

		いいえ	どちらかと いえばいいえ	どちらかと いえばはい	はい
1	不得意な教科でも、できるようになりたいと思い、がんばれば、得意になると思う。	1	2	3	4
2 R	転校したら、どんなに努力しても、ともだちはなかなかできないと思う。	1	2	3	4
3	がんばれば、体育の成績は良くなると思う。	1	2	3	4
4 R	楽しい生活は、どんなに努力しても、できないと思う。	1	2	3	4
5	その気になれば、授業の内容はたいてい理解できると思う。	1	2	3	4
6	好きな子にきらわれても、その子のためにつくせば、きっと好きになってくれると思う。	1	2	3	4
7 R	その気になって練習しても、クラスの友だちと同じようには、運動できないと思う。	1	2	3	4
8 R	いくら努力しても、自分の望んでいる人生はあゆめないと思う。	1	2	3	4
9	がんばって勉強すれば、成績は良くなると思う。	1	2	3	4
10 R	その気になっても、ともだちを作ることはむずかしいと思う。	1	2	3	4
11 R	体育の成績は、どんなにがんばってみても、良くならないと思う。	1	2	3	4
12	がんばれば、明るい未来がひらけると思う。	1	2	3	4
13 R	その気になっても、学校の勉強は、なかなかわかるようにならないと思う。	1	2	3	4
14	この子のことを思い、努力すれば、きらいなともだちとも仲よくなれると思う。	1	2	3	4
15	不得意な運動でも、うまくなりたいと思い、努力すれば、得意になると思う。	1	2	3	4
16	現在不幸でも、その気になってがんばれば、将来幸福な生活ができると思う。	1	2	3	4
17	努力すれば、テストで良い点をとれると思う。	1	2	3	4
18 R	どんなにがんばってみても、きらいな友だちとは仲よくなれないと思う。	1	2	3	4
19	練習すれば、いままでできなかった運動もできるようになると思う。	1	2	3	4
20 R	現在不幸ならば、どんなにがんばっても、不幸は続くと思う。	1	2	3	4
21 R	学校の成績は、いくら努力しても、良くならないと思う。	1	2	3	4
22	その気になれば友だちの一人や二人はすぐにできると思う。	1	2	3	4
23 R	どんなに努力しても、不得意な運動は、得意になれないと思う。	1	2	3	4
24 R	どんなにがんばってみても、自分には明るい未来はないと思う。	1	2	3	4
25 R	どんなに勉強しても、不得意な教科は、得意になれないと思う。	1	2	3	4
26	転校しても、ともだちを作ろうとがんばればすぐに友だちができると思う。	1	2	3	4
27	その気になって練習すれば、ほとんどの友だちができる運動は、自分にもできると思う。	1	2	3	4
28	楽しい生活をもとめて努力すれば、きっとそうなると思う。	1	2	3	4
29 R	どんなにがんばってみても、テストでは悪い点しかとれないと思う。	1	2	3	4
30 R	どんな好きな子がいても、その子が自分をきらいなら、自分を好きにさせることはできないと思う。	1	2	3	4
31 R	いくら練習したって、いままでできなかった運動ができるようにはならないと思う。	1	2	3	4
32	努力すれば、ある程度、自分の願っている人生があゆめると思う。	1	2	3	4

終わったら、全ての質問に○がついているかどうか、確かめて下さい。　　番号の後のRは、逆転項目を示す。

　教科体育では，「生きる力」の中身の一つである「たくましく生きるための健康や体力」を培うことが期待されている。すなわち生涯にわたってスポーツを行っていく資質・能力や，健康な生活習慣を身につける取り組みに重点を置き，特に心と体をより一体としてとらえて健全な成長を促すことが大切であると示されている。教師が工夫した授業が子どもにどのような効果を及

表3-11 児童用領域別効力尺度の下位尺度の構成

下位尺度名	質問事項										
			R			R			R		R
1 学業成績	教科	1	25	授業	5	13	成績	9	21	テスト	17	29
2 友人関係	友達作り	22	10	転校時の友達作り	26	2	嫌いな人と仲良しになれる	14	18	好かれる	6	30
3 運動	不得意	15	23	能力	27	7	体育の成績	12	11	練習	19	31
4 自己	人生	32	8	幸福	16	20	未来	12	24	生活	28	4

Rは逆転項目を示す

ぼしたかを，上に紹介したようなテストを用いることにより，客観的に確かめることができるであろう。　　　　　　　　　　　　（近藤明彦・吉本俊明）
（筑波大学桜井茂男教授のご好意により，質問紙項目を掲載させていただいた。）

《引用・参考文献》

文部省(1998)：我が国の文教施策(平成10年度版)心と体の健康とスポーツ．大蔵省印刷局，pp.107-126．
藤原喜悦・石川勤：DTI(1973)：(Diagnostic Test of Independence)．金子書房．
石川勤・藤原喜悦(1973)：自主性診断検査解説(DTI)．金子書房 pp.1-3．
桜井茂男・高野清純(1985)：内発的－外発的動機づけ測定尺度の開発．筑波大学心理学研究 7：43-54．
細田朋美・杉原隆(1999)：体育の授業における特性としての目標志向性と有能さの認知が動機づけに及ぼす影響．体育学研究 44：90-99．
Deci,E.L.(1975)：Intrinsic motivation. Plenum Press.
藤原喜悦・下山剛(1966)：学習動機診断検査［MAAT］．金子書房．
西田保(1989)：体育における学習意欲検査(AMPET)の標準化に関する研究．体育学研究 34：45-62．
桜井茂男・桜井登世子(1991)：児童用領域別効力感尺度作成の試み．奈良教育大学教育研究所紀要 27：131-138．
Bandura,A.(1977)：Self-efficacy: Toward a unifying theory of behavior change. Psychological Review 84：191-215,．
Harter, S.(1982)：The perceived competence scale for children. Child Development 53：87-98．

第4章

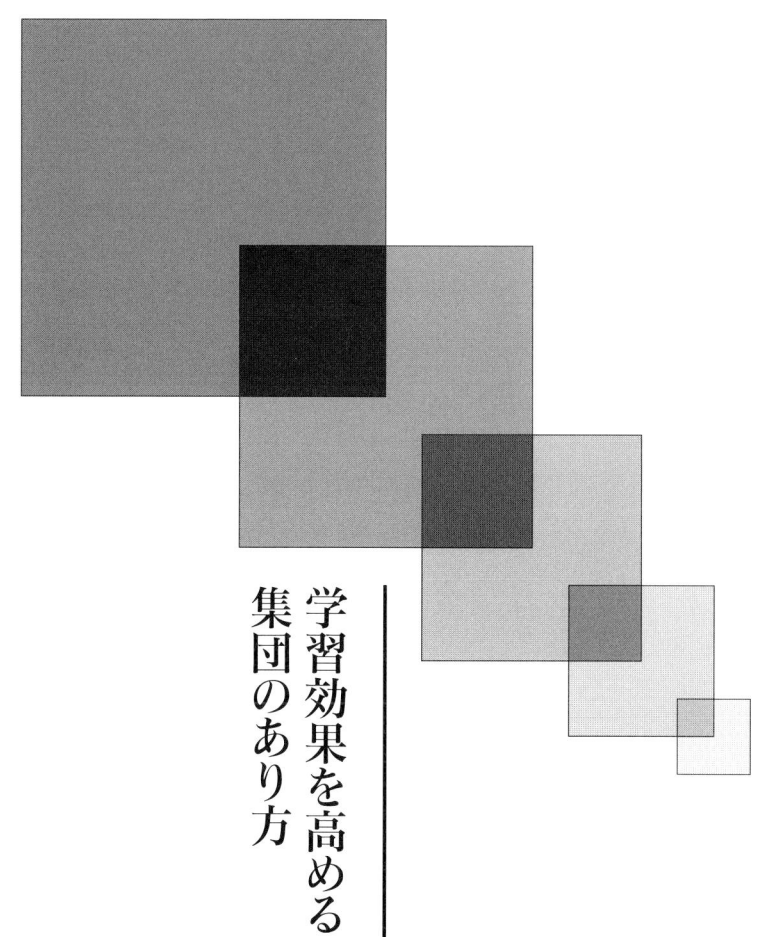

学習効果を高める集団のあり方

1. 共感性・思いやりの育て方

　授業で育てていきたい子どもたちの能力の一つに，他者に対する共感性や思いやりがある。特に最近は，子どもばかりでなく大人も他人の感情を感じとる力や感じ取ろうとする態度に欠けているといわれている。これらの心理的能力の発達は，道徳の授業だけでなく，教科の指導においても考慮すべき重要な今日的課題の一つといえよう。

　体育は，授業に対する子どもたちの欲求も高く，また相互に関わりながら学習が進められる機会が多いことから，子ども相互のトラブルも多く発生しがちである。しかしこれは，体育が仲間の気持ちに目を向け，相互に理解しあって学んでいく大切さを教えるのに恵まれた教科であることを示しているともいえる。自分が運動したいのを抑えきれずに運動をひとりじめにしたり，運動の得意な子どもが運動の苦手な仲間を嘲ったり，仲間はずれにしたりしないで，みんなが心豊かに関わりながら運動ができる子どもに育つように指導していきたい。仲間の気持ちに思いをよせながら学習できるようになることは，子ども相互の人間関係を高めるばかりでなく，子どもたちの感受性や自尊心を高めるとともに，社会的スキルの獲得にもつながってこよう。

　一般に「思いやりがある」という場合，他者の立場に立ち，他者の気持ちを汲んで考えることができることと，他者の立場に立って行動できることの２つの意味が含まれている。心理学では，前者は共感性，後者は愛他的行動（利他的行動）として研究されてきている。共感性は，社会性や道徳性などの人格の発達と密接に関係することが指摘されている (澤田, 1992a)。

1）共感性とその発達

　共感性は，愛他的行動の基礎として，あるいは主要な媒介的要因に位置づけられており，他人の感情を知覚することによって生じる感情反応とされている。また，共感性が生じるためには，他者の感情の認知や，役割取得といった認知的側面と，感情の共有といった情緒的側面などの対人的能力が要

求されるといわれている(マッセン・アイゼンバーグ,1980)。

(1) 他者の感情の認知

　他者の感情の認知(情動の認知)とは,他人がどのような感情の状態にあるかを適切に判断して命名できることである。すなわち,他人の感情に目を向け,嬉しいのか,楽しいのか,悔しいのか,それともつまらないのか,などといった言葉におきかえて他人の感情状態が理解できることである。これにはもちろん心の安定と余裕が関係してくる。

　仲間の感情に目を向けさせる前に,まず子どもたちに自分の感情を理解させていく必要があろう。「EQ　こころの知能指数」の著者であるゴールマン(1996)は,情動の自己認識が可能になってはじめて自制が可能となり,これらの自己への理解が他人の感情を理解する共感へ発展するとしている。子どもたちは,案外,自分の感情に目を向けたり,感情を表現することなく過ごしているのではないだろうか。日々の授業で,運動や仲間と積極的に関わらせながら,自分がどのような気持ちで学習しているかを,子どもたちに問いかけ,振り返らせるようにしていきたい。

　自分の感情がうまく表現できていない場合であれば,「○○さんは,きっとこんな気持ちだったんだよね」とその子の感情をことばで表現するのを援助していくようにする。このような働きかけは,子どもたちの豊かな感情表現の促進につながってくるであろうし,仲間の感情に目を向けさせるための大切なモデルともなってこよう。学習カードを用いる場合であれば,「楽しかったことや嬉しかったこと」「困っていること」などの記述欄を設けておきたい。記述することで,自己の感情を整理・把握し,意識して自己表現できるようになると考えられるからである。

　授業での子どもたちの様子や発言,記述内容を把握し,みんながさまざまな気持ちで学んでいることを子どもたちに伝えながら,次第に仲間の感情に目を向けさせていくようにしていきたい。特に,発言や記述の中に「○○さんに～を教えてもらって嬉しかった」といった内容のものがあれば,積極的に取りあげるようにしたい。名前をあげられた子どもにとっては,仲間の役に立てたという効力感が発生するであろう。バーネットら(1985)による研究では,困窮した他者を援助することを励まされた学生は,そうでない学生よ

りも他者の苦しみを軽減させる能力をもつものとして自己を知覚し，困っている他者に対して，より共感する傾向にあることを報告している。これは，有能な援助者として自分自身が知覚できるかどうかといった自己概念の側面が共感性の発達に関係してくることを示しているといえよう。

体育の授業には，相互に観察しあい，教えあうなど，仲間の活動を援助していくための機会が豊富に存在しているといえる。これらの活動において，積極的に仲間と向かいあわせながら，自他関係の中で他者と共生，共同していくことの大切さとそのためのスキルを学ばしていきたい。

(2) 役割取得とその発達

他者の感情状態を理解していくうえでは，さらに役割取得といった心的活動が関係する。役割取得とは，他人が置かれている立場に立った自分を想像することにより，他人の気持ちが推論できることである。これには，子どもたちの発達水準や人間関係の親密度などが関係してこよう。浅川ら(1987)は，児童期の子どもたちの共感性の質的側面についての発達を調べるために，表4-1に示すような3段階の共感反応基準を設定し，小学生を対象に研究を行っ

表4-1 共感反応の3段階とその基準（浅川・松岡，1987による）

段階	評定の基準	反応例
1	「情動場面情報への言及」 　提示された例話の情報を繰り返す。 「情動状態のみへの言及」 　反射的な他者の感情理解にとどまり、他者の心理過程に言及しない。	・ほしかった物がもらえたから。 ・ジョンが車にひかれたから。 ・うれしかったから。 ・かなしかったから。 ・怖いから。
2	「自己体験の投射」 　過去の自己体験に基づいてなされる他者の心理状況理解。 「同一視的反応」 　他者を自己に取り入れ、その感情に似たものを自己内に形成するような他者理解。	・自分もかわいがっていた犬が死んだ時、がっかりしたから。 ・一人で家にいて、さみしくなったことがあったから。 ・一番仲の良い友達だからほっておけない。 ・親友だから、自分のことのように思う。
3	「再構成的他者理解」 　所与の情報に基づきながら、それを適切な文脈で再構成し、他者の心的状況をより細部にわたって理解した反応。	・これまで友達のようにしてきたジョンが死んだから。 ・お母さんもいない、さみしい家に一人でいるとかみなりはきっとこわいだろう。 ・多分、今まで貰えなかった金賞だから、やったと思っているだろう。

ている。

　その結果によると，最も低次の反応(「情動場面情報」や「情動状態のみ」への言及)である1の段階が3,6年生では減少し，より高次の反応(「再構成的他者理解」)である3の段階が6年生では多く認められることが報告されている。これは，子どもたちの他者理解がどのような発達水準であるかを理解して指導することの重要性を示しているといえよう。同時に，教育的な視点からは，より高次の役割取得による他者理解ができるように子どもたちの発達水準を引き上げるように働きかけていく必要もあろう。

　また，浅川らの研究では，対人関係の親密度が共感性にどのように影響するかも検討されている。その結果によると，例話の主人公が仲の良い友人であるか(I群)，仲の悪い友人であるか(O群)，条件統制のない場合であるか(C群)によって共感得点に発達的な違いがあることが報告されている(図4-1参照)。この研究結果からみれば，特に小学校中学年以降では，対人関係のあり方が共感の発生に影響することも考慮する必要があると考えられる。授業における対人関係の親密度には，普段の学校生活での子ども相互の人間関係が強く関係してこようが，体育の授業ではこれ以外の要因の影響を受けることも考えられる。たとえば，集団間の競争を伴うような種目の場合では，我々意識による集団の内－外といった心理機制が働き，いわゆる集団内共同，集

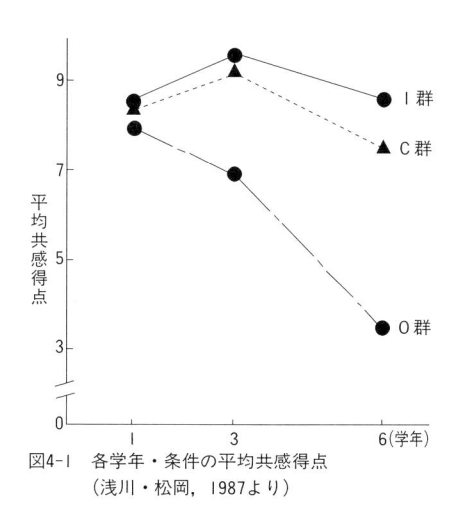

図4-1　各学年・条件の平均共感得点
　　　　（浅川・松岡，1987より）

団間競争といった事態が引き起こされる。このような状況下では，同じ集団の成員に対しては好意的態度が，集団間では非好意的な態度が形成されやすく，そこでの対人認知が他者理解のあり方に影響することも十分に考えられる。

(3) 感情の共有

　感情の共有とは，他人の感情を共有することである。思いやりの動機として大切なのは，困っている仲間に接したときに情緒的な共感が実際に起こることにある。この他人への共感的反応には，自己指向と他者指向の2つの反応様式があるとされている。澤田(1992b)は，他者の困窮を見ることによって生じる自分の不快や苦悩を減少させようとする「自己指向の共感性」よりも，他者の困窮を低減する愛他的動機から応答的に共感する「他者指向の共感性」の方が，相互の感情的つながりを高め，また相手の立場への配慮が高いとしている。同時に，子どもたちが置かれている状況による影響も受け，競争心を過度にあおることは，子どもの心配を高めることにつながり，他者の要求を感知したり，応答する傾向を妨害するように働くとし，競争的になりすぎることは，利己主義的な傾向を高めるが，他者の気持ちを思いやるといった他者志向性を強めることにはならないことも指摘している(澤田,1992c)。

　どのような指導のときに，子どもたちの共感性が高められるかについては，今後の研究を待たねばならないが，少なくとも過度に競争的な状況下で共感性を高めることは困難であるように思われる。経験的にみれば，技術的な協力関係なしに活動できる個人種目を中心に，特定の相手の活動に目を向けさせ，仲間への気づきを高めていく指導が効果的ではないかと思われる。この点，新設された体つくり運動領域の体ほぐし運動での仲間との交流に関わる指導は，そのための大切な学習の機会となることが期待される。また，球技の指導では，ゲームでの触球数を授業記録として取るなどの工夫も大切になろう。もし，「ゲームがつまらなかった」とする子どもがいたら，触球数の記録とあわせて子どもたちに提示し，その子が置かれている立場を具体的に理解させ，仲間への理解を促進していくこともできるからである。

2) 思いやり行動

　思いやりの心をもつということは，仲間の困った状態に共感できることだけでなく，さらに仲間のそのような状態をどうしたら変えていけるか，そのために自分が相手にどんなことをしてあげればよいかを考えて行動できることである。これは前述したように愛他的行動(または利他的行動)とよばれており，他人のために報酬を期待せずに自発的に行う行動である。

　表4-2は，友だちが困難にぶつかったときの反応を示したものである(小泉，1984)。学年が上がるにつれて，「何かと相談にのる」といった，友だちの困難に積極的に関わる反応から，「大したことはできないがついていてあげる」といった一見消極的な反応を示す子どもの割合が多くなっている。このような反応の背景には，援助のための具体的な方策が見いだせるかどうかや，援助の受け手に恥ずかしい思いをさせるのではないかなど，思いやり行動に関わる認識の発達が関係しているものと思われる。

表4-2　私の友達が困難にぶつかった場合（小泉、1984による）

	小4	小5	小6	中2
・何かと相談にのる	43	39	31	28
・大したことはできないがついていてあげる	29	37	45	57
・どうしていいのかわからない	21	16	17	10
・やはり、その人の問題だ	5	6	5	3
・無視する	2	2	2	2

(%)

　仲間を援助する行動をとれば，自分の不利益や損失などを伴う場合もでてくる。たとえば，自分が練習するための機会を技能の劣った子どもを援助するために使うことや，技能の高い者だけで行えば楽しいはずのゲームを，みんなが参加できるものにしていくことなどがあげられよう。これらの場面では，技術の習得過程への理解やルールづくりなどが関係してくるため，解決の方策すべてを子どもたちに求めることはもちろんできない。しかし，自己と異なる他者の欲求を理解させながら，どうすればその葛藤が解決できるかといった視点をもたせることや，そのためには学習における相互の関わり方―学習集団としての教育力―が何よりも大切であるといった認識を育てい

く指導は欠かせないであろう。子どもたち一人ひとりが今もっている能力を尊重しあい，ともに向かいあいながら学習していく大切さを学ばせていくことが思いやりを育てる指導にはあるのではないだろうか。　　　　（松田泰定）

《引用・参考文献》
澤田瑞也(1992a)：共感の心理学－そのメカニズムと発達．世界思想社，pp.26-29．
P.マッセン，N.アイゼンバーグ＝バーグ：菊地章夫訳(1980)：思いやりの発達心理学．金子書房，pp.148-168．
D・ゴールマン：　土屋京子訳(1996)：EQ　こころの知能指数．講談社，pp.154-196．
Barnett,M.A.,Thompson,M.A.& Pfeifer,J.R(1985)：Perceived competence to help and the arousal of empathy. Journal of Social Psychology 125：679-680．
浅川潔司・松岡砂織(1987)：児童期の共感性に関する発達的研究．教育心理学研究 35：231-240．
澤田瑞也(1992b)：前掲出，pp.20-21．
澤田瑞也(1992c)：前掲出，pp.157-158．
小泉仰編著(1984)：子供たちからみた世界．勁草書房，p.88．

2. みんなが高まる目標のたて方

1) 授業における子どもの目標と学習意欲・学習活動との関係

　学習意欲は，活発な学習活動を生み出し，学習効果を高めていく授業の大切な条件である。しかし，意欲が高ければそれでよいわけでもない。自分さえできればよいといった，自己目的の動機に支えられたものであってはならないはずである。一人ひとりの子どもの意欲が互いに響きあいながら，クラス全体の意欲(モラール)につながったり，あるいはグループやクラス全体の学習集団としての意欲が個々の子どもの意欲を触発するといった双方向的な関係で学習意欲をとらえておく必要があろう。

　集団としての意欲には，子ども相互のまとまりのよさ(凝集性)が関係してくるが，この節では，子どもたちの目標のとらえ方(認知)が，学習意欲や子ども相互の関係にどのように影響するか，また教師の指導がこれらにどのように関係すべきかを中心に見ていくことにしたい。

　最近の達成動機づけに関する研究では，有能さの実現に向けた目標のたて方によって，目標に到達するまでの個人の思考や感情，行為など，その後の動機づけの過程が影響を受けるとする目標理論が提示されており，二つの主要な達成目標が概念化されて用いられている。その一つは，能力に価値をおき，他人よりも相対的に高い達成を成功ととらえる目標のおき方で，自我目標，または成績目標と呼ばれている。この目標下では，自分の有能さを，たとえば競争に勝つことや仲間よりも高い技能を示すことで他者から評価されること，またできる限り少ない努力で高い成果を得ることで自己の有能さを示そうとするものとされている。もう一つは，努力に価値をおき，自分が満足できる達成成果をめざすというという目標のおき方で，課題目標，あるいは学習目標などとよばれている。そこでは，努力を重視し，新しい技能を習得することなどが目標とされる。

　ドゥエック(1986)は，能力のとらえ方によって達成目標のたて方に違いが

生じるとして，二つの能力観に対応した達成目標をあげるとともに，達成能力に対する自信の有無によって，適応的行動パターンが異なるとするモデルを提示している。能力を固定的にとらえる場合には，自分の能力についてよい評価を求め，悪い評価を避けようする成績目標を志向し，能力への自信が高ければ，達成志向的で，困難に挑戦したり粘り強い取り組みがなされるが，自信が低ければ無力感を形成したり，挑戦自体を避けたり，すぐにあきらめるなどの行動につながるとしている。したがって，この目標下での行動パターンには，達成に関わる有能さの認知が重要な役割を果たすことになる。一方，能力を発展的で変化しうるものとしてとらえる場合には，自己の能力の向上を目指す学習目標を志向し，自信の有無にかかわらず達成志向的であり，粘り強く困難に挑戦していく行動パターンにつながるとしている。

　体育では，運動神経ということばがよく使われるが，これは能力を固定的にとらえる代表的なことばではないだろうか。その優劣が授業で強く意識されるようだと，運動課題に対する身体能力に恵まれない子どもの意欲の維持が困難になることがドゥエックのモデルから予想される。また，体育は，開かれた場の中で，技能の習得を中心に据えて学習が行われるため，どのくらいできるかがまわりからもよくわかる教科である。このような教科の特性から，ともすれば仲間と比べた運動のできばえに子どもの関心が集まりやすい。この場合，成績目標にもとづく社会的比較によって，授業への関わりが影響を受けることも十分考えられる。では，体育の授業での子どもたちの達成目標が，意欲や態度，子ども相互の関係にどのように影響しているであろうか。

　長谷川ら(1999)は，小学校2年生～6年生を対象に，目標志向性と目標達成のために重要であると考えられる信念(成功信念)との関係を検討している。その結果によれば，課題志向の子どもは，授業で成功するためには努力が重要だと認知している傾向がみられるが，他者との比較で自己の有能さを感じる自我志向の子どもは，成功するためには高い能力が重要だと認知する傾向にあった。また，授業への満足度や愛好度において，両志向性とも低い子どもや自我志向性だけが高い子どもは，課題志向性の高い子どもよりも体育に対する満足度が低い傾向にあることが報告されている。

　また，松田(1998)は，小学生の体育の授業での目標志向性と学習意欲を喚

起すると思われる授業の条件との関係を分析している。その結果，学習志向性が成績志向性よりも学習意欲の喚起条件と全般的に高い関係にあることを報告している(図4-2参照)。特に学習志向性は，運動のやり方やコツの理解，少し難しい運動への挑戦，能力に見合った目標の設定など，達成に向けた手段的な活動に関する条件と高い関連を示していたのに加え，仲間との協力や仲よく運動できるなどの子ども相互の協力的関係に関わる条件や，達成状況や頑張りを友だちから認められるなどの相互の肯定的な評価に関する条件とも高く関連していた。一方，成績志向性は，仲間よりも上手に運動できるかどうかといった，社会的比較に関する条件のみと高い関係を示しているにすぎなかった。また学習志向性は，努力すればできるようになるという運動への統制感や，教師や仲間から応援されているといった他者受容感とともに，授業に対する好意的感情とも密接に関係する傾向が認められている。

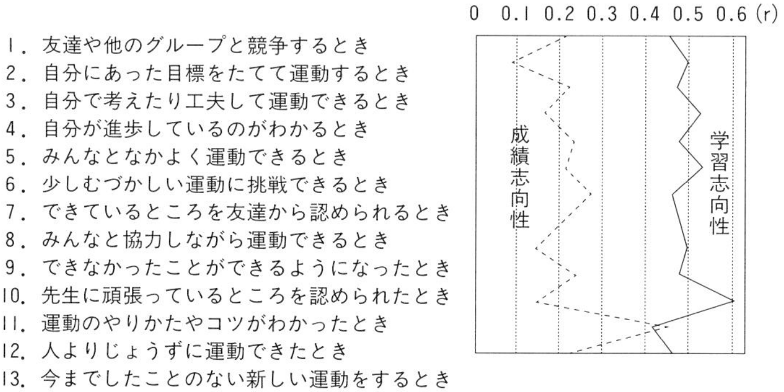
0 0.1 0.2 0.3 0.4 0.5 0.6 (r)
1. 友達や他のグループと競争するとき
2. 自分にあった目標をたてて運動するとき
3. 自分で考えたり工夫して運動できるとき
4. 自分が進歩しているのがわかるとき
5. みんなとなかよく運動できるとき
6. 少しむづかしい運動に挑戦できるとき
7. できているところを友達から認められるとき
8. みんなと協力しながら運動できるとき
9. できなかったことができるようになったとき
10. 先生に頑張っているところを認められたとき
11. 運動のやりかたやコツがわかったとき
12. 人よりじょうずに運動できたとき
13. 今までしたことのない新しい運動をするとき
成績志向性
学習志向性

図4-2　目標志向性と意欲喚起条件との相関係数（松田，1998）

以上のように，最近の達成目標に関する研究によれば，成績目標よりも学習目標にもとづいて学習がなされる方が，子どもたちの意欲や，子ども相互の活発な関わり，授業への肯定的な態度形成が期待できると考えられる。このことからみれば，能力差を越えてみんなが高まっていくためには，子どもたちの目標観を，まずは能力は変化しうるものであるとする，発展的能力観にもとづいた目標観に変えていくことが重要であると思われる。

では，どうすれば子どもたちの目標を，学習目標にもとづく目標に変えていくことができるであろうか。

2) 教師の働きかけと子どもたちの達成目標

　達成目標を状況的要因であるクラス風土の側面から研究しているエイムズら(1988)は，子どもが知覚するクラスの達成目標を，表4-3に示すように定義し，各達成目標に対する子どもの認知が学習過程に及ぼす影響について検討した。その結果，各達成目標が，学習での原因帰属や方略使用に影響することを見いだしている。すなわち，クラスを熟達目標が高いと認知している子どもは，より効果的な学習方略を用い，挑戦的な課題を好み，クラスに対して好意的態度をもち，成功が努力によるという強い信念をもっていたが，成績目標が高いと認知する子どもは，能力に注目するが，自分の能力を否定的に評価し，失敗を能力不足に帰属する傾向にあった。またエイムズ(1992)は，このような子どもが認知するクラスの熟達目標が，体育・スポーツでの動機づけにおいても有効であることを指摘している。

表4-3　教室風土の達成目標分析（エイムズとアーチャー，1988による）

風土次元	熟達目標	成績目標
成功が決まるのは	向上・進歩	高成績・高い基準の成績
価値が置かれるのは	努力・学習	基準からみた高い能力
満足するわけは	一生懸命・挑戦	他人よりも上手にやる
教師が意図するのは	いかに生徒が学ぶか	どのくらい生徒ができるか
誤りの見方は	学習の一部	不安を生み出すもの
注意の焦点は	学習の過程	他人と比較した自分の成績
努力するワケは	何か新しいことを学ぶ	他人よりもよい成績をとる
評価の基準は	絶対・進歩的	相対的

　安達(2000)は，約1,800人の小学校5・6年生を対象に，体育の授業風土に対する子どもの認知(表4-4参照)と，内発的動機づけ，運動への統制感，他者受容感などとの関連を検討している。その結果によれば，授業風土を成績風土よりも熟達風土だと認知している方が，興味・楽しさ，因果律，挑戦などを下位尺度とする内発的動機づけ得点とより密接に関係していた。同時に，頑張ればできるようになるという運動への統制感とともに，子ども相互の肯定的関係を示す受容感においても熟達風土の認知が極めて強く関与することを報告している。このような熟達風土の認知が内発的動機づけと，より密接に関係するという結果は，パパイオウノ(1994)がギリシャの中・高校生を対象に行った研究においても報告されている。

表4-4　体育の授業風土に関する因子分析結果（安達，2000による）

項　目	成績風土	熟達風土
みんなは、他の人より上手にできたときに満足する	.645	
みんなは、他の人よりよい記録をだすために努力する	.616	
他の人よりもうまくできることが成功したことになる	.590	($\alpha = .63$)
授業では、よく自分と他の人を比べられると思う	.578	
授業では、うまくできる人ばかりほめられると思う	.565	
まちがえたり失敗することは、はずかしいことである	.541	
みんなは、できないことができるようになるために努力する		.748
みんなは、いっしょうけんめい挑戦したときに満足する		.719
まちがえたり失敗することも勉強であると思う	($\alpha = .64$)	.693
少しでも自分がうまくなることが成功したことになる		.525
固有値	2.44	1.88
累積%	24.41	43.05

　また，安達の研究では，目標志向性と授業風土得点の各中央値をもとにそれぞれ4群を設定し，目標志向性と授業風土の認知との関係が分析されている。その結果によると，たとえばET群(高自我・高課題目標志向性群)の子どもたちは，PM群(高成績・高熟達風土認知群)に多く含まれるといったように，目標志向性と授業風土の認知とが相互に関連する傾向があることが報告されている。これは，個人がもつ特性としての目標志向性が状況的要因である授業風土による影響を受けていることを示していると考えられる。トレジャーら(1995)は，目標志向性が十分に確立していない子どもの場合，大人よりも動機づけ風土による影響をより強く受けやすいことから，教師が短期間でも体育に対する子どもたちの認知を課題関与の動機づけとなるように影響を与えることが，子どもたちの動機づけの質を高めることになると述べているが，この指摘を十分に考慮して指導する必要があると考えられる。

　エイムズ(1992)は，熟達目標を育てる教室環境を考えるうえで，図4-3に示すように，課題，権威，承認・評価，の三つの次元を取りあげ，どのように教師が子どもたちの熟達目標を支援するように関わるべきかを提案している。課題の次元は課題の計画と学習活動に，また権威の次元は責任の所在や意思決定に，そして，評価・承認の次元は子どもの学習に対する見方に関わるものである。エイムズの研究は，特に体育に焦点があてられたものではないが，体育指導での子どもたちの動機づけのあり方を考えていくうえでの重要な視点を提供しているといえよう。

　子どもたちの授業への関わり方には個々の子どもがもつ授業での目標観が関係してくるが，これには当然，子どもたちをどのように導いていくかとい

構造	教授方略	動機づけパターン
課題 ⇒	・学習活動の意味ある側面に焦点をあてる ・新奇性、変化、多様化、生徒の興味を引く課題を設定する ・生徒への挑戦的課題を設定する ・生徒が短期目標、自己関連的目標を設定するのを助ける ・効果的学習方略の使用や発達を支援する	・努力と学習に焦点あてる ・活動での高い内的興味 ・努力への帰属 ・努力に基づく方略への帰属 ⇒ ・効果的な学習方略と他の自己制御方略の使用 ・積極的な従事 ・高努力課題に対する肯定的感情 ・所属感 ・「失敗への耐性」
権威 ⇒	・生徒の意思決定への参加を援助することに焦点をあてる ・決定が能力評価ではなく、努力評価にもとづく場で、「真」の選択を提供する ・責任と自立性を発達させる機会を提供する ・自己管理とモニタリング技能の使用と発達を支援する	
評価／承認 ⇒	・個人的向上や進歩、熟達に焦点をおく ・公的ではなく、個人的に生徒の努力を評価する ・生徒の努力を認める ・進歩の機会を提供する ・誤りを学習の一部とみるようにうながす	

図4-3　熟達目標を支援する教室構造と教授方略（エイムズ，1992を一部改変）

った教師の指導性が強く反映してくるといってもよい。子どもたちにとってより望ましい動機づけと子ども相互の関係が維持できるように，授業を熟達目標が強調される教育環境に変えていく大切さがあるように思われる。

(松田泰定)

《引用・参考文献》

Dweck,C,S(1986)：Motivation Processes Affecting Learning. American Psychologist 41：1040-1048.

長谷川悦示ほか(1999)：小学生の体育授業における目標志向性．群馬大学教育学部紀要．芸術・技術・体育・生活科学編 34：175-187.

松田泰定(1998)：体育における目標志向性に関する研究．広島大学学校教育学部附属教育実践センター．学校教育実践学研究 4：97-104.

Ames,C.,& Archer,J.(1988)：Achievement Goals in the Classroom: Student's Learning Strategies and Motivation Processes. Journal of Educational Psychology 80(3)：260-267.

Ames,C(1992)：Achievement Goals,Motivational Climate, and Motivational Process. In Glyn.C.Roberts.(Eds). Motivation in Sport and exercise; Human Kinetics, pp.161-176.

安達祐介(2000)：体育授業における目標志向性と風土の認知が動機づけに及ぼす影響．1999年度広島大学学校教育学部修士論文．

Papaioannou.A(1994)：Development of a Quationnair to Measure Achvement Orientation. Research Quartery 65：11-20．

Treasure,D.C.,& Roberts,G.C. (1995)：Applications of Achievement Goal Theory to Physical Education:Implications for Enhancing Motivation. QUEST 47：475-486．

Ames,C(1992)：Classrooms:Goals,Structures,and Student Motivation. Journal of Educational Psychology 84(3)：261-271．

3. 学習効果を高める集団のマネージメント

1)「集団・教室の生態学」研究からの示唆

　ある集団がある限られた場所で示す空間行動(誰がいつどの位置にいるのか，またそれはなぜか)に関する研究は「集団の生態学(group ecology)」の研究と呼ばれており，これを教室場面へ応用したものが，「教室の生態学(classroom ecology)」研究である(渋谷,1986；ソマー,1972)。これらの研究から導き出された教育的示唆は，授業で集団をマネージメントしようとする体育教師にとっても有用であると考えられる(杉山,1997)。ここでは，「集団・教室の生態学」研究で得られた知見を紹介しながら，それらの体育授業場面での活用法を検討したいと思う。

(1) 場所の好み・選択行動と個人特性・パーソナリティ

　さまざまな集団の行動を観察していると，いつも端のほうにいる人もいれば，好んで中心部を選ぶ人もいるということに気づくだろうが，これまでの実証的研究によって，教室内での場所の好みや選択行動は，その人の個人特性・パーソナリティと関係していることが明らかにされている。ウォルバーグ(1969)は，高校生を対象とした調査より，教室の前方を好む生徒は，教室の後方や窓際を好む生徒よりも学習に対してポジティブな態度をもっていることを示した。また，ダイクマンとレイス(1979)は，教室の周辺部を選んで座った生徒は，中心部に近い席を選んだ生徒よりも低い自己概念をもっていることを明らかにしている。このような関係は，大学生についても検討されており，自己評価(Hillmanら,1991)，達成動機(Mercincavage & Brooks,1990)，顕在性不安(渋谷,1986)，Y-G性格検査での情緒安定性(網島,1982；北川,1980)などとの関係が認められている。

　一方，杉山ら(Sugiyama & Ichimura,1994；杉山・金,1995)は，大学の卓球の授業を対象に，体育館での練習場所の好みや選択された練習場所とパーソナリティとの関係を検討し，特性不安やモーズレイ性格検査(MPI)での神

経症的傾向の高い人は，心理的中心部(教師が最も長くいる場所の近くなど)や極端な端以外の場所を好み，実際にそのような場所を選択する傾向があることを示した。このように，個人特性・パーソナリティがその子どもの場所選択行動を規定しているようであり，このことから，授業中の場所選択行動を観察・分析することによって，子どもの心理的特性をある程度推察できるようになると考えられる。

また，場所選択行動の一般的な特徴の一つに，選択される場所が固定化する(同じ場所が繰り返し利用される)という傾向がある(Dykman & Reis, 1979；Guyotら, 1980)。そのために，自由に座席や活動場所が選択できる状況では，特定の個人特性・パーソナリティをもった子どもが特定の場所や区域に集まり，そのまま固定化してしまうということがしばしば生じているようである。集団マネージメントを行う際に，注意を払うべき現象の一つであると思われる。

(2) 場所と参加・認知・心理状態

会議などにおいて，座る場所が討論への参加頻度と関係していることを最初に示したのは，スティンザー(1950)であるといわれている(Sommer, 1972)。スティンザーは，参加者をテーブルの周りに座らせて討論をさせ，参加者の発言頻度と発言順序を分析した。その結果，発言をする人は，その前の発言者の向かい側に座っている人になることが多いことを発見した。この現象は「スティンザー効果」と呼ばれているものの一つであるが(加藤, 1986；渋谷, 1986)，このように，「集団の生態学」研究において，空間的位置が人間の行動に影響を及ぼしていることが明らかにされている。

教室場面においても，座席の位置が参加行動と関係していることが指摘されている。アダムス(1969)は，アメリカの小中学生を対象とした授業中のコミュニケーションに関する研究において，教室の前方および中心線上で，子どもたちの発言数が多いことを明らかにし，この区域を「アクションゾーン」と名づけた。この現象は，教師と子どもとのアイコンタクトの量によって説明されている(Sommer, 1967)。すなわち，ある特定の場所に座っていると，その物理的位置関係によって，必然的に教師とのアイコンタクト量が増え，それに伴って，発言数も増えるというのである。一方，ベッカーら(1973)は，

実験室で行われた授業において調査を行い，教室を万遍なく巡回していた教師は，様々な場所にいる学生とみな同等に相互作用していたことを明らかにした。このように，教師と子どもとの関わり方は，発言意欲などの個人特性ももちろん関係しているであろうが(Koneya,1976)，それぞれの子どもが位置する場所の影響を多分に受けているということができる(Montello,1988)。確かに，声を使うことによって離れた場所にいる子どもともコミュニケーションをとることは可能であるが，子どもとの相互作用をより効果的に行うためには，教師は，教室内を適切に巡回することによって，子どもとの物理的距離を近づけることが必要であると考えられ，これは，体育館やグラウンドでの体育の授業にも当然あてはまることであるといえるだろう。

　座席の位置は，授業に対する認知にも影響しているようである。ミラードとスティンプソン(1980)は，自由に座席が選べる授業と座席が事前に指定されている授業の双方を対象に，教室での座席の位置と授業での楽しさ，興味，動機づけなどとの関係を調べた。その結果，いずれの形態の授業においても，座席の位置効果が認められた。すなわち，座席が教師に近い場所にあるほど，授業をより楽しく感じていたり，学習への高い動機づけをもっていたりしており，授業に対する認知が教師との物理的距離の近さと密接に関連していることが示された。ピダーセン(1977)も，座席の位置と授業での楽しさとの関係について調べ，同様の効果を確認している。これらアメリカの大学生を対象とした研究結果がそのまま日本の子どもにあてはまるかどうかは疑問の余地もあるが(そもそも，日本の子どもは，教師の近くにいると授業を楽しいと感じるのか，などといった基本的な問題も存在する)，教師との物理的な距離が，授業参加と同様に，授業や教師に対する認知にも影響しているということは否定できないであろうし，教師には，このような現象の存在を認識した上で，子どもとの物理的距離をコントロールしていくことが期待される。

　授業中の心理状態については，教室場面を対象とした研究はあまり見られないが，体育場面においては，杉山(1995)が，大学の卓球の授業での調査を行っている。この研究では，心理状態として，練習中の不安の程度(状態不安)を取りあげており，体育館内の個人的に好きな場所で練習をしているときの方が，それ以外の場所で練習をしているときよりも状態不安が低いこと，ま

た，場所の好みに関わらず，全般的に，調査した体育館の心理的中心部(教師が最も長くいた場所で,出入口付近)の近くで練習をするときに状態不安が高くなる傾向があることなどが示された。このように，授業参加者の授業中の心理状態は，座っている場所や活動している場所と関係していることが推測されるが，実際の不安の程度は，場所の影響だけではなく，個人の場所の好みやパーソナリティ，体育館の構造，教師の位置や教師に対する認識などとの相互作用によって決まっていると考えられる。これらの要因の相互関係の詳細は，今後明らかにしていく必要があるだろうが，体育の授業が行われる体育館やグラウンドが心理的に均質ではなく，それぞれの場所が子ども一人ひとりの心理に異なる影響を及ぼしていることは，おそらく間違いないであろう。体育教師は，このように「物理的」空間を「心理的」にとらえることによって，子どもの心理状態をより的確に把握できるようになると思われる。

(3) 視覚的近接性

「集団の生態学」研究では，座る場所とリーダーシップの成立との関係も分析対象としてきたが(たとえば，Ward,1968)，このテーマは，スポーツに関心をもつ心理学者や社会学者の注意を引きつけたようであり，集団スポーツにおけるプレイ・ポジションがその後のリーダーシップ地位と密接に関係していることが指摘されるようになってきた(Carron & Hausenblas, 1998)。つまり，あるポジションでは，そのポジション特有の経験をすることになり，その経験の積み重ねが将来のリーダーシップ地位に影響すると考えたのである。その特有の経験を生み出す要因の一つとして，チェラデュライとキャロン(1977)は，「視覚的近接性(propinquity)」という概念を提案した。視覚的近接性とは，ある場所(あるいは，その場所にいる人)の視覚的特性を表しており，「観察しやすさ(observability：その場所から周囲がどれくらい見やすいか)」と「見られやすさ(visibility：その場所が周囲からどれくらい見られやすいか)」の2つの要素から成り立っているとされた。チェラデュライとキャロンは，ポジションとリーダーシップとの関係に関する過去の研究を振り返り，この視覚的近接性の高いポジションを経験した人は，リーダー(監督やキャプテン)に抜擢されやすいことを明らかにし，リーダーシップと視覚的近接性とが密接に関係していることを示唆した。

この視覚的近接性を用いた考え方は，集団で行われる体育の授業のあり方に対し，重要な視点を提供すると思われる。というのも，体育の授業では，一般的な教室での授業と違って，教師や他の子どもの運動を観察することによって学習を深めることが多々あり，またその一方で，教師や他の子どもからは，自分がどのように運動しているかを容易に見られてしまうという特徴があるからである。このように，体育においては，「観察しやすさ」や「見られやすさ」という視覚的近接性が，授業での学習効果や心理状態と密接に関係していると考えられる。さらに，視覚的近接性は物理的位置と結びついているため，教師が，学習効果を高めたり，子どもに，より快適な心理的環境を提供するためには，このような物理的環境の特徴や影響を充分に把握しておかなければならないということになる。ある子どもの自発的な観察学習の機会を増やしたいと思えば，「観察しやすい」活動場所をあてがう必要があるかもしれないし，「見られている」という意識が強すぎて学習に悪影響が生じているような子どもに対しては，その子が落ち着いて活動できる場所を提供することを考えなくてはならないだろう。また，子どもに様々な視覚的近接性を体験させたければ，様々な場所で活動させる必要があり，それによって，多様な視覚的環境への適応能力(たとえば，多くの人から見られていても大丈夫だというような能力)を高めることができると思われる。さらに，教師の模範演技の「見られやすさ」も，教師と子どもの物理的な位置関係によって異なってくることは明白であり，教師は，自分のいる場所の視覚的近接性に対しても，充分な理解を示しておく必要があると考えられる。　　　　(杉山佳生)

〈引用・参考文献〉

Adams,R.S.(1969)：Location as a Feature of Instructional Interaction. Merrill-Palmer Quarterly 15：309-321.

網島啓司(1982)：教室内の座席行動と性格特性.岡山女子短期大学紀要 5：49-60.

Becker,R.D.,Sommer,R.,Bee,J. and Oxley,B.(1973)：College Classroom Ecology. Sociometry 36：514-525.

Carron,A.V. and Housenblas,H.A.(1998)：Group Dynamics in Sport (2nd Ed.) Morgantown,WV：Fitness Information Technology.

Chelladurai,P. and Carron,A.V.(1977)：A Reanalysis of Formal Structure in Sport. Canadian Journal of Applied Sport Sciences 2：9-14.

Dykman,B.M. and Reis,H.T. (1979)：Personality Correlates of Classroom Seating Position. Journal of Educational Psychology 71：346-354.

Guyot,G.W.,Byrd,G.R. and Caudle,R.(1980)：Classroom Seating:An Expression of Situational Territoriality in Humans. Small Group Behavior 11：120-128.

Hillman,R.B.,Brooks,C.I. and O'Brien,J.P.(1991)：Differences in Self-Esteem of College Freshmen as a Function of Classroon Seating-Row Preference. Psychological Record 41：315-320.

加藤孝義(1986)：空間のエコロジー：空間の認知とイメージ．新曜社．

北川歳昭(1980)：座席行動の研究(II)—教室内の座席行動と性格特性—．中国短期大学紀要 11：32-45．

Koneya,M.(1976)：Location and Interaction in Row-and-Column Seating Arrangements. Environment and Behavior 8：265-282.

Mercincavage,J.E. and Brooks,C.I. (1990)：Differences in Achievement Motivation of College Business Majors as a Function of Year of College and Classroom Seating Position. Psychological Reports 66：632-634.

Millard,R.J. and Stimpson,D.V.(1980)：Enjoyment and Productivity as a Function of Classroom Seating Location.Perceptual and Motor Skills 50：439-444.

Montello,D.R.(1988)：Classroom Seating Location and Its Effect on Course Achievement, Participation, and Attitudes. Journal of Environmental Psychology 8：149-157.

Pedersen,D.M. (1977)：Relationship of Ratings of Classroom Performance and Enjoyment with Seat Selection.Perceptual and Motor Skills 45：601-602.

渋谷昌三(1986)：近接心理学のすすめ．講談社．

Sommer,R.(1967)：Classroom Ecology.Journal of Applied Behavioral Science 3：489-503.

R.ソマー：穐山貞登訳(1972)：人間の空間—デザインの行動的研究.鹿島出版会．

Steinzor,B.(1950)：The Spatial Factor in Face to Face Discussion Groups. Journal of Abnormal and Social Psychology 45：552-555.

杉山佳生(1995)：体育・スポーツ学習場面における練習場所選択行動と場所効果．平成6年度筑波大学博士論文．

杉山佳生(1997)：集団の生態学とその体育・スポーツ学習場面への応用．九州体育・スポーツ学研究 11：1-10．

Sugiyama,Y. and Ichimura,S.(1994)：Preference for Practicing Location in Table Tennis Classes and Students' Personalities. Perceptual and Motor Skills 79：195-199.

杉山佳生・金明秀(1995)：卓球の授業における練習場所選択行動とパーソナリティとの関係．スポーツ教育学研究 14：103-109．

Walberg,H.J.(1969)：Physical and Psychological Distance in the Classroom. School

Review 77：64-70.
Ward,C.D.(1968)：Seating Arrangement and Leadership Emergence in Small Discussion Groups. Journal of Social Psychology 74：83-90.

2）学習効果を高める学習集団の構成

　本節では，効果的な体育授業をすすめるうえでの集団マネージメント，特に学習集団の構成について考えていく。

　体育授業の観察・分析を行うALT-PE（高橋,1989）では，体育授業における教師の教授内容を「一般的内容」と「体育的内容」に分けている。そのうちの「一般的内容」は待機，移動，マネージメント，休憩，学習課題に関係ない指導の5つのカテゴリーに分けられている。

　そして，効果的な授業の実現，つまりは「体育的な内容」の教授と子どもの学習課題への従事が多い授業を実現するためには，効果的で，短時間で行われる良いマネージメントが必要であると指摘されている（高橋,1989）。

　体育授業におけるマネージメントは以下のような内容が含まれる（シーデントップ ,1988；高橋,1989）。

　・出・欠席の確認
　・学習課題やゲームの説明
　・学習集団の組織化
　・用具の準備や学習場面の設定
　・授業時間の運営に関すること
　・行動のための規則を守らせること

　ところで，一般的には体育授業はひとりもしくはふたりの教師と多数の子どもからなるクラスという組みあわせで行われる。教師と子どももしくは生徒は1対1の関係ではなく，集団としての子どもに教師は相対するわけである。また，マネージメントの目的も一人ひとりの子どもが教師や仲間との良好な関係の中で，適切な時間，学習課題に集中して従事できることである。

したがって，体育授業における教師は，多くのマネージメントの中でも，特に学習集団の組織化との関連で，他者の存在が個人にもたらす影響，集団がたどる過程などについて理解していることが必要となる。

(1) 体育授業における他者の存在

体育授業において個人にとって他者はこのような存在であると考えられる。

① 評価者

衆人監視のもとで行われる体育授業では，他者は個人のパフォーマンスや技能を評価する存在となりうる。このような評価に対する懸念があがりの原因となり，スムースな技能遂行を妨げ，個人をチャレンジから遠ざける。さらに大きな失敗は体育授業に対するトラウマ（心的外傷）となることもある。

② モデル

上手な仲間のパフォーマンスやデモンストレーションは，より具体的な運動内容の目標を提示することになる。また，教師から他の仲間へのアドバイス，教示などは間接的に個人に影響を与える。古くからのことわざでも人のふり見て我がふり直せ，といわれるのと同じことである。このような間接的な学習を社会的学習（バンデューラ，1979）という。

③ 支援者

個人の努力を応援，支援してくれたり，励ましあったりする存在。とりたてて他者からの意図的な支援を受けなくても，ともに活動することで課題に立ち向かい課題達成が成し遂げられることも少なくない。こころの交流を通じての仲間関係の成立，社会的支援（ソーシャルサポート）とも関連する。

④ 基準

周りの他者の多くができるレベルが，そのクラスでの基準としてとらえられる傾向がある。このことが，目標設定にうまく作用することもあれば，優越感や劣等感につながることもある。

⑤ 協力者

ともに課題に立ち向かう仲間となったり，個人のパフォーマンスの補助者となったり，チームスポーツにおいてはチームメイトとなる。

⑥ 競争相手

記録やパフォーマンスを競う相手となったり，直接個人に相対して個人の

パフォーマンスを妨害する存在となる。チームスポーツでは，これらがチーム間の関係として成立する。

体育授業において，他者は個人にとってこのような存在のいずれか，あるいはこれらの複合した意味をもつ。授業においてその時に取り扱っている種目の特性と子どもの特性を考慮した学習集団を組織することが，体育授業の集団マネージメントとしての学習集団構成の一つの鍵である。

(2) 他者の存在の観点からみた体育における種目特性

他者の存在の観点からは，種目特性は個人種目かチーム，もしくは平行して行われるか相対して行われるかの二つの次元から考えることができる。

① 個人的で平行して行われる種目

例1) 水泳，器械運動，陸上運動，体力を高める運動など

技能の獲得そのものが大きなウェイトを占めるこれらの種目においては，上手な仲間のパフォーマンスやデモンストレーションがモデルとなること，支援者や協力者の存在が技能獲得に大きな貢献をすることを利用すべきであろう。また，クラスの多数が達成しているレベルが暗黙の基準として判断されがちであることや，他者からの低い評価への懸念が起こりにくいようなマネージメントが必要であるといえよう。

具体的には仲間同士の教えあい(peer teaching)や支援・サポート，補助などを可能とするグループ構成，個別で非競争的な目標(めあて)設定などが有効であると考えられる。

例2) 体ほぐしの運動，表現運動など

体を動かすことや踊ることそのものの楽しさや心地よさを味わい，また仲間との交流や心身の解放に関連するこれらの種目においては，互いをプラスに評価しあう(よさを認める)雰囲気が何よりも求められる。

② 個人的で相対して行われる種目

例)武道など

個人間で相手のパフォーマンスを妨害しあいながら，自身のパフォーマンスを発揮していくという種目である。基本的な技能の獲得は平行して行われたり，仲間との協力関係のもとで行われる。競争形態をとる際の二者の体格，体力や技能の差異に配慮することが必要である。

③ チーム間で平行して行われる種目
例）器械運動や表現運動のグループ演技，陸上運動や水泳のリレーなど
　チームでのパフォーマンスを最大限に発揮しようとするこれらの種目（部分）においては，個人技能とともに集団での技能の獲得が要求される。このため，教えあいや補助などを可能とするグループ構成とともに，競争場面ではそれぞれのチームのちからが等質に近いことも重要である。したがって，チーム内異質・チーム間等質なグルーピングが有効であろう。
④ チーム間で相対して行われる種目
例）ボールゲームなど
　ボールゲームにおける技能をドリルする場面では，チーム間で平行して行われるが，試合においては，チーム間で相対して行われるという特徴がある。つまり，技能をドリルする場面ではチーム内異質のグルーピングが有効であることが予想されるが，試合においては技能の高い者と低い者が競争する場面が多く生じれば，競争の意義が薄れることも予想される。したがって，同程度の技能の者同士がマッチアップするような工夫やチーム内でもチーム間でも等質に近いチームでの対戦となるようなグルーピングを検討することも考慮すべきであろう。

（3）集団過程と学習集団の構成
　体育集団における学習集団も集団であるからには，一般的な集団と同様の過程を経ることが予測される。
① 斉一性への圧力
　集団には思考や行動を似たものにさせるような力が働くようであり，これは斉一性への圧力と呼ばれている。これは集団のまとまり（凝集性）が高いほど大きなものになるといわれており（佐々木，1979），学習集団においては個人が課題に取り組む際に大きなプレッシャーとならないよう配慮することが必要である。
② 集団の構造
　集団内部では次第に各メンバーの関係がはっきりしていく。特にメンバー間の感情的な関係は集団が維持され，機能するための基本的な要因であり，ソシオメトリー構造といわれる（大坊，1986）。体育授業では，子どもたちは机

と椅子という拘束がなくなるため，ソシオメトリー構造がメンバーの無意識のうちに示される特別な状況となる(Horelynck & Auweele,1999)。たとえば，子どもたちに自分たちで2人組や3人組を作らせた時に，誰と誰が組になることが多いか。チームでの話しあいの時にどのくらい接近したり，離れたりしているか，などから推察できるソシオメトリー構造に留意し，またクラス全体のソシオメトリー構造にも配慮することで効果的な学習が進む学習集団の構成が可能となる。

③ リーダーシップ

集団としてのパフォーマンスはリーダーシップのあり方によっても変化する。したがって，チームスポーツ種目においては，各チームのリーダーシップの様子に配慮し，必要に応じて介入することも必要である。

ハーシーとブランチャード(1977)は状況に応じたリーダーシップ(situational leadership,SL)理論の中で，リーダーシップ・スタイルを指示的行動の多い課題志向と共に作業することの多い協労志向の二次元からとらえた。また，「達成可能かつ高い目標を設定しようとする個々人の基本的な姿勢，責任負担の意志と能力，ならびに対象となる相手または集団がもつ教育・経験の程度」を総合的にマチュリティと呼んだ。そして，マチュリティが低いメンバーに対しては，協労志向行動を抑え課題志向行動を多くした「教示的リーダーシップ」が効果的であること。メンバーのマチュリティが上がるにつれて課題志向行動を徐々に減らし協労志向行動が増した「説得的リーダーシップ」が効果的になること。メンバーのマチュリティが平均以上になると，この傾向がさらに強まって課題志向行動を抑え協労志向行動を多くした「参加的リーダーシップ」が，さらにはいずれのリーダーシップ行動も抑えられた「委譲的リーダーシップ」が効果的であるとされている(林,1986)。

また，教師のリーダーシップを考えた場合には，上記のことがクラスや授業全体の中での子どものマチュリティと教師のリーダーシップ行動の関係に反映されることにもなる。

(4) 学習集団構成におけるその他の一般的な事項

これまでにあげた以外にも学習集団を構成する際に配慮すべき点がある。

① 学習集団のサイズ

学習集団が小さいほど，個人の学習課題に従事する時間を増やすことが可能になる。サッカーであれば11対11よりも5対5，6対6のほうが実質的な課題従事時間が多い。ただし，2対2，3対3となれば課題の困難度が上がり過ぎたり，個人の技能の要因が試合の結果に直結することが予想される。極端に1対1となればもはやチームスポーツではなくなる。種目における試合やドリルの特性と子どもの特性に応じて集団のサイズを決定し，場合によっては可変的に扱うことが必要である。

② 学習集団への支援

　学習集団の自発性を重んじることは重要であるが，効果的な体育授業の観点からは，学習目標や学習課題の選択にあたっての直接的な介入も必要である。シーデントップ(1988)は効果的な授業という観点から，「自由放任」「自発性」「授業の構造化の欠如」「子どもによる学習目標の選択」といった特徴は，すべて子どもの学習達成度や態度に否定的に関係しているように思われる，と述べている。学習集団の自発性・自主性にまかせきりになるのではなく，個人の学習課題に従事する時間が十分に確保され，適切な課題に取り組んでいるかということについての教師の支援が必要とされる。

　以上のように，体育授業における学習集団の構成に際して，他者の存在が個人にもたらす影響，集団過程を考慮することが効果的な授業実現の上で不可欠であるといえよう。　　　　　　　　　　　　　　　　　　　（森　　恭）

《引用・参考文献》

A.バンデューラ：原野広太郎監訳(1979)：社会的学習理論－人間理解と教育の基礎－．金子書房．

大坊郁夫(1986)：集団の中の対人行動　集団の構造．対人行動学研究会編．対人行動の心理学．誠信書房，pp.308-314．

林文俊(1986)：集団の中の対人行動　リーダーシップ．対人行動学研究会編．対人行動の心理学．誠信書房，pp.319-325．

Hersey, P. and Blanchard, K.H. (1977)：Management of organizational behavior (3 rd ed.).Englewood Cliffs,New Jersey：Prentice-Hall.

Hovelynck, J. and Auweele, Y.V.(1999)：Group development in the physical education class(pp.405-432)．In Auweele, Y.V. Bakker, F. Biddle, S. Durand, M. and

Sieler, R. (Eds.), Psychology for physical educators. Champaign, Illinois：Human Kinetics.

佐々木薫(1979)：集団過程．原岡一馬編．人間探究の社会心理学3 人間と集団．朝倉書店，pp.34–60．

D.シーデントップ：高橋健夫訳(1988)：シーデントップ　体育の教授技術．大修館書店．

高橋健夫(1989)：新しい体育の授業研究．大修館書店．

第 5 章

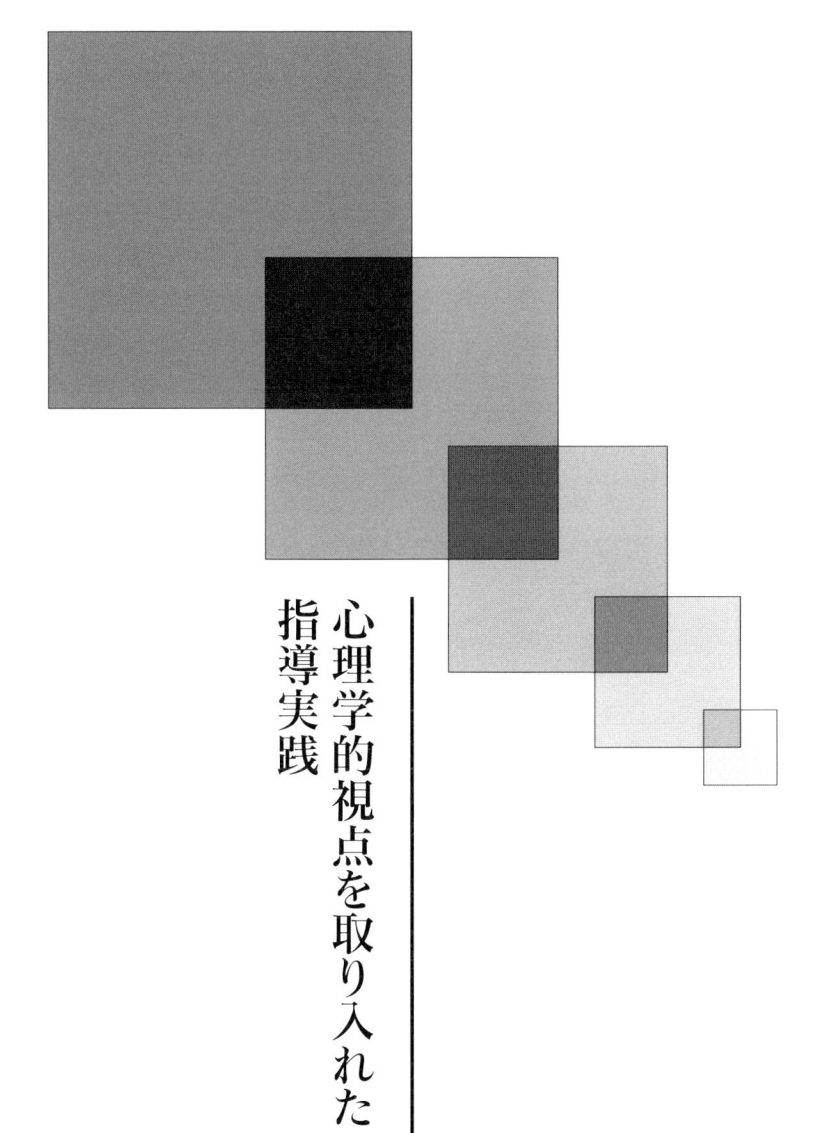

心理学的視点を取り入れた指導実践

1. 心理学的側面を生かした指導の原則

1) 子どもの可能性を信じる

　授業の目的の一つは，子どもたちの能力の発達を促すことである。さまざまな授業の中で能力の発達を促す授業もあれば，促せない授業もある。その根底には教師のもつ能力観の違いがある。ここでは授業と能力観の関わりについて，「能力についてどう考えることが，その発達を促すのか」という視点からみることにする。

　人間の無限の可能性を信じるという楽天的ともいえる能力観は教育の原点である。斉藤(1978)が，「人間は誰でも，無限の可能性をもっているものであり，(中略)そういうことを信じないかぎり教育という仕事などはじまらないし，教師としての努力もすることはできない」と述べているように，すべての子どもたちに「無限の可能性」があると考えることで，教育の効果を信じ，指導法を工夫し，子どものもつ可能性を引き出す授業ができるようになる。ところが，人間の能力は「遺伝的素質によってほとんど決まる」という悲観的ともいえる能力観を教師がもった時，教育の効果はたかがしれており，「できる」「できない」は子どもたちの生まれつきのものであって，子どもの能力の発達を促すという授業の目的は，背後へと押しやられてしまうことになる。そこでの授業は，能力の発達を促すというより，せいぜい発達の邪魔をしない程度の営みとなろう(吉田，1978)。

　一方，これら能力観が学習者である子どもたちにどのような影響をもたらすのであろうか。ドウェック(1975)は，できないのは能力のないせいだと思い学習性無力感におそわれている子どもを対象に，単に成功経験を与える群と，時おり失敗を経験させ，その失敗は努力不足であり，努力すればできるようになると励ました群にわけて指導したところ，励ました群の方が成績の向上がみられたという。この結果は学習者である子どもたちが，成功や失敗の原因を努力のせいとする楽観的な能力観をもつことで，結果は自分の努力

次第でコントロールでき，たとえ失敗しても次回は頑張ろうと学習意欲を喚起し，技能の向上に繋がることを教えてくれる。

以上，授業と能力観の関わりをみてきた。ハントが「人類は子どもの十全の潜在可能性を開花させるような幼児教育の形態をまだ発展・展開させていない」(吉田，1978)と指摘したように，私たちが用いている指導法は未完成である。改良すべきことばかりという指導法の現状にあって，子どもには「無限の可能性がある」という楽観的な能力観は，なぜできないのかと考え，指導法を工夫し，子どもたちを形成する「教育の論理」と結びつきやすく，生産的な考え方といえる。

2) からだや心の事実をとらえる

体育の授業では，医者の的確な治療が正確な診断があってはじめて可能となるように，学習主体である子どもたちのからだや心の悩みや願いといった事実を正確につかみとれるかどうかが，その後の授業の方向性を決定づける。

表5-1　プルークボーゲンの「できない点」の評価の違い(松井,円田,1989より)

順位 対象	1	2	3	4
初心者	体重の移動	膝・足首の曲げのばし	姿勢（後脚，他）	スキー操作
指導者	姿勢（後脚，他）	膝・足首の曲げのばし	スキー操作	腰の安定

表5-1(松井ほか，1989)は，スキーのプルークボーゲンについて，初心者の学生にどこができなくて困っているのか，学生を教えている指導員にどこができていないかを評価してもらった時のものである。両者の間で評価に大きな差異がみられる。ここでの評価の差異は，指導員の余り適切でない指導内容や方法としてあらわれ，学生の努力にもかかわらず，学習停滞の原因となることが予想される。たとえば，プルークボーゲンの指導では，「もっと前傾を」といった姿勢に関わる指摘をすることが多い。この指摘は急斜面に立つ

と，前傾したくても恐くてできないという初心者の心の状態に気づいていない。そこでは，「足の親指で雪をつかむつもりで」といった恐怖心を取り除く手当てをし，しかも，前傾ができる指摘が求められる。また，片岡(1960)は体育嫌いの調査をしたところ，その原因として「下手でやれない」と，「恥ずかしい」「笑われる」といったクラスメイトとの人間関係のあることを知り，「できる」ことだけでなく，子ども同士での「みつけ出し」と「確かめあい」を柱とする「仲間づくり」を強調した授業を行うようにした。その結果，昼休みや放課後にまで練習するようになり，跳び箱の嫌いだった子までが，「ぼくは疲れました」でも「もう一度練習やってみたい」と，感想をのべるまでに変わっていったという。

このように，一人ひとりの子どもたちのからだや心の事実を見つめ，問題点を見抜くことは授業の出発点である。そのためには，中森(1977)が指摘するように，子どもと向かいあってばかり指導するのでなく，子どもの側に身をおいて，同じ向き，同じ目の高さに立つことが大切である。それは子どもの側によりそって，子どもの願いをみずからの願いとしていく，教師の心の問題なのである。

3) からだへの願いを育てる

従来の教育においては，教師から与えられる一定の知識，技能をそのまま受け入れることが学習であり，子どもは教えられるものであった。そこでの教師の関心は，教材の学習過程やその条件に向けられていた。しかしながら，学習を「能動性を秘めた目的意識的な意志的活動」ととらえてみると，学習主体である子どもたちへの動機づけや学習意欲の発端に，教師の関心がもっと向けられるべきである。

体育の学習活動とは，からだを意図的，意識的に運動させることによって，こうありたいというからだへと高めていく営みのことである。子どもたちの中にもっと丈夫になりたいとか，もっとたくましいからだになりたいといった願いを掘り起こし，育てるよう取り組むことが必要である。図5-1(中津川市学力充実推進委員会，1979)は，子どもたちのからだについての「めあて」をみたものである。「めあて」のない子が平均で27%いること，特に中学生に

なると3人に1人がめあてをもっていない。めあてがあっても，全体で33%が「病気にならない」というめあてで，積極的なからだのイメージがないことに驚かされる。学習意欲は，願いや目標と不可分の関係があり，このようなからだへの願いの現状は，体育嫌いに繋がることでもあり，授業を考えるうえで大きな問題である。

〔あなたは自分のからだについてどんなめあてをもっていますか。〕

▼めあてをもっていない。

▼めあてがある。そのなかみは。

	病気にならない	運動がよくできる	仕事がよくできる	がんばりがきく	かっこうがよい、他
小1-2	29	24	23	14	10
小3-4	30	23	29	10	8
小5-6	43	17	24	11	5
中1-2	28	17	21	23	11
中3	36	12	15	27	10
全体	33	20	23	15	9

図5-1 子どものからだに関する「めあて」の実態
(中津川学力充実推進委員会、1979より)

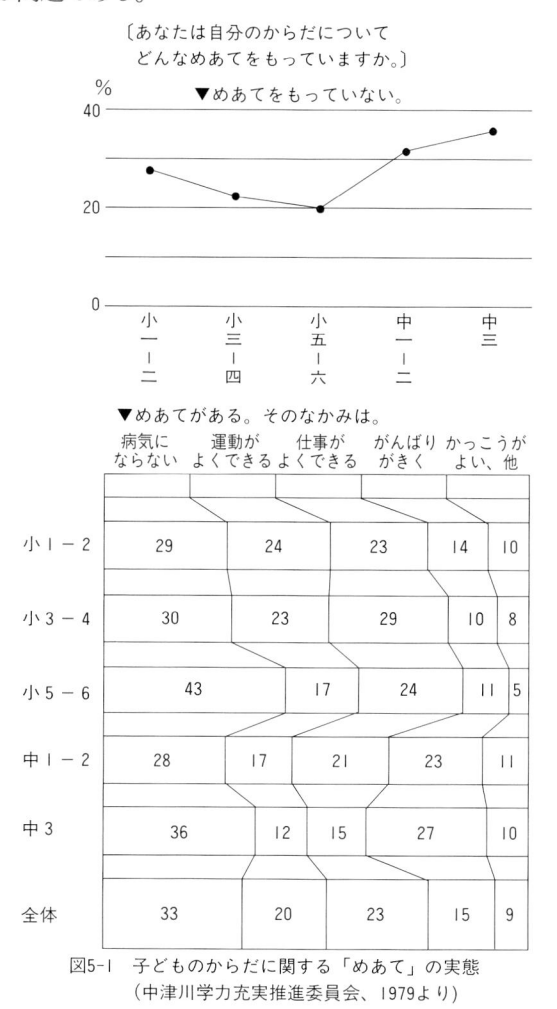

体育の授業では，バレーボールや陸上競技といった運動の学習だけでなく，からだへの願いを育て，願いを実現させる生活を考え，取り組ませることも

学習課題とし，子ども自身が自己運動を起こすよう教授・学習過程を具体化する必要がある。このような実践の典型として佐々木(1971)の実践がある。

　佐々木は，従来の体育が技術主義，鍛練主義であったことを批判し，「子どものあたまを馬鹿にせぬよう，考え，批判でき，実践できる子ども」をこそ育てていかなくてはと考えた。この実践では，「なんのために」とか「なぜ」という教師の発問によって子どもの思考活動を促し，子どもに自分自身や仲間のからだや動作をみつめさせ，あるいは較べあわせ，どうすればいいのかといったことを考えさせていく。その過程で，子どもは学習の主体となり，自分のからだの主人公となっていくのである。

4）からだを動かすことの楽しさを

　子どもはもともとからだを動かすのが好きである。ところが学年が進むにつれて，体育嫌いの子どもが多くなる。そこには「運動好きの体育嫌い」といわれるように，体育の授業そのものに何か原因のあることが予想される。

　スポーツの語源が「日常の真面目な仕事から，心をほかに移して楽しむもの」からきているように，スポーツの原点は「楽しむ」こと。運動が上手な子であっても，下手な子であっても，「楽しく運動をしたい」というのは共通の願いである。

　図5-2は，小学時代のスポーツ活動でのフロー体験の有無について，成人を対象に運動拒否群(「運動をしたくない」)と運動潜在群(「したいと思ったができなかった」)の間で比較したものである(山口，1996)。フロー(flow)とは，チクセントミハイ(2000)が提起した概念で，「行為に没頭しているときに人が感じる包括的感覚」のことで，具体的には運動に没頭している時に感じる満足感や充実感のことである。これをみると，小学時代のスポーツで楽しさや面白みに触れることのなかった者は，成人になっても運動をすることが嫌いになっていることがうかがわれる。

　ではどんな時に子どもたちは楽しさを感じているのか。小学6年生の「体育の学習で楽しいと感じたとき」をみた調査(神奈川県立体育センター，1995)によると，「記録が伸びたり，技が上手くできるように」「友だちと仲良く一緒に学習したとき」「上手くできたり，頑張ったときにほめてくれる」といっ

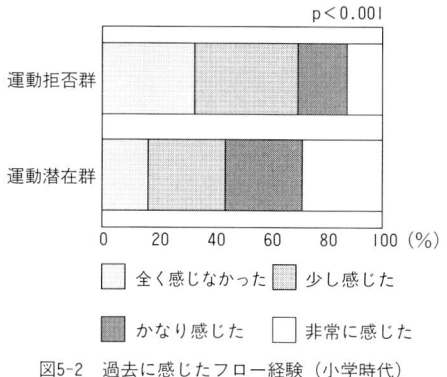

図5-2 過去に感じたフロー経験（小学時代）

た，自分の努力や友だちとの協同学習によって，「できない」ことが「できるようになった」という自己効力感を味わった時に最も楽しさを感じていた。

体育が好きな子どもを育てるためには，自分のもっている能力を総動員して課題に立ち向かい，「できた」「やりとげた」という効力感を味わえるような体験を大切にすべきである。このような体験の中で，自信ができ，学習意欲や自主性も生まれてくる。そして，子ども同士の教えあいといった協同学習を通して，自分は一人ではない，自分が困った時には手助けをしてくれる友だちがいる，友だちのために尽くしたいと思うようになり，人と人との関係に心を開き，集団生活に耐える力が子どもに育っていくことにもなる。

授業の主人公は子どもたちである。「教えすぎ」ないで，子どもたちが自分の手で学習計画を立てたり，公平な出番があり，お互いに教えあって育っていくというような，自主的で民主的な子ども集団を育てたい。こうした指導によって，からだを動かすことの楽しさや面白みに触れた子どもが増えていくことが，生涯スポーツへと繋がっていくのではないだろうか。

5）運動を意識的に

運動の学習には身体が覚えるまでの反復が必要である。とはいえ，それのみでは動物の運動発達には，いつしか限界が生じてくる。ところが，人間の運動はスポーツ記録の変遷をみればわかるように，まさに予測がつかないくらいの発達をとげてきた。なに故，人間の運動は高度で多様な発達をとげた

のであろうか。マイネル(1981)が,「自分自身の運動を意識できないとしたら,運動を意識的に発達させることも,改良していくこともできないであろう」と述べているように,運動の単なる反復でなくて,意識的に行うことが必要である。それが人間の運動発達の前提となっている。

意識的な運動とは,自分がめざそうとする運動のイメージをもつということである。イメージを頭に描くことで,はじめてそのイメージをからだで表現しようとする意識的な練習が可能となる。そして,イメージと実際の動きとの違いを発見し,反復練習することで運動が修正,学習され,やがてイメージどおりのからだの動きとなっていく。

図5-3は,岩田ら(1976)が立幅跳での「できるだけ跳びなさい」(A)と,「ここまで跳びなさい」(B)の指示をした時の跳躍動作の違いをみたものである。AとBでは,Ⅰの沈みこみ動作と,Ⅵの着地動作に差異がみられる。跳躍距離はBの方が伸び,その原因はⅥの着地動作によるものである。とはいえ,Ⅵの動作の差異は,Ⅰのこれから行おうとする運動の質の把握とその査定を行い,イメージをつくりあげる,いわゆるタルイズイナのいう行為の三つの環,すなわち定位的,執行的(運動する),統制的(コントロールする)の各部分の中での定位的部分によってもたらされたものである(阪田,1990)。

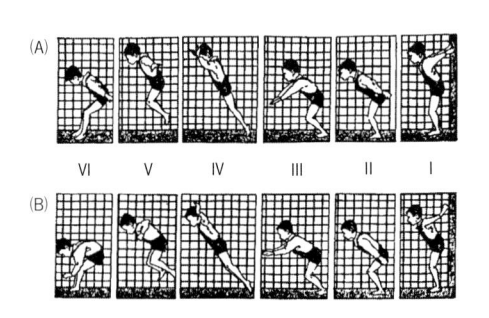

図5-3　2つの指示での跳躍動作の違い
（岩田・森下,1976）

イメージは,ドイツ語でVorstellung(前に置く)といわれるように,できばえの「先取り」「水先案内」の役割をもっており,運動前のイメージが貧困な時はできばえもまた貧困なものとなる。それはちょうど,建築師が家の設計

図を書こうとする時，これから建てる家のイメージがないとうまく書けないのと同じである。したがって，教師自身が教材に対してどんなイメージをもって指導するか，子どもたちがどんなイメージをもって学習するかが，その後の学習の方向性を決定するといえる。教え方の上手な教師が示範やたとえ話などを使い，できるだけ具体的で生き生きとしたイメージを子どもたちにつくらせたり，イメージを描く時間を保障するために，運動前のスタートを大切にした授業を展開しているのもこのためである。

6) 指導法の確立を

毎日の授業の中で教師は，一人の落ちこぼれもなく，教える教材ができるようにするにはどうすればいいかについて悩んでいる。この悩みを解決するには，どのような場合にどう指導すれば技能が上達するかといった，法則を明らかにし，指導法を確立する必要がある。そのためには，思索を重ねながら意識的に方向づけをし，修正を繰り返し，検証すること。すなわち，指導の場面で予想(仮説)をたて，予想にしたがって指導(実践)し，指導の結果がどうであったかを考える(検証)という過程を意識的に行うことである。

テニスのバックハンドボレーができない子どもを例にして考えてみよう。まず教師は子どもを観察して，「手首」「腕の位置」「グリップ」などのどこに原因があるかを考える。腕の位置が正しくないのではないかと予想をたてた場合，腕の位置の矯正を繰り返し練習させる。上手くなれば，予想が裏づけられたことになり，ここでの成果が，同じような原因の子どもの指導に生かされていく。ところが，予想が否定された場合，今度は手首に問題があるのではと考え，再び指導するという過程をたどっていく。この一連の過程をみると，どのような予想をたてるかという仮説が指導の成果を規定していること。いわば，仮説が「できばえの先取り」をしていることに気づく。ここでの仮説づくりは，経験，観察，子どものからだや心の事実の把握，過去の理論的成果などを，どれくらい教師が身につけているかによって左右されることはいうまでもない。

指導法の確立のためには，科学とは「実践から獲得され，実践で絶えず検証され体系化された人間の経験であり…実践によって発達する」(マイネル，

1981)といわれるように，豊かな指導経験をもち，そこで客観的な成果をあげている指導者の経験的技術に学び，それを言語化することも大切である。

　ベテランといわれる教師は，若手の教師ではかなわない指導上の的確さをもっている。「カン」とか「コツ」とかいわれる経験的技術がそれである。しかし，この「カン」や「コツ」といわれるものを，ベテランの教師に教えてほしいと要求しても，彼はとまどってしまうことがある。技術を本人だけのものに終わらせず，みんなのものとするには，言語化し，伝達可能なもの（たとえば，実践記録）にする必要がある。できれば，言語化された指導上の成果を，年一回でもよいから研究者を含めた教師との交流会や研究会に持ちよって討論をして，成果をまとめ，少しずつみんなの財産を蓄えていくことである。このような地道な作業の積み重ねの中で，指導法が確立されていくのではないだろうか。　　　　　　　　　　　　　　　　　（西條修光）

《引用・参考文献》
斉藤喜博(1978)：教育学のすすめ．筑摩書店．
吉田章宏(1978)：授業の心理学をめざして．国土社．
Dweck,C.S.(1975)：The role of expectation and attribution in the alleviation of learned helplessness. Journal of Personality and Social Personality 31(4)：674-685.
松井匡治・円田善英編(1989)：体育心理学．建帛社．
片岡通夫(1960)：とび箱のできない子どもの学習指導．体育の科学 10(5)：296-297．
中森孜郎(1977)：子どもの発達とからだの教育．青木書店．
中津川市学力充実推進委員会(1979)：からだの発達と生き方．
佐々木賢太郎(1971)：新版・体育の子．新評論社．
山口泰雄(1996)：運動・スポーツの阻害要因と対策．臨床スポーツ医学 13(11)：1221-1226．
M.チクセントミハイ：今村浩明訳(2000)：フロー体験　喜びの現象学．世界思想社．
神奈川県立体育センター(1995)：神奈川県における小学生のスポーツ活動に関する調査—子供のスポーツを考える．体育センターレポート 22：25-32．
K.マイネル：金子明友訳(1981)：スポーツ運動学．大修館書店．
岩田浩子・森下はるみ(1976)：幼児の立幅跳における動作調整機序．日本体育学会第27回大会号：274．
阪田尚彦(1990)：体育の授業と教授技術．大修館書店．

2. 体つくり運動

1) 体ほぐしの運動としてのリズム体操

　新学習指導要領(1999)では，子どもたちの心身ともに健全な発育・発達を促すためには心と体を一体としてとらえた指導が重要であるという観点から，新たに「体ほぐしの運動」が内容として示された。そしてこの「体ほぐしの運動」が従前の「体操」領域に位置づけられたことに伴い，「体操」領域は「体つくり運動」と名称変更された。

　「体つくり運動」は，体の調子を整えるなどの「体ほぐしの運動」と従前の体操領域の内容である「体力を高める運動」とで構成されている(表5-2)。

表5-2　体つくり運動の目標と内容（文部省，1999)

> (1) 自己の体に関心をもち，ねらいをもって次の運動を行い，体をほぐしたり，体力を高めたりすることができるようにする。
> 　ア　体ほぐしの運動
> 　　(ア)　自己の体に気付き，体の調子を整えたり，仲間と交流したりするためのいろいろな手軽な運動や律動的な運動をすること。
> 　イ　体力を高める運動
> 　　(ア)　体の柔らかさおよび巧みな動きを高めるための運動をすること。
> 　　(イ)　力強い動きおよび動きを持続する能力を高めるための運動をすること。

(1) 体ほぐしの運動

① 体ほぐしの運動の行い方

　新学習指導要領(1999)による「体ほぐしの運動」は，手軽な運動や律動的な運動を行い，体を動かす楽しさや心地よさを味わうことによって，自分や仲間の体の状態に気づき，体の調子を整えたり，仲間と豊かに交流したりすることをねらいとして行う運動である。

　「体ほぐしの運動」は，多様な動きの経験に主眼がおかれるので，仲間と交流しながら運動することそのものを楽しむように展開する。

　単元構成のしかたとして文部省学校体育実技指導資料「体つくり運動」(2000)では，(a)単独単元として行う，(b)「体力を高める運動」と組みあわせて行

う，(c)各運動領域の導入として行う，(d)小学校の「基本の運動」に含めて行う場合をあげている。

　いずれの場合も，子どもの実態にあわせて，簡単で楽しく興味のもてるような運動を選んで，自由な雰囲気の中で指導することが大切である。

②各運動領域の導入としての体ほぐしの運動

(a)各運動領域の導入としての行い方

　各運動領域の導入として行う「体ほぐしの運動」においては，主運動に積極的に取り組めるように，主運動と関連のある運動を楽しく行い，そのままスムースに移行できるようにする。

(b)「ボール運動（バスケットボール）」の導入としての運動例

二人組でボールわたし

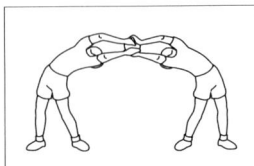

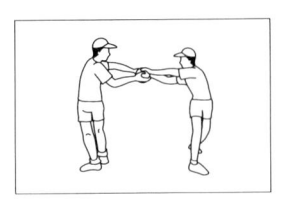

つきながら移動

両足とびで　　　走る　　　スキップで　　　とび越す

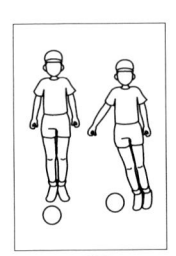

いろいろなボールつき

| 腕立伏臥で | 腹ばいで | 2個同時に | 交互に |

| 足で | 頭で | 膝で | 肘で |

グループで

| ジャンプして | ころがす | 投げところがし |

| ボールの下をついてくぐりぬける | ついて移動して | 前の人のボールを受ける |

二人で投げ受け

| 両脚の間から前へ | 腹ばいで | 腕立伏臥で |

(2) リズム体操－心とからだの解放をめざした動きの教育－

　全身的で自然な基本的な動きを柱とした「リズム体操」は，心とからだの解放をねらいとした動きの教育である。

　現代の子どもたちは，運動経験に乏しく，本来人間がもっているはずの自然でリズミカルな能力を埋没してしまっている。このような子どもたちにとって「リズム体操」は，こころとからだを解放し，自由に伸び伸びと動けるからだをつくることに効果がある。

　「リズム体操」は，「基本の運動」，「体つくり運動」領域の「体ほぐし」や「体の柔らかさ及び巧みな動きを高めるための運動」「力強い動き及び動きを持続する能力を高めるための運動」として取りあげることができる。

① リズム体操のおこり

　20世紀の初めヨーロッパの機械化された社会で，知的教育が重視され，人間の心や自然な運動が著しく抑圧されていたので，「体操」によって，人間本来の姿を取り戻し，自然な動きを呼び戻そうという運動が起きた。「こころとからだの解放」のための全身的・自然的な動きの必要性が唱えられた。

　また当時，音楽，体操，芸術，舞踊などの立場からデルサルト，メンゼンディーク，カルマイエル，ドメニー，ダルクローズ，ボーデ，ラバン等によってリズム教育の必要性も唱えられ研究が進められていた。

　中でもドイツのボーデは(1986)，運動のリズムを「単に時間的な分節の繰り返しではなく，緊張と解緊の流れるような交替に特徴がある」とし，その運動過程を研究し，今日の運動学の基礎を築いた。更に，生活やこころのひずみは，運動経験を阻害し潜在的な能力をも抑圧する。このひずみを解消するのが，生の哲学に基づいたリズミカルな動きだとした。

　また，「魂の衝動による唯一中心的全身運動の有機的な形成」を根本とし，「動きは中心から生じ末梢に伝わる」という運動学的な基礎を築き，「人間の心の中からわき出る喜びある運動」の重要性を説いた。そして，哲学，音楽，運動学などの理論的立場から「振り」と「はずみ」を柱とした運動を組み立てた。心とからだの統合への重要性を強調し，特に「振りによって全身を全体的なものとし，魂にリズムを注ぐ」ことを重視した。

　このような理論を背景にボーデが提唱した「リズム体操」は，メダウをは

じめとする後継者達によって更に発展し，成果をあげ今日に至っている。

② 動きの教育としてのリズム体操のねらい

　リズミカルな動きには，見ている者も巻き込むようなダイナミックでスムーズな流れがある。このような動きの運動経過には，(a)準備局面での「解緊した正しい用意の動作」，(b)主要局面（アクセント）での「力強い（緊張）正確な主動作」(c)終末局面での「解緊した効果的な納めの動作」が認められる。例えば，4拍子で「ヨーイ」「イチ（強）」「ニ（弱）」「サン（弱）」「ヨーイ」…と音取りするのは，用意や納めの動作で効果的に解緊し主動作にスムーズに移行して，そこで充分に力を発揮するための手助けなのである。

　リズム体操は，軽快な音楽やリズムにのって手足を動かせばよいのではない。自分自身のからだと動きに目を向けて，正しいからだの使い方を知り，緊張と解緊が交替するリズミカルな動きが身につくように自ら工夫して練習し，心をこめて動けるようにすることをねらいとする。

　よって，自分がどのように動きたいのかという「運動像をイメージする」こと，そしてそれに近づくための主体的な工夫や努力が必要である。そういう過程で，動く楽しさや喜びを味わうとともにイメージ通りの「ありたい自分に出会う」ことができ，自分自身の可能性を知り，心とからだを解放することができるのである。

③ リズム体操の学習の進め方

　リズム体操の学習の進め方は，一連の流れのある作品を中心に，個々の基本的な運動や次の運動とのつなげ方などを，仲間と協力して工夫して練習し，最後に発表しあってお互いのよさや今後の課題を見つけあうという方法をとる(表5-3)。

　一連の運動(作品)は，球技の「ゲーム」にあたるものである。まとまりをもった運動を行うことで，達成感や体操の楽しさを味わうことができる。

　授業では，はずみと振りを中心とした基本的な全身運動で構成された，楽しくてよい作品を，教師の側から提示するとよい。初歩の段階では，その作品に含まれる動きや正しい行い方を指導する。進んだ段階では，動きをよりよくするとともに，動きのつながりや作品全体の流れを理解させ，仲間と工夫しながら練習に取り組ませ，作品としてまとめていく。その際教師は，示

範やビデオによって，どのようにしたらよりよく動けるのかなどを指導して感覚的につかませ，生徒達に工夫させることが必要である。

リズム体操は自分のからだや動きに目を向け，動きをよくし，体操自体を楽しむことがねらいなので，授業で生徒が作品をつくることに終始しないようにする。

表5-3　リズム体操の運動技能と学習の方法

リズム体操	リズム体操の運動技能の発展	流れ	短い 〜 長い	
			単独の運動→連続した運動→一連の運動	
		多様性	簡単 〜 複雑	
			基本的な運動→変化・組み合せ	
		質	低い 〜 高い	
			大ざっぱな動き方→リズミカルなよい動き	
	リズム体操の学習の方法	進め方	初めの段階 〜 進んだ段階	
			多様な動きの → 動きの発展 → 発表 　経　験　　　↑(動きの質)↓　　↑ 　↑　　　　　　↑　流　れ　↓　　↑ 　↑　　　　　　↑　　　　　　↓　　↑ 　　　　　一　連　の　運　動　（作品）	
		ねらい	思いきり動く → 心をこめてよりよく動く 　↑　　　　　　↑　　　　　　↑ 　↑　　　　　　↑　　　　　　↑ 　　　　動くことを楽しむ 　　　　よりよい動きを身につける	

また，指導の場では，次の様な点に注意する。

a. 運 動 空 間：しっかり伸びたり縮んだりして，運動空間を大きくする。
b. は　ず　み：一つひとつの動きにはずみを使って動く。
c. 動きの伝導：腰から運動を開始し胴体や手足に伝導させ，全身的に動く。
d. リ　ズ　ム：無駄な力を省き，緊張と解緊を効果的に用いる。

④ いろいろな運動例

(a) はずみ

はずむ運動は，着地・歩く・走る・とぶなどあらゆる運動の中にみられる力の源泉である。はずみは，たとえばボールのように，体重を上から落としてその力ではね返ることを意味する。はずみによって動きの原動力が全身に

伝わり，自然でリズミカルな動きが生まれてくる。軽快な音楽にのって手足で音取りする動きとは本質的に異なる。

(1)その場で　(2)歩く運動　(3)とぶ運動　　　　(4)ボールをつく

(b) 振る・回旋

　振りや回転は，腰を先行させ，全身の振りが腕などの末端部に伝わるような運動を意味する。ここでもはずみと，重力や遠心力を利用し，緊張と解緊がリズミカルに交替した自然な動きを練習する。

(1) 左右振

① ② ③ ④

(2) 前後振

① ② ③ ④

体つくり運動　213

(c) まげる・伸ばす・反る

まげたり反ったりする運動は，単なる関節の柔軟運動ではなく，全身のバランスを伴う伸ばす運動である。腰を前後や横に動かしてバランスのとれる位置を決めてから，上体を伸ばすようにする(写真①,③,⑤)。頭や手からまげようとすると，腰が動かないので部分的なまげになる(写真②,④,⑥)。

(d) 一連の運動(作品)例

(1) 前まげ　　　(2) 横まげ　　　(3) 後ろ反り

① ② ③ ④ ⑤ ⑥

⑤ リズム体操の授業展開例

表5-4　リズム体操「二人で楽しく」　音楽：ねこバス～となりのトトロより～

平成12年度新潟大学教育人間科学部滝沢研究室作品

No.	呼間数	基本形	動き方
1 横とびと 足上げ	8×2 8×2 8×2 8×2	横とび あし上げ 横とび あし上げ	右足から右へ跳んで(1、2)、左足をそろえる(3、4)。左足から左へ行う(5～8)。くり返す(1～4)(5～8)。 右足を前に振り上げる。はじめは軽く2回目はできるだけ高く(1～4)。左足で行う(5～8)。 くり返す。 くり返す。
2 かさまわりと ジャンプ	8×2 8×2	かさまわり 交互ジャンプと大の字とび	二人で向かい合って手をつないで、かさまわり(1～8)。反対方向へ行う(1～8)。 二人(A、B)で向かい合って、交互に高く2回ずつとぶ(1～8)。最後の大の字とびをする(1～4)。横にやや離れて並んで手をつなぐ(5～8)。
3 柔軟	8×4 8×2 8×2	横まげ 後ろそりと前まげ ねじりとターンと大の字とび	二人で横まげをして上の手をつなぐ(1～8)。後ろに向きを変えて反対まげ(1～8)。くり返す(1～8)(1～8)。最後に背中合わせにやや離れて立つ。 後ろに反って両手を合わせる(1～8) 前にまげて、あしの間から両手をつなぐ(1～8) 右にねじって後ろで二人で手をたたき合う(1～4)、左で行う(5～8)。 ターンして(1～4)、大の字とび(5～8)。
4 突き出しと ツイスト	6 8×2 8×2 4	突き出し 片足ツイスト ツイスト横歩き かけ足足踏み	手をいろいろな方へ突き出す(1×6)。 右足軸で片足ツイスト(1～4)、左足で行う(5～8)。 くり返す(1～4)(5～8)。 両足をそろえたまま、ツイストで右へ4歩(1～8)。左へ4歩(1～8)。 かけ足足踏みをしながら向かい合う(1～4)。
5 走る	8×4	向き合い走り	二人で向かい合って走る。一人は前へ、一人は後ろ走り8歩(1～8)。反対方向へ(1～8)。 くり返す(1～8)(1～8)。
6 かさまわりと ジャンプ	8×2 8×2	かさまわり 交互ジャンプと大の字とび	2を行う。
7 突き出しと ツイスト	6 8×2 8×2	突き出し 片足ツイスト ツイスト横歩き 大の字とび	4を行う。 最後は大の字とびで終わる。

表5-5　小学校におけるリズム体操の授業展開例

（協力：新発田市立御免町小学校　松原　利弘）

1．単元の目標
・興味をもって楽しく意欲的に学習する。
・正しい動き方とからだの使い方を知り、全身的でリズミカルな動きが身につくように工夫する。
・心をこめて、からだ全体を大きく使って動けるようにする。

2．授業つくりの工夫
　一連の運動を重視する。リズムに合わせての運動は、子どもにとって魅力的な活動であり、意欲的な取り組みが期待できる。また、一連の運動をよりよいものにするという動機づけは、動きの質を高めるために有効である。
　振り、はずみを中心とした動きでリズム体操を構成する。これらの動きを音楽に合わせて行うことで、子供たちは心を解放し、豊かな表情を見せる。

3．指導計画

時	1	2	3	4	5	6
学習段階	〈ねらい1〉いろいろな動きを体験し全身を使って思い切り動く。		→	〈ねらい2〉一連の運動にまとめる中で動きを見直し、動きの質を高める。		
内容	オリエンテーション・体操の目的・学習の進め方　基本の動きの体験（示範・VTRより）・歩く・走る・ステップ・跳ぶ　・走る・飛ぶ・振る・ひねる　学習した基本の動きを組み合わせて動いてみる。		課題とする動き・高めたい動きの練習をする。（教師による指導）　グループに分かれ一連の運動の練習をする。　一連の運動　→　見直し　→　練習　↑　（話し合い）　↓　←　くりかえし　←　この活動の中で動きを見直したり、つなぎ方や作品としての流れを工夫したりして、動きの質を高める。			発表会の準備・練習・動きの確認　発表会
	本時の振り返り・次時への動機付け					振り返り

体つくり運動

リズム体操「二人で楽しく」学習カード
音楽「ねこバス〜となりのトトロより〜」　　　年　　組　　番　名前
◎じょうずにできた　○できた　△もうひとがんばり

横とび	①頭の位置を変えずに腰から動く ②つま先を使って(かかとをつけない) ③リズムに合わせて		① ② ③			
足あげ	①顔より高く足を上げて、足の下で手をたたく ②背筋を伸ばして ③リズムに合わせてはずみながら		① ② ③			
かさまわり	①うではひざの下からふり上げる ②横に大きく移動 ③2人の目と目を合わせたままで		① ② ③			
交互・大の字ジャンプ	①できるだけ高く跳ぶ ②タイミングを合わせて ③手足を大きく広げる		① ② ③			
横まげ・後ろそり	①うでは耳の横につけて　遠くのばす ②腰を横に出す ③目と目を合わせて ④ひざをまげて，腰を前に出す		① ② ③ ④			
前まげ・ねじり	①ひざをまげない ②足を固定する ③お互いの息を合わせて ④タイミングよく手をたたく		① ② ③ ④			
片足・両足ツイスト	①つま先を使って(かかとをつけない) ②地面をふみつけるように　③リズミカルに		① ② ③			
向い合って走る	①進行方向に体をかたむける ②2人の息を合わせる		① ②			

(協力:新潟大学大学院小山映、絵:髙木理絵、宮下真由美)

(滝沢かほる)

《参考・引用文献》

文部省(1999)：小学校学習指導要領解説体育編．東山書房．

文部省(1999)：中学校学習指導要領解説保健体育編．東山書房．
文部省(2000)：学校体育実技指導資料第7集　体つくり運動．東洋館出版．
Bode-Bund E.V.(Hrsg.)(1986)：75 Jahre Bode-Schule．Munchen：Dengler & Rauner．
板垣了平(1975)：体操．ポプラ社．
板垣了平(1990)：体操論．アイオーエム．
松原利弘(2001)：リズムにのって楽しく動き総合的に体力を高めるリズム体操．学校体育 54(6)：40-44．
丸山久志(2001)：「体つくり運動」の実践研究．体育科教 49(11)：68-71．
小黒美智子(1999)：私の考える「体つくり運動」単元計画モデル　動きつくり型．学校体育 52(4)：38-42．
佐藤明子(1995)：リズム体操の実践．体育科教育別冊⑭体操の授業．大修館書店，pp.76-79．
滝沢かほる(1995)リズム体操．体育科教育別冊⑭体操の授業．大修館書店，pp.28-33．
滝沢かほる編著(1997)：体操の学習指導．不昧堂出版．
滝沢かほる(1999)：子どものこころとからだは救われるのか－「自然な有機的な魂のこもった動きの教育」としての体操の立場から－．体育科教育 47(3)：17-19．

2）体つくり運動としての持久走

(1) 持久走と子どもの主体性

「次からの体育は持久走になる」と言えば，子どもたちからは一斉に「エー！」という非難めいた反応が必ずといってよいほど返ってくる。持久走は，鉄棒運動，表現運動とともに子どもたちから敬遠される教材の一つだといってよい。小学校5・6年生約700人を対象に行われた調査(松田，1987)では，約45％の子どもたちが持久走を「好き」，32％が「嫌い」と答えている。しかし，その一方で，からだのためになる運動であると回答した子どもは，76％とかなり高い割合を示していた。

　近年の教育の潮流として，子どもの主体性を重視する傾向が強い。そこでは，課題の自己設定や自己選択，あるいは自己決定などを子どもに要求することで，主体性を問うようにしているといってもよい。持久走に対する否定的な反応には，選択の余地のない強制への反発が含まれているのかも知れない。苦しいことは誰だって積極的にはやりたくはないだろう。このようにとらえると，子どもたちが嫌がる持久走を無理に指導しなくてもよいのではな

いかといった考え方もでてくる。それに，子どもたちの興味・関心の低い教材の指導ほどエネルギーのいることはない。しかし，冬場の定番教材である持久走は指導しなくてはならない。やれば現代の子どもたちに不足している体力はつけられる。そんな葛藤の中で持久走の指導が行われている例は，案外多いのではないだろうか。いったい，持久走の授業における子どもの主体性をどのようにとらえればよいのであろうか。

　授業は，子ども，教師，教材を主要な構成要素として，これら三者の相互関連において展開される。学びを視点としてみれば，佐藤(2000)が指摘しているように，教材との関わり，仲間との関わり，教師との関わりなどにおいて学びが存在するといえる。授業では，これらとの関わりから離れて子どもの主体性だけを問題にすることはできない。ましてや，好き嫌いといった感情的な側面だけで主体性を問い，教材を取捨選択するわけにはいかない。むしろ持久走には，運動することによって自分のからだがどう変化するのかといったからだへの気づきの幅を広げていくことや，自分のこころやからだと向かいあいながら主体的に走ることにより自己を見つめていくといった価値が含まれているのではないだろうか。

(2) 持久走の指導のあり方

　では，からだへの価値認識は高いが，興味は低いという心理的なギャップの大きい持久走をどのように指導していけばよいだろうか。その鍵は，持久走を長距離走やマラソンと同じように扱わないことにあるといってもよい。特に，競争的に指導することは絶対に避けなければならない。競争が目的となれば，人よりも速く走れるかどうかで自分の有能さを示すために走ることにつながる。このような状況下では，子どもは自分の能力以上の強い負荷を身体に課して走るため，大変危険でもある。また，呼吸自体も非常に苦しいものとなり，「吐く－吸う(ゼー，ハー，ゼー，ハー)」だけの，自分でコントロールできない状態のまま走ることにもなる。加えて，競争が目的となれば，走ることは手段化してしまい，走る過程に意識を向けることが希薄になってくる。走りだしたとたん，持久力の劣る子どもが，「あと何周」という目標だけを立てて走るといった例にみられるように，何よりも今という時間を切り捨てながら走ってしまう。これが，走りの中に含まれているはずの，多様な

学びを阻害することにつながってくるのではなかろうか。

　もちろん，持久走の指導では，走ることによって生じる苦しさは避けて通れない。持久走は，ある程度の苦しさは我慢して走ることが要求される運動である。しかし，だからといって，より苦しい条件で走れば走るほど身体的に高い効果が得られるわけでもない。持久力をつけるための運動の強さは，運動時間や頻度の条件も関わるが，最大負荷強度の約70％程度だとされている。また，小学生の時期は，発達段階からみて本格的に持久力を高める段階ではなく，その準備段階にあることが指摘されていることから(宮下,1980)，むやみに速く走ることにかりたてるような指導は避けるべきであろう。むしろ持久走の授業では，どのようなペースで走れば自分の力にあった快適な走り方ができるかといった，いわば自分のからだと対話しながら走ることを重視し，その過程で得られる事実を学びあうことをねらいとして指導したい。走るペースを子どもにゆだねるということは，子どもの自己決定を尊重するということである。自己決定は，自分で決めたことは自分が責任もって行おうとする内発的動機づけと関係する。また，走った後だけではなく，授業前や準備運動中など，機会あるごとにからだの状態がどうであるかを子どもたちに問いかけていくことは，健康に対する子どもの自覚を高めていく，すぐれた教育的課題でもある。

(3) からだの状態を自己モニターしながら走る

　自分のからだと対話しながら走るためには，運動中のからだの状態を自分でモニターできることが必要となる。その方法として次の二つがあげられる。

　その一つは，脈拍数で判断する方法である。脈拍数はからだの状態を客観的に把握できる指標の一つである。理科との合科的な内容ともなるが，運動によるからだの変化を脈拍数を通して知るということになる。子どもの知的好奇心に訴えながら，走る前と走った後で脈拍数がどう変化したかを測定し，自分の走り方を見つめ，より自分の力にあったペースで走れるように指導する。子どもには脈拍が正確に計れないと決めつけないで，授業前，準備運動後など，多くの機会を設けて測定すると十分測定できるようになる。

　自己モニターのためのもう一つの方法は，運動の強さを主観的に把握する方法である。通常，運動すれば生理的変化に随伴した心理的な変化が現れて

くる。走っている途中にどの程度苦しいと感じられるかを自己評価し，それを走り方にフィードバックしていくようにする。最初のうちは，苦しさに埋没したり，自分を対象化してとらえることができないため，スタートからゴールまで全部苦しかったという感じ方しかできないかもしれない。しかし，走りはじめてしばらくすると苦しくなる時期(デッドポイント)があることや，それを通り越せば少し楽な状態(セカンドウインド)が訪れることなど，走る過程で生じるからだの変化を敏感に感じ取れるようになれば，いつも苦しいだけではないこともしだいに理解できるようになってくるだろう。また，本当に苦しいと感じた時，どのような呼吸をしていたかを取りあげてみるとよい。いずれにしても，主観的に感じられるからだの状態で運動の強さを判断し，走るスピードを自己コントロールできるように，運動中に得られる身体の感覚を積極的に取りあげていきたい。

表5-6は，脈拍数と運動の強さの感じ方(主観的運動強度)を表示したものであり，「非常に楽である」から「非常にきつい」までの14段階で表示されている(山地，1980)。左端の数字を10倍した値が，ほぼ1分間あたりの心拍数に対応するとされている。脈拍数と主観的運動強度との関係が完全にこの通りにならなくても，どの程度の苦しさのときに脈拍数がどの程度だったかという関係さえつかめれば，主観的運動強度をもとに，その時の運動の強さをリアルタイムに理解できることになる。

(4) 折り返し持久走でペース感覚を教える

長距離を走ることに慣れていない場合には，最初からスピードをあげて走

表5-6　主観的運動強度尺度
(小野寺と宮下，1976より)

20		
19	非常にきつい	Very very hard
18		
17	かなりきつい	Very hard
16		
15	きつい	Hard
14		
13	ややきつい	Somewhat hard
12		
11	楽である	Fairly light
10		
9	かなり楽である	Very light
8		
7	非常に楽である	Very very light
6		

りすぎ，後半には走れなくなってしまうことが多い。特に同じコースを一斉に走る場面では，競争心からこのような走り方になりやすい。このことから，授業の導入時では，まず一定のペースで走ることを教える。そのための方法として，50m間隔に引かれた2本の直線間を一定の時間で折り返して走ってくるようにする。たとえば，この場を1分間かけて走らせてみる。分速100mのペースなので，歩けるくらいのゆっくりとしたスピードで走ることになる。誰が一番，時間ピッタリに走れるかを問題にすると，最初のうちは，人と比べて速いか遅いかを気にしながら走るだろう。折り返してゴールするのと，1分間を知らせる笛の合図との間に緊張感も生まれよう。1回だけでは当然うまく走れないので，2回，3回と続けて行う。そうすれば，「これくらいのスピードで走れば大丈夫かな？」といったように，自然と自分の走るペースに目が向けられるようになってくる。速く走ることではなく，設定されたペース通りに走れるかどうかを競うことになるので，あまり持久力がなくてもペース感覚の優れた子どもが脚光をあびる機会にもなる。ペース感覚をつかむためのペースには，これ以外に30秒（分速200m）や，45秒（分速150m）などがある。後の学習で，子どもたちが自分でペースを設定して走れるように繰り返し行うようにする。

　このペース感覚をつかむ段階で，呼吸法の指導をあわせて指導していく。持久走で最も効率のよい呼吸法は，4歩1呼吸であることが報告されている（金原ほか，1978）。4歩の各ステップにあわせて，2回吐いて2回吸う（吐く－吐く－吸う－吸う）という基本的な呼吸法を取りあげながら，ペース感覚を身につけさせていくように指導する。

(5) ペースを自己設定して走る（折り返し持久走型）

　次に，いくつかの設定ペースで走った時の感覚をもとにして，5分間通して走りきれる折り返し地点をそれぞれの走力に応じて設定させる。30秒間で走ってこれると思う地点に目印を置き，そこを折り返して走るようにする。持久力養成のための最低条件だとされている5分間走だと，10往復走ることになるので，徐々に折り返し回数を増やしていくようにする。実施時には，ペアの一人を折り返しポイントの近くに立たせ，ペア走者が設定した折り返し点でうまく走れているかどうかを観察させる。もし，折り返し点が近すぎ

たり，遠すぎたりした場合には，走者の指示により折り返し点を調整する。30秒ごとにペースゾーン内にいれば，1点が与えられるように小目標化すれば，10点をめざした走りとなる。折り返し持久走の詳しい実施方法については，これを開発した山本(1982)の著書を参考にしていただきたい。

(6) ペースを自己設定して走る(多重小円トラック型)

```
                      30秒速      分速
  ⤴ 55.26  →(130m) →(260m)
  ⤴ 50.24  →(120m) →(240m)
  ⤴ 45.22  →(110m) →(220m)
  ⤴ 40.20  →(100m) →(200m)
  ⤴ 35.18  → (90m) →(180m)
  ⤴ 30.16  → (80m) →(160m)
  ⤴ 25.14  → (70m) →(140m)
  ⤴ 20.12  → (60m) →(120m)
            m
```

円弧の中心間の距離

〔方法〕
・30秒で一周する
・回る円は各自の走力で決める

半径3m
(一周20m)

ペースゾーン

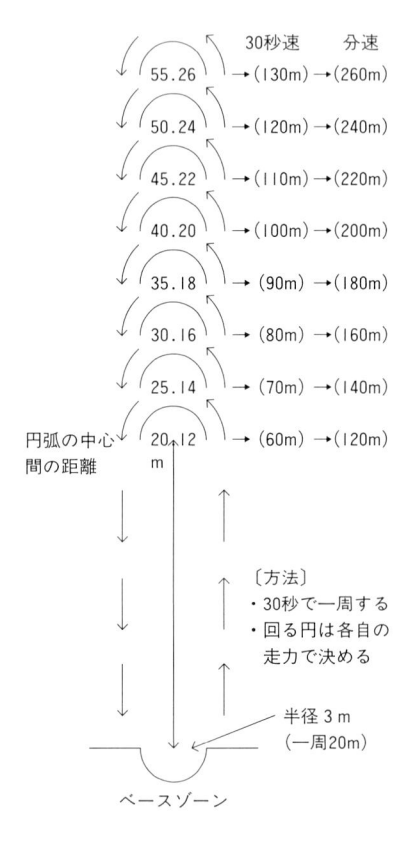

図5-4　多重小円トラックの場づくり

折り返し持久走と小林ら(1995)による多重円トラックによる実践の長所を取り入れ，授業で簡便に実施できる方法に多重小円トラック(図5-4参照)を用いた方法がある。まず，3mの半径でペースゾーンとなる半円を描く。そして，もう一方には，子どもたちが30秒で走って帰れる距離にあわせて，いく

つかの半円を作っていく。半径3mだと，円周上から約20cm外側を走ることを考えれば，円周全体でほぼ20m走ることになる。これくらいの円だと，カーブは少しきついが分速200m程度のスピードまでは十分対応できる。折り返す円の入り口に，分速何mのコースかを示す数字を書いておくと，よりわかりやすい場となる。この場は，授業で比較的楽に作ることができる。実施時には，ペアを組ませ，前半組と後半組に分けて行うようにする。これは，ペース設定の課題を相互に相談しながら学習していく機会ともなる。

　実施にあたっては，走る前にどのコースを選んで走るかを自己申告（表5-7参照）して走るように指導する。自己申告は，いわば「走りの設計図」である。

表5-7　持久走の授業記録例

持久走学習カード　　　月　日　名　前＿＿＿＿＿＿＿＿

回	予定	実際
1	8	◎
2	8	◎
3	8	◎
4	8	9
5	8	9
6	8	9
7	8	9
8	8	9
9	8	9
10	8	9
距離	800m	860m

予定どおり……◎
違う場合………コース番号を書く

| 脈拍数 | 走前 | 75 | 走後 | 144 |

走った感じ（番号に○をつける）
20
19　非常にきつい
18
17　かなりきつい
16
15　きつい
⑭
13　ややきつい
12
11　楽である
10
9　かなり楽である
8
7　非常に楽である

〔今日の授業で、できたこと、わかったこと〕

〔こまっていること〕

　その日の体調がどうであるかも考慮して申告するようにさせたい。また実施時には，ペアを組ませ，前半組と後半組に分けて行うようにする。これは，ペース設定の課題を相互に話しあいながら学習していく機会ともなる。途中で苦しくなりすぎたり，楽すぎると感じる場合にはペアに変更することを告げて走るようにさせる。走った直後には，苦しさの程度と，脈拍数を記録し，次回の走り方に生かせるようにする。上手にペースが設定できて走れている

子どもがいれば，設定したペースと走った後の主観的運動強度，そして脈拍数や呼吸がどうだったかを他の子どもたちに伝え，取り組みを深化させていく。走直後の脈拍数があがっていない子ども(毎分120以下)や，反対に高くなりすぎている子ども(170以上)がいる場合は，ペース設定や，脈拍の測定がうまくできているかどうかを個別指導する。気温が低い時には手先が冷えすぎてうまく計れない場合もあるので，脈拍数の低い子どもにも注意しておく必要がある。

　この多重小円トラックを用いた持久走では，円を回って折り返す瞬間に，一番近い円を走る子どもがトップを走り，一番遠くの円を回ってくる子どもがビリを走っているという逆転した状況が周回ごとにでてくる。これは，速く走れることだけが大切だとする運動認識にゆさぶりをかけ，自分の力に応じたペースで走ることの大切さを理解させていく機会ともなる。

(7) 走りやすいペース配分で走る

　自分の力に応じて一定のペースで走れるようになれば，次に，より進んだ段階として，どのようなペース配分で走ればより快適に走れるかを取りあげて指導する。図5-5は，中学校の持久走の実践で「10分間走で，最大距離が出せるように」走った時の生徒のペースパターンである(小林, 1995)。人によっていろいろな走り方をしているという事実を大切にしながら，全体をどのようなペース配分で走れば，より自分にあった快適な走り方ができるかを課題として授業を進めていくようにする。

(8) 誤差駅伝をみんなで楽しむ

　単元の途中やまとめの段階で，誤差駅伝を行ってみると活気ある授業とな

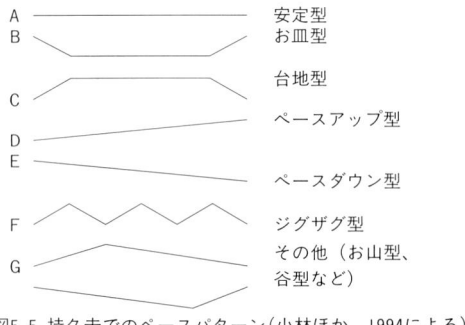

```
A ──────────        安定型
B ＼___／           お皿型

C  ─────            台地型

D           ／      ペースアップ型
E ＼_____          ペースダウン型

F ／＼／＼／        ジグザグ型
G ＼／＼            その他（お山型、
                    谷型など）
```

図5-5　持久走でのペースパターン(小林ほか, 1994による)

る。チームは，ペース設定で協力してきたペアを2組集め，4人で1チームを編成する。多重小円トラックを用いれば，各メンバーが設定した折り返し円を10周(あるいは5周)して次の走者にタスキを渡す駅伝にする。この場合だと，1人が5分(2分半)ずつ走ることになるので，4人で20分(10分)にどれだけ近い時間で走れるかをチーム間で競うことになる。誤差駅伝では，それまでの学習で得たペース感覚の競争になるため，途中の30秒ごとの笛はもちろん吹かない。ゴールした順に，何分何秒でゴールしたかを記録しておき，最後のチームがゴールインした後で誤差時間と順位を発表すると，チームのみんなで力をあわせて，時間どおりうまく走れたかどうかで大いに盛り上がる。これは，課題として追求してきたペースの習得状況がどうであるかを自己評価・相互評価する場ともなる。　　　　　　　　　　　　（松田泰定）

《引用・参考文献》
松田泰定(1987)：体育教材に関する研究(1)－運動に対する興味，評価，価値の分析を中心に－．広島大学学校教育学部紀要，第Ⅱ部 10：153-162．
佐藤学(2000)：授業を変える学校を変える－総合学習からカリキュラムの創造へ．小学館，pp.17-24．
宮下充正(1980)：子どものからだ科学的な体力づくり．東京大学出版会，pp.153-164．
山地啓司(1981)：運動処方のための心拍数の科学．大修館書店，pp.59-68．
金原勇他(1978)：持久走における呼吸法の研究．筑波大学体育紀要1：65-76．
山本貞美(1982)：生きた授業をつくる　体育の教材づくり．大修館書店，pp.83-126．
小林一久・松田泰定・今崎英明(1995)：持久走の実践　宇土正彦監修『学校体育授業事典』．大修館書店，pp.688-691．
小林一久他(1995)：前掲書，p.689．

3. 器械運動

1）小学校低学年の床運動

(1) 小学校低学年はどういう時期か

　小学校低学年の時期は，幼児期までに体内に培ってきたさまざまな感覚を，日常の生活・運動体験で，より系列的，体系的に体得すべき時期であり，幼児期とともに「感覚系形成期」とでも呼べる時期であるように思われる。特に，空間におけるからだとその部位の非日常的な位置変化や移動（逆さになる，回転する，バランスをとる等々）などによる情報を，脳髄を含む体内に通報し，身体の調整に貢献する自己受容感覚の形成を軸としつつ，外受容（視覚，聴覚など）・内受容感覚などの諸感覚を旺盛に形成させていくべき時期であろう。そしてそれは，一日の運動の一定部分を占める学校生活，特に体育においても意図的に考えていくべき課題である。ジャングルジム，タイヤ跳び，鉄棒，マット，水泳など，これらの感覚を育む運動は，教材としても身近に多種多様にある。これら諸感覚によって，身体を制御する力を高めていくことは，さまざまな運動の基礎・基本を養うという意味で，「基本の運動」（「学習指導要領」）の精神に沿うものでもあり，体育の授業にとって不可欠の課題ともいえる「安全性」（身を守る力の形成）を培っていくことにつながるものである。

　発達心理学の立場から，自己受容感覚の重要性を指摘したのは，古く，フランスのH.ワロン（1879～1962）であったが，ワロンの研究家であった波多野は，ワロンの見解に即して，この感覚形成の発達的意義を次のように述べている。「…筋肉の収縮の各系統と，それに対応する印象との間に正確な関係がなければ，運動は心理生活の中に入りこむことができないし，心理生活の発展に寄与することができないのである。…自己受容的感覚は，平衡の反応，及び態度と結びついているが，態度はその素地として，筋肉のトーヌス性の収縮をもっている。筋肉のトーヌスとそれに対応する感覚との間には，一種

の直接的な結合と相互性があるようにみえる。(波多野，1967)」

　ここでは，人間の身体活動による筋肉収縮の各系統の機能が，ただ身体のレベルだけでとらえられているのではなく，心理生活の発達(ここでは「態度」の形成)にまで踏みこんで把握されている。

　また，坂元もワロンに学びつつ，自己受容感覚の熟成の必要性を体育との関連で述べている。「…自己受容感覚というのは，自分が自分であるということが，姿勢や構えをとおしてわかる感覚です。たとえば，自分が傾いているときには，傾いているということがわかるということです。これは身体的な姿勢，つまり，からだの態度だけでなく，精神的な姿勢・態度の形成に大きな意味をもっています(坂元，1993)。」と述べ，この感覚を「自我の発達のもっとも原始的な基礎になる感覚」としている。坂元も波多野と同じように，自己受容感覚が身体活動を通しつつ，精神機能の発達にまで及ぼす影響にまで言及しているが，これら諸感覚の形成・確立にこそ，心と身体を統一的にとらえる接点があるように思われる。

(2) 1・2年生の「床運動」指導の事例から

　次に述べる実践事例およびその分析は，小学校1・2年生を対象として，筆者らの研究室における授業研究においてなされたものである。

　共同研究者の吉田(2001)はこの中で，「心と体を一体として…」(小学校学習指導要領，1998)把握していくための両者の接点として「からだの柔らかさ」を仮説的に位置づけ，からだの柔らかさはどのようにして引き出されるかについて，直接，指導しつつ観察を行った。小学校中学年以降になるにつれて，放っておけば急激に硬くなっていく現実にある子どものからだを，低学年の段階で柔らかいものにしていくこと自体が，この時期の体育の目標となり得るものである。

　以下に紹介するのは，吉田らが体育館で指導した一連の床運動のうち，「前まわり」，「手を使わない後ろまわり」，「かえる跳び」における指導上の要点と，これら運動群についての，指導・観察を通した価値評価である。いずれも床運動として，床という材質がもつ特性を活用することに主眼をおいている。床上という環境では，より〝ゆっくり〟，〝ていねい〟に，そして〝床と「対話」する〟ように感触を確かめながら行うことが可能である。床という

材質がそうさせるのである。その分，意識が介入する時間も長くなり，その意識によって制御されていくからだの状態を「柔らかさ」としてとらえ，追求の主題としているのである。

① 前まわり(写真5-1)

写真5-1　前まわり

まず，「気持ちよく，ゆっくりと体育館の板(床)の上で転がってみよう」と誘いかけ，各々の子どもたちがどのようなまわり方をするか，観察しながら少しずつ対応していく。当初に，「荒っぽくやると，痛いよ！」というようなことばを投げかけておくとよい。無造作にまわってしまうと，床で身体のどこか(頭部，肩，背中)を打ってしまうこととなり，たちまち「痛い！」という不快(ないしは苦痛)に類する感覚情報を受けとることになる。自分が回転している姿は自分で見えなくても，打った時の痛覚・聴覚(音)・振動などで，自己の運動の"出来・不出来"を，おおむねとらえることが可能である。つまり，床との接触によって「内的フィードバック」が作動し始め，それが「痛くないようにするにはどうすればよいか」という"問い"の芽ばえへとなっていくのであろう。このへんで個別の情況に応じて，一つずつ問題を出し，「注文」をつけていく。以下に列挙するような事項が，この運動の原則といえるものである。

(a) 両・手のひらを広げ，床をつかむようにして，両腕・肩の線に筋緊張の力を送りこみ，腰が浮いて，体重がかかってもつぶれないだけの土台をつくる。

(b) 両・手のひらは，少しハの字型状にして着手し，両肘を柔らかく使えるようにするために，少々外側に出るようにする。これが回転を容易にし，バネの機能を果たす。

(c) 「鼻のてっぺんを胸につけるようなつもりで…」というようなことばで，

首をやわらかくして，頭を内側にしまいこむ(写真5-2)。
(d) 背中を上部からゆっくりと床につけていくが，「背骨の関節を一つずつ着けていく」ようなつもりでていねいにつけていく。こうすることによって，意識を背中全体にいきわたらせる。
(e) 回転の後，お尻が静かに床を離れ，すっきりと立ち上れるようにする。回転の途中で，回転後の立ち上り(運動の終相)の「イメージ」を頭に描かせることは，運動の流れをより意識的，主体的なものとさせ得る。

写真5-2

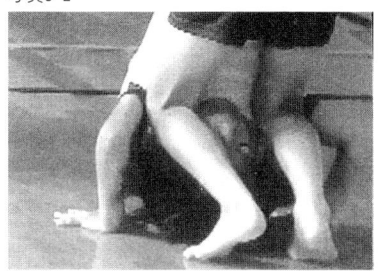

以上がだいたいの要点であるが，スタート時における合理的な両腕の支えをつくることが主要なポイントとなる。このようにしっかりした「土台」の形成によって，運動は物理的に「安定」し，安全性が導かれる。また，心理的にも「安心」感を得ることができ，怖さ・不安感も軽減・除去されていくであろう。

② 手を使わない後ろまわり(写真5-3)

写真5-3 手を使わない後ろまわり

この後ろまわりは，首，肩，背中などからだに余分な力を入れずに，脱力することがねらいである。演劇の俳優たちが，からだの脱力の訓練のために行っている運動のひとつであると聞くが，からだの脱力を図り，床の材質が

もつ気持ちよさを感じ取りながら，物体の円運動とはまたちがった回転を体内から引き出すことである。前まわりと同様，常に床とからだで対面し，「対話」することによって，自分のからだの状況を察知し，からだを調整するという意味で，新教育課程にあらわれている「体ほぐし」のねらいにも即するものである。

写真5-3が，その授業場面であるが，まず，(a)からだに無用な力を入れずにリラックスした状態で仰向けに寝る。(b)腹に力をためて静かに両脚をもち上げていき，(c)垂直線を越えて頭部側に移行させ，(d)両つま先を頭の斜め右(ないしは左)にもっていく。そして，(e)首を少し足と反対側に傾けるようにする。両足が垂直線を通過する頃から，からだの重みにまかせ，重みを感じながら，ゆっくりとていねいに背を少しずつ床を離していくと，自然になめらかに回れる。回り終えたら静かに〝正座〟の姿勢でこの運動の完結となる。この最後の姿勢(「終相」)までを指導の対象にし，このイメージを描き続けるようにすることによって，より脱力されたやわらかい回転が可能となる。

③ かえる跳び

この教材は，写真5-4のように，その場で，両手をいくらか床から浮かしておき，ピョンと跳びはねて，両腕にからだを乗せてしまう運動であり，準備運動としてもしばしば使われている。

写真5-4　かえる跳び

両腕の安定した支えによって，逆さの状態で，その場で両腕に一瞬体重を乗せる感覚や，腕に体重をすべて任せてしまった分，下半身(特に腰，膝)の力を抜ききってしまうという特徴がある(写真5-5)。この運動は，床・マット運動のロール系(頭を中へ入れ，背中をつけて回る系統，前回りなど)と同時に，スプリング系(背筋を反らして行う〝跳ね〟の系統)との岐路に立つ教材

でもあり，ここにどれだけ内容を付与していけるかが課題となる。

写真5-5

　前まわりで述べたように，手のひらをいっぱいに開いて，床をつかむようにし，両手のひらの角度を多少ハの字型状にし，両肘が〝バネ〟として十分使えるようにする。

　スタート時に，両手を床から浮かしておくことが必要であるが，その落差は，最初はわずかにし，少しずつ広げながら「怖さ」への慣れを図るべきである。床，マットを含め，器械運動系の教材は，逆さになる，回転するなど「非日常的」な体形・行為をとることが多く，そこに身を守る「心理的機制」としての「恐怖心」が往々にして引き起こされる。低学年の体育は，さまざまな形態のからだのこなし（たとえば，腕支持のしかたなど）を豊富に体験させることによって，「恐さ」に慣れ，それを取り除いていくことが一つの課題であろう。

　この運動も最後の着地が重要である。「着地の音をやわらかく！」という促しによって，運動全体が一変することがある。終末の行為のイメージが事前の運動の質を逆流的に制御するのであろう。前にあげた前まわり，後ろまわりについても同様のことがいえるのであるが，床運動の効果は，音の質を自分で聴いて自分で「分析」できるところにある。

　吉田はこのことに関して次のように指摘している。「着地時の音を意識するように言った後，着地時の音が静かになった。膝を使った，やわらかくていねいな着地をする子どもがどんどん増えていった。着地時の音を意識することは，両腕で体重を支え，ゆっくりていねいに着地することが要求されるため，両腕に十分体重をのせることにつながったと考えられる。また，子どもたちの集中した様子も，音を意識したことによる結果であると考えられる。」

着地の音に耳を傾けるよう促すことによって，「音が静かになった。」とは，音という聴覚情報によって，自分のからだを制御し始めたことであり，その内容はその後の文，「膝を使った，やわらかくていねいに着地をする子が…」に具体的に示されている。また，音がしないよう，時間的に「ゆっくり」行うことによって，それだけ腕の支えの時間が長くなることにもなる。

　さらにこの文章の最後に，音に耳を傾けることは，本人のみならず周囲の子どもたちの集中をも生み出すことを指摘しているが，事実，床運動の効果は集団の組織化の契機さえ含んでいる。

　このように，環境(ここでは床面)が有する情報とそこにいる人間が，一定の関係をとり結ぶ可能性は，ギブソン(Gibson,J.J.,1904-1979)の「知覚理論」で説明することができる。ギブソンは，環境の特定の性質が，主体(生命体)から特定の行為を引き出すという，環境がもつ力動的特性のことを「アフォーダンス」(Affordance)と名づけた。床の上で行うと，からだが直接床に当たり，床という材質がもつ特有の属性に対応することになるので，両腕による体重の支えや，頭の入れ方，背中などに意識を集中させることになる。床に「素直に」対応すれば，床が有益な情報(痛さを除去できる方法，心地よさが涌き出る方法)を教えてくれるのであり，理にかなった動きを学習者に探索させる特性を，この環境は有しているのである。床にていねいに対応していくことによって，からだから柔らかさを引き出すことができるはずだと考えられるのである。

　さらに，このように，からだ中に全神経をいきわたらせ，全意識を指先にまでみなぎらせ，からだ中の「声」に耳を傾けようと感覚器官を"総動員"することの中に，感性の教育の契機があるという視点をも見失ってはならないであろう。
　　　　　　　　　　　　　　　　　　　　　　　　　　　　　　(阪田尚彦)

《引用・参考文献》
波多野完治(1967)：精神発達の心理学．大月書店，p.67.
坂元忠芳(1993)：新しい学力観の読み方．労働旬報社，p.173.
吉田藍子(2001)：からだのやわらかさをひき出す「運動あそび」に関する研究〜低学年体育「基本の運動」における一考察〜」岡山大学教育学部　平成12年度卒業論文．
ギブソン：古崎敬他訳(1985)：生態学的視覚論．サイエンス社．

2) 側転（側方倒立回転）の指導

(1) 側転の教材価値

　子どもたちは，勉強にしても遊びにしてもどんなことでも，できないことが少しでもできるようになることに喜びを感じていくものである。そして，少しできるようになった自分をさらに越えていこうとして，より高いものを目指していこうとすることが，子どもにとって本質的なことである。

　特に教科教育の場合，そのことが目に見える形であらわれるのが，体育科である。すぐれた実践者であった小学校教師の斎藤喜博(1977)は「体育とか音楽とかは，誰の目にもわかるように具体的に結果がでる。またどの子どもも，自分をぎりぎりまで美しく高めていくことができる。したがって，教師の指導によって，子どもたちを励まし自信をもたせるのにもっともよい教科である。また，ここでつちかわれた，自信とか，喜びとか，心身の使い方とかが，他の教科での学習にそのまま移行されていき，そこでも子どもたちは自分の力をだしていくようになる。」と述べている。体育の学習指導を通して，斎藤が述べているような子どもの姿を見ることがよくある。だからこそ体育科の学習では，子どもが少しできるようになった自分を発見し，そのことがきっかけとなり，新しい自分をつくり出すことができるような学習を実践していくことが必要である。また，そのような授業を通していくなかでこそ，子どもは自分のからだや心を開いていくことができるのであろう。

　私は，体育という教科は，技能や体力の向上のみを目指す教科ではないと考える。また，形式的な「めあて」などを子どもにもたせておいて，後は子どもにまかせるという教科でもないと考える。すべての子どもが自分のからだを大切にし，自分のからだを守ることができるという体育の基本的な目標を重視する必要があると思う。そのために，さまざまな教材を通して，子どもが自分のからだを自由に使うことができるような方法や技術を学ばせていくことが必要なのである。さらに，一つの技なり教材なりを深く追求することで，子どもたちは次々と新しい自分を発見し，自分のからだをより大切に使おうとすることができるのである。

　器械運動の教材の中で，私は，側方倒立回転（以下，側転という）を重視し

ている(写真5-6)。側転を通して，「逆さになる」「腕でからだを支える」「移動する」というマット運動で必要な感覚を養うことができるからである。さらに，側転を起点として，ホップ側転(写真5-7)，ロンダード(写真5-8)，ハンドスプリング(写真5-9)というような高度な技への系統性を考えるうえで，側転はなくてはならない技でもある。

写真5-6

写真5-7

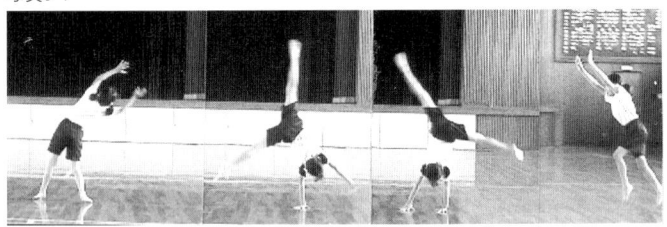

写真5-8

写真5-9

また,『小学校学習指導要領解説（体育編）』の改訂の要点には「自分や仲間の状態に気づき，体の調子を整えることができるようにする。」（文部省，1999）と，述べられている。「気づき」とは認識であり,「調子を整える」とはからだの制御（調整）でありそれらの背景には，柔軟なからだづくりは不可欠な要素である。小林(1998)は，からだの柔軟性について,「体幹部の柔軟性には，胸部の運動の柔らかな動きが，実は大きく影響しているのである。」と述べている。伸びやかな側転の指導を通して，胸部の柔らかい使い方を指導することが可能であり，それがからだ全体の柔軟性や，からだへの気づきなどへと結びついていくと考える。

　本稿では，以上のような視点で側転をとらえ，側転を指導する際の原則や実践例を通して，側転という教材について検討していく。

(2) 側転を指導する際の原則と実践例

　側転に関しては，側転，側方倒立回転，腕立て側転，倒立横まわり，倒立側転などさまざまな呼び方がされているが，質的に分けてみると2つに分けることができる。ひとつは，進行方向に対して横向きに構え，開脚の姿勢で両手を左右にあげて構え，片足をあげ，もう一方の足に体重をのせていき，腰を進行方向にほうり投げるような感じで右手，左手と手を着き回転していくという運動である（写真5-6）。もうひとつは，進行方向に正対して構え，両手を真上にあげると同時に片足を振り出し，倒立をするときのようにふりかぶり，片手を着手する瞬間にからだの向きを90度横向きにしてまわるという運動である（写真5-10）。どちらの側転に関しても，原則的な事柄は大きく変わらないが，後者の方が補助倒立，壁倒立を前提条件としている側面が強いので，本稿では前者の方を側転ととらえて，側転の原則的な事柄や実践例について述べたいと思う。

写真5-10

① 腕の支持

　側転を子どもたちに指導する際，第一に着手を意識させた腕の支持の感覚をつかませることが必要である。腕の支持はマット運動，跳び箱運動のほとんどの技において，基礎となる土台である。

　実際の指導では両手でつかむという感覚をつかませ，その後，腕の支持の感覚をつかませるようにする。

　(a) 両手でつかむ感覚
- 両手のひらをしっかりと開き，手でお皿をもつようにして床をつかませ，つかむということを意識させる(写真5-11左)。
- 両手を上にあげて，両手を床に向かって振り下ろし，両手が床に着く瞬間に床をつかませる。これを何度も繰り返し，床をつかむという感覚を身につけさせるようにする。

　(b) 腕の支持の感覚
- 四つ這いになり，両手でしっかりと床をつかませ，背中をぐっと押されてもくずれない腕の支持のやり方について考えさせる(指先の向きや肘の曲げ具合など)(写真5-11右)。

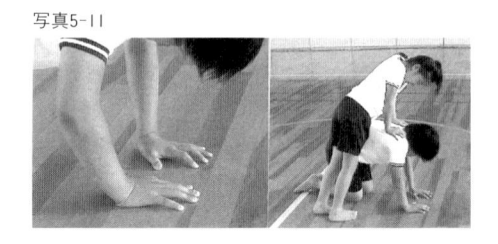

写真5-11

- 友だち同士で背中を押しあったりするなどしていくことで，両腕の線がぴんと張られた腕の支持について，それぞれの子どもが実感していくことができるようする。

　以上のような指導の後，両手で床をつかむということ，腕の支持をしっかりとさせることがマット運動・跳び箱運動のすべての運動に通じ，これができていれば大きなけがをすることはないということを伝えることで，子どもたちに安心感をもたせるようにする。

② スタート

　スタートは，運動の始まりであると同時に，運動の終わりまでに影響を与えている大切な部分である。側転においても，スタートのやり方によって，その後の運動が大きく変わってくる。スタートで大切にしたいことは，呼吸（特に息を吸うこと）である。斎藤(2000)は「息は，心と体をつなぐばかりではない。自分と自分の周りの世界や人間との『間』を調整する働きを息づかいはしている。・・・息の本質は状況と自己を『合わせる』ことにある。状況あるいは他者がもつテンポと自分が内面にもっているテンポをすりあわせる境界面が息なのである。」と述べている。側転のスタートに関して述べれば，息を吸うことによって次の運動(着手)への間を調整したり，スタート後の運動のイメージをつくったりするということである。また，息を吸うと同時に，胸をひろげふくらませるようにする。胸をひろげることで胸部に自由度を与え，胸を柔軟に使うことができるようにするためである。

(a) 立った姿勢からゆっくりと息を吸ったり吐いたりして，呼吸のリズムをつかませる。その際，息を吸ったときの胸の柔らかいひろがりを特に意識させるようにする。

(b) 両足を少し開いて立ち，両手を左右にあげ，進行方向を向かせ，スタートの姿勢をとらせる。目線は指先の延長線上を見るようにさせる。このことにより，頸反射が作用し，胸郭のひろがりにもつながり，回転力のきっかけをつくることができる。

(c) 息をゆっくり吸いながら，進行方向上の手を上にあげ，進行方向の足を「ふわっ」と引き上げるようにする。これを何度か繰り返し，スタート時の息の吸い方，胸のひろがりの感覚などをつかませるようにしている(写真5-12)。

写真5-12

③ 側転の運動経過

　側転には，スタート姿勢から，着手，着地という運動の経過の中で，「スタート姿勢→手→手→足→足」という運動の流れがある。この運動の流れの体得が横方向への移動感覚をつかませる大切な要素であり，側転本来の美しさを引き出す条件となる。実際の指導では，先に述べたスタートの流れを大切にしていきながら，次のような手順で側転の運動の流れをつかませるようにする。

(a) スタート姿勢をとった後，息を吐きながら，進行方向の手で床をつかむようにする。その時，手が背中の方向に向いていること，床がしっかりつかめていることを確かめさせるようにする。手で床をつかむとスタートで引き上げた足が床につき，もう一方の足が自然に引き上げられているということを意識させるようにする(写真5-13)。

写真5-13

(b) (a)を繰り返すなかで，からだが進行方向に流れ，倒れるのを防ごうとして，もう一方の手で自然に床をつかむようになる。その時，手を着く位置，指先の向き，つかみ具合などを意識させるようにする(写真5-14)。

写真5-14

(c) (a)(b)の動きを何度も繰り返し，運動に流れができてくると，足の方も自然とあがっていく。この足の動きが見え始めたとき，足で着地するときの動きや位置について知らせる。

(d) (a)〜(c)の動きの流れを止めずに何度も繰り返すことで,ほとんどの子はひざが曲がっていたり,着地が崩れたり,腰も高くあがったりはしていないのであるが,リズムよくまわることができるようになっていく。

　以上のような指導の後,子どもたちには「側転は,ひざが曲がっていてもいいし,腰が頭より少しでもあがっていたら,それは側転なんだよ。だから,今日はみんな腰が頭よりも上にあがっていたので,みんな側転ができたね。少しずつ練習していけば,腰ももっとあがってくるからね。」と,わずかな変化でも認めることばを投げかけることで,子どもたちに自信をもたせると同時に「もっときれいな側転をしてみたい。」という気持ちをもたせるようにする。側転の運動の流れをつかむことができ,少しでも自信がつくと,自分からどんどん練習していこうとする姿が見られるようになる。側転のもっている運動の流れを子どもにつかませ,運動の流れにのりながら,側転にとって必要な動きをひきだしていくことが大切である。

④ スタート時の体重移動

　側転の運動の流れをつかませた後,手を着く位置,足の指先の向き,スタート時の首の向きや両手の伸び具合などの部分に視点を置いて練習する。その際,より明確に側転の流れを引き出すことができるように,スタート時の体重の移動について指導することがある。スタート時の姿勢から右足,左足と交互に体重を移し変えて,からだを左右にゆらせて体重の移動がスムーズにとれたところで,息を吸って,両手を上にもっていく,という要領である。このようにスタートで体重の移動をスムーズにとらせることで,側転に入るときのきっかけがつかみやすくなったり,側転の流れもよりスムーズにできるようになるのである。そして,2回,3回と側転を続けて行なうことで,腰も少しずつ引き上げられていったり,ひざも少しずつ伸びていったりする子どもが多くなっていく。

⑤ 着地のイメージ

　側転がある程度リズムよくできるようになってきたとき,着地を意識させることがある。「着地をするときの足音をきれいにしてみて。」とか「着地の足音をさせないようにするにはどうしたらいいのか考えてやってみて。」など

器械運動　239

の声をかけると，子どもたちは，自分なりにどこをどうすればいいのか考えていく。実際の子どもたちの側転の様子をみると，スタートでゆったりとリズムをとったり，手の着き方をていねいにしたりするなど，それまでとは違って，ゆったりとしたやわらかな側転に変わっていくことがある。着地のイメージはスタートと同様に，側転の流れをつくる大切な事柄であるので，指導過程の中で，子どもたちに考えさせることが有効である。

⑥ 側転のための補助運動

　側転の運動経過の中には，逆さになって回転するという局面があるので，逆さ感覚を身につけさせることは必要なことである。子どもたちの中には，逆さ感覚に慣れていないために，逆さになることに恐怖心を感じ，まわることに抵抗を感じる子がいる。うさぎの逆立ち(写真5-15-①)，うさぎの足うち(写真5-15-②)，壁(補助)倒立(写真5-15-③)などの補助運動を通して少しずつ逆さ感覚を身につけさせ，逆さ感覚に対して安心感をもたせていく必要がある。

写真5-15

①うさぎの逆立ち　②うさぎの足うち　③補助倒立

　また，「川とび」も有効な補助運動である。「川とび」は，マットを川に見たて，マットに片手ずつ手を着き，片足ずつマットをとび越えさせて，着地させる運動である(写真5-16)。その際，腕の支持をしっかりとつくらせ，何度も繰り返しマットをとび越えさすようにする。また着地も，はじめは，両足で着地する子が多いが，運動の流れができ，少しずつ腰が上にあがってくると，片足ずつ着地することができるようになってくる。

写真5-16

(3) からだの柔らかさを引き出す側転の意義

　前述の小林の指摘にあるように，からだの柔軟性には，胸部の使い方が影響を及ぼしている。からだの柔軟性には，確かに柔軟体操などを日常的に継続して取り組むことが必要である。しかし，教材として側転をとりあげたのは，胸部の指導を通して，からだの柔軟性を高めるという教材としての価値があるからである。

　側転の指導の際に，私は胸を伸びやかにひろげるというからだの使い方を重視している。先に述べたように胸の使い方がからだ全体の柔軟性に影響しているからである。胸を伸びやかにひろげるためには，視線を遠くにもっていくこと，呼吸のやり方などを意識して子どもが取り組むことが必要になる。視線を遠くにもっていくことは，頸椎に働きかけることにつながり，また，呼吸は胸のふくらみや運動のイメージに関わる重要な働きをしているのである。子どもが，視線，呼吸などに意識して取り組み，胸の使い方が変化してくると，その後の側転の運動経過も変わってくるのである。側転が伸びやかで，柔らかなものになり，そして，リズムよいものに変化していくのである。つまり，胸というからだの部分の柔軟性が高まることが，全身の柔軟性に影響を与え，からだの柔軟性を高めていくことにつながるのである。そのような意味で，側転はからだの柔軟性を引き出すための，重要な教材の一つであるといえる。

（小田　聡）

《引用・参考文献》
斎藤喜博(1977)：わたしの授業　第一集．一莖書房，pp.14-15．
文部省(1999)：小学校学習指導要領解説　体育編．東山書房，p.5．

小林寛道(1998)：骨格を意識し、腰・胸を大きくゆっくり回転させることが柔軟性の向上につながる．体育科教育8月号：42．
斎藤　孝(2000)：身体感覚を取り戻す．日本放送出版協会，p.152．

3）跳び箱運動

(1) 器械運動の特性

　器械運動は，マット，跳び箱，鉄棒などの器械を利用して，色々な動きを実施していく運動である。この器械運動を発展させ競技として考えられたのが体操競技である。体操競技というスポーツ運動の特性は「非日常的驚異性」と「姿勢的簡潔性」への志向と考えられている(金子,1974)。「非日常的驚異性」とは逆立ちをしたり，空中で一回転したりするような日常の運動からかけ離れた運動の形態を示しており，「姿勢的簡潔性」とは腕や膝が曲がっているよりも，伸びているほうがすっきりしていると考えることである。この体操競技の特性は器械運動にもあてはまるものであり，そこで実施される運動は，日常では見られない運動である倒立などの技であり，その技を腕や膝などを伸ばして実施できるように取り組むところに特性がある。したがって，ゴール数や記録を争う球技や陸上競技・競泳と異なり，運動の開始から終わりまでの運動経過そのものが評価の対象となるところに特徴がある。つまり，実施される技が単にできたかできなかっただけでなく，どのような技がどのような経過をたどってできたかまでをも評価することが大切である。

(2) 器械運動における課題設定

　器械運動の学習の対象となる運動は，日常では実施されない運動であるため，「できる」「できない」が明確である。かなり高度な技を上手に実施できる者には，驚きとともに賞賛が与えられ，学習者が有能さを感じることができる反面，できない者にとっては失敗が重なり劣等感情が助長されることになる(松田・杉原,1987)。「体育ぎらい」をつくる原因として，器械運動の授業が取りあげられることがあり，その中には，できないことを何度も大勢の前で練習させられ，恥ずかしい思いをしたり，失敗したことをみんなに笑われていやになってしまったことなどが紹介されている(中森,1983)。学習指導

要領においては,「自己の能力に適した課題をもって」という表現を用いて,学習者個人に合わせた課題設定を示している(文部省,1998)。課題の設定に関しては,自己の能力と課題の困難度が一致したときにもっとも動機づけが高まるといわれている。それとともに重要なことは,客観的な能力と課題の困難度ではなく,学習者が知覚している課題の困難度と自己の能力が一致した場合に,学習者にとって気持ちのいいフローの状態になることができるといわれている(マートン,1991)。したがって,指導者は学習者の客観的な能力と課題の困難度によって学習者の課題を設定するのではなく,学習者自身が判断する自己の能力と課題の困難度を設定して学習に取り組ませることが必要となる。

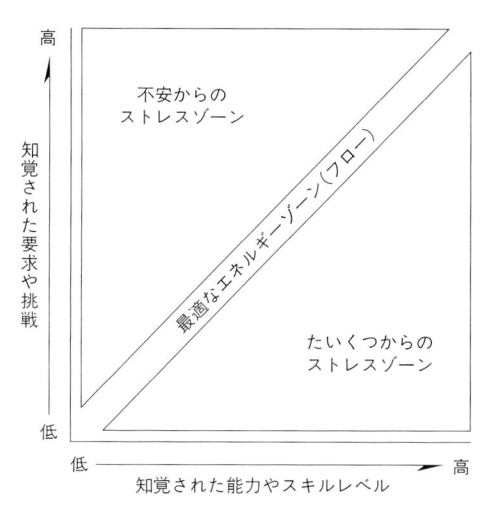

図 心理的ストレスは,知覚された要求と知覚された能力の不均衡から生じる。知覚された要求と知覚された能力が均衡を保っているとき,最適なエネルギーゾーンやフローはより簡単に起こる。

(3) 跳び箱運動の指導

跳び箱運動を考える場合,まずその運動の基本的な構造として,助走から踏み切り,踏切から着手までの第一空中局面と着手から着地までの第二空中局面に分けられる。多くの場合第二空中局面のどのように跳び越すかに注意が向きがちであるが,第一空中局面のできばえが重要である。

また,跳び箱運動はその跳び越し方で大きく二つに分けることができる。

切り返し系と回転系である。切り返し系には，開脚跳び，閉脚跳び，伸身跳び等があげられ，回転系には，台上前転，頭はね跳び，側方倒立回転跳び，前方倒立回転跳び等があげられる。学習指導要領(文部省，1998)においては，跳び箱運動について，「安定した動作での支持跳び越しをすること」と述べられており，技の例として開脚跳びや台上前転があげられている。先にも述べたが，どの技を実施するかについては，学習者の能力に合わせて，学習者ができるかもしれないと考える課題を設定することが大切である。また，単に何段を跳べるようになったということではなく，どのような跳び方で，どのように跳べるようになったかを含めて学習していくことが大切である。

ところで，跳び箱運動で最も問題となるのは，「怖い」と「痛い」という感覚であると思われる。「怖い」と思う原因は，まず，手を着いて跳び越すときに，顔から落ちていきそうなイメージをもっていることである。また，踏み切ったとき，跳び箱にぶつかるのではないかという恐怖心も多くの学習者がもっている。そして，「痛い」という経験は，踏み切って跳び箱にぶつかったり，跳び越えるとき勢いが足らず，おしりを跳び箱のはじにぶつけてしまったことなどからくる感覚であろう。このような感覚や経験をもっている学習者に対しては，基本の練習から段階的に指導していくことが大切であり，跳び箱運動を各局面に分けて練習を実施し，全体の運動へとつないでいく方法が妥当であろう。また，学習者が怖い・痛いと感じにくい場の設定を考えるならば，セーフティーマットをうまく利用することである。

以上のことを踏まえて，跳び箱運動の段階的な指導を指導書を参考にしながら提示していくこととする(中島ほか，1979；髙橋ほか，1988；松田，1991)。

① 指導実践
(a) 体を支える基本動作

跳び箱においては，自分の体重を両腕で支えることができることが必要である。その練習を実施して，子どもたちの基本的な能力がどの程度なのかを把握しておくことが必要である。

イラスト5-28は「足たたき」の様子である。両足でけって足をあげ，徐々に高くあげていくようにする。その際，腕はしっかりと伸ばし，肩で支える感覚を身につけさせる。いきなり高く足をあげてつぶれて頭を打つ子どもも

イラスト5-28　足たたき

いるので注意する。
　足をあげて，何回足をたたけるか，また，足じゃんけんをしながら練習することもできる。
(b) 切り返し系のための基本練習
　イラスト5-29は，うさぎ跳びの様子である。跳んで両手を着き，体を支えて，両足を引きつける。はじめは両足が着いたとき手は離れてなくてもよいが，徐々に手が離れるようにしていく。さらには，手を着いたところに，両足が来るようになるまで練習し，最後は手を着いた場所を越えられるようにする。また，徐々に手を着く場所を遠くにしていく。

イラスト5-29　うさぎ跳び

　この段階で，どうしても跳んで手を着けない子どもや，手を着いた所まで足をひきつけられない子どもがあらわれる。その場合，思い切って体を前にもっていけばできるのだが，顔を床にぶつけるのではないかという「怖さ」がある。そこで，手を着く位置にセーフティーマットを置き，思い切ってつっこむように練習する。
　できる子どもに関しては，徐々に体を伸ばしていき，最後には伸身の姿勢まで練習してもよい。

器械運動　245

また，かなり難しいが，うさぎ跳びの連続（イラスト5-30）ができるようになると，跳び箱での切り返し系の技については，その習得が大変楽になる。

イラスト5-30　連続うさぎ跳び

(c) 回転系のための基本練習

　イラスト5-31は，跳び前転の運動経過を示している。跳んで両手を着き，体を支えて前転をする。また，徐々に手を着く場所を遠くにしていく。この場合，はじめからセーフティーマットを用意している方が安全であるし，子どもたちも痛い思いをしなくてすむ。

　少しできるようになったら，2，3歩助走をつけて実施する。さらには，手を着いたとき，倒立の姿勢までもっていくこともできる。

イラスト5-31　跳び前転

(d) 踏切の基本練習

イラスト5-32　片足踏み切りの跳び乗り

　イラスト5-32は，片足で踏み切って，跳び箱の上に跳び乗る練習の様子で

ある。踏切板(ロイター板)を用いて，自分の体を引き上げる感覚を身につけることが大切である。跳び箱の高さは，子どもたちの能力に合わせて設定する。

　踏切板(ロイター板)のバネをうまく利用して，跳び箱の上に乗る。またぐように乗る場合は，必ず両足が離れるときがあるように指導する。

　イラスト5-33は，両足ジャンプによる跳び乗りである。これも片足ジャンプと同様に，踏切板(ロイター板)のバネをうまく利用して，跳び箱の上に乗る。うまくできるようになったら，徐々に助走を長くして，跳び箱の奥の方に乗るようにする。

　できるようになったら，セーフティーマットを重ねて，両足ジャンプで跳び箱を跳び越してみる。その際，空中でバランスをとるように指導する。

イラスト5-33　両足ジャンプでの跳び乗り

(e) 第二空中局面の基礎練習

①切り返し系

　イラスト5-34は跳び箱の上から体を支えて着地するまでの様子である。

　手を着いてから着地までの局面を練習する場合には，支えをしっかりして，肩より腰が上になるようにしながら跳びおりる。

　閉脚で足先が引っかかるようであれば，セーフティーマットを跳び箱の高

イラスト5-34　跳び箱の上からの跳びおり

器械運動　247

さまで重ねて，そこに思い切って突っ込むようにしてみるとよい。
②回転系

イラスト5-35は跳び箱の上から前転をして着地する様子である。

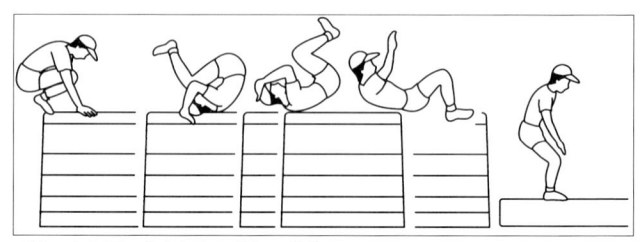

イラスト5-35　台上からの前転→着地

跳び箱の上で前転が終わるのではなく，回転の最後の局面で，跳び箱から降りるように着地ができることが大切である。跳び箱の高さを高くしていくときに，お尻が最後まで跳び箱の上にあると，足が届かずに顔から突っ込む場合があるので注意する。

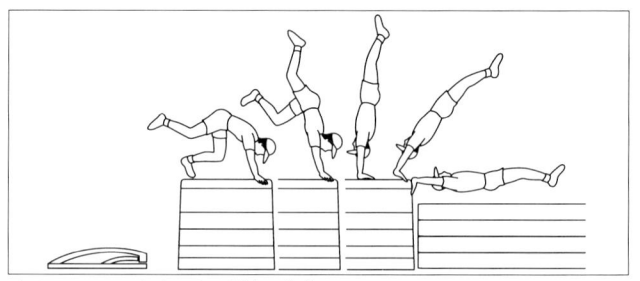

イラスト5-36　台上からの側立→背落ち

イラスト5-36はセーフティーマットを跳び箱の高さまで重ねて，跳び箱で倒立をして背中から落ちる様子である。

倒立回転跳びの基本として，最後まで倒立姿勢を保っていることが大切で

イラスト5-37　補助してもらっての側立回転（台上から）

あり，その感覚を養う上で，倒立背落ちは有効な方法となる。また，試技者は，以外に怖さがなく，むしろ気持ちがいいと感じるようである。

倒立姿勢で回転する感覚がつかめたら，イラスト5-37のように，補助者が肩と腰を押さえるようにして，倒立から足で立つ練習をする。

(f) 第一，第二空中局面の合成

次に，第一，第二空中局面を合成させるための練習を行う。まず，イラスト5-38のように，手をついて跳び箱に乗り，開脚・閉脚跳びおりをリズムよく行う。

慣れてきたら，跳び箱を2つつないで練習すると，第一，第二空中局面の両方が大きくなっていく。

イラスト5-38　踏み切り→跳び乗り→跳びおり

(g) 実際の技を体験する

跳び箱に関しては，跳び箱へ向かって走っていくとぶつかりそうで怖いという気持ちが，踏切を躊躇させて，勢いがなくなり跳べなくなることが多いので，セーフティマットを数枚重ねたところへ跳ぶようにさせることで，実際の技と同じような運動経過を体験させる。

(h) 実際に跳び箱を跳んでみる

基礎練習を繰り返し練習してきて，本人もできそうだと思った段階で挑戦することが大切である。

①切り返し系

第一空中局面の勢いが出てきて，かなり大きくなってきたら，伸身跳びへ発展させることもできる。その練習として跳び箱と同じ高さまで重ねたセーフティマットに胸から落ちる練習をしながら，突き手ができるようにする。

イラスト5-39　開脚跳び

イラスト5-40　閉脚跳び

②回転系
(i) 跳び箱にぶつかりそうで怖いと感じる場合

　跳び箱にぶつかることが怖いと感じる子がいる場合は，例えばイラスト5-43のように跳び箱にセーフティーマットをかぶせるようにして，その上に手を着いて跳ぶようにするとよい。セーフティーマットがある安心感から，思い切って踏み切ることができるようになる。また，セーフティーマットをかぶせる位置によっては，そこが手を着く目標となり，大きな第一空中局面をつくることができる。これは，切り返し系の練習にも利用できるであろう。ただし，セーフティーマットをしっかりと跳び箱に押しつけておくことが必要

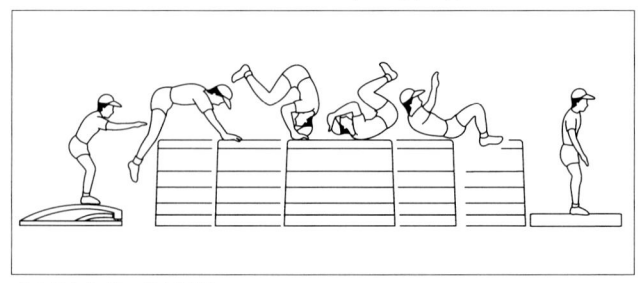

イラスト5-41　台上前転

250　第5章　心理学的視点を取り入れた指導実践

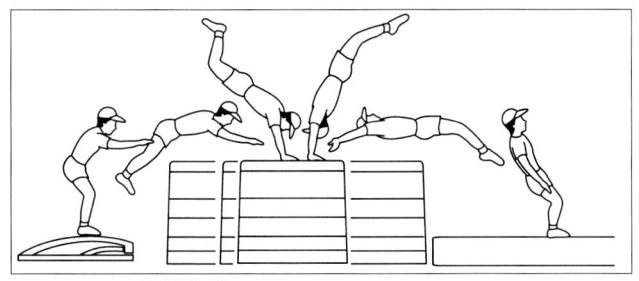

イラスト5-42　側立回転跳び

である。

さらに，跳び箱がどうしてもだめな場合は，マットを丸めて跳び箱のかわりとして練習する方法がある。この場合もマットが動かないように押さえておく必要がある。

(鶴原清志)

イラスト5-43　セーフマットをかぶせて台上前転

《参考文献》

金子明友(1974)：体操競技のコーチング．大修館書店，pp.10-15．

R.マートン：猪股公宏監訳(1991)：コーチング・マニュアル　メンタルトレーニング．大修館書店，pp.105-127．

松田岩男・杉原隆編(1987)：新版運動心理学入門．大修館書店，pp.54-81．

松田岩男監修代表(1991)：体育・スポーツ教育実践講座　第4巻器械運動の指導Ⅰ．体育・スポーツ教育実践講座刊行会，pp.100-202．

文部省(1998)：小学校学習指導要領．大蔵省印刷局．

中島光広・太田昌秀・吉田茂・三浦忠雄(1979)：器械運動指導ハンドブック．大修館書店，pp.106-155．

中森孜郎(1983)：子供と教育を考える＝5．体育ぎらいの子．岩波書店，pp.14-17．

高橋健夫・林恒明・藤井喜一・大貫耕一編(1988)：とび箱運動の授業．体育科教育別冊②　44(13)：14-43．

4. 陸上運動

1) ハードル走の指導

　ハードル走の授業には、短い授業の間にハードルを準備し、終わればまた片づけなければならない煩わしさがある。また、子どもがハードルに足をぶつけたり、足を引っかけて転ぶなどして怪我をする心配もある。これらのことから指導が敬遠されがちだといわれている。しかし、ハードル走は、子どもたちが協力して準備しなければ授業が成立しないことや、陸上運動の中でも技術的要素が高いこと、さらに技術を習得するために繰り返して走ることで走力も高まることなどからみて、教材としての価値が高い運動としてとらえることができる。授業の準備や後片づけには子どもたち相互の協力が必要となるが、それ自体が学ばせたい目標ともなろう。また、ハードルの跳び越すことに関わる不安を、ともに支えあいながら克服していく集団のあり方や、みんながうまくなっていくための技術的課題を指導に反映させながら教えることができる内容豊かな教材といえる。

(1) ハードル走の醍醐味とインターバルの設定

　ハードル走の基本的技術は、トップ・スピードで走りながら連続してハードルを跳び越えるところにある。また、ハードル走の醍醐味は、スピードにのって走りながら、次々とハードルを越していくときの爽快さにあるといえる。つまり、ハードル走の技術的・心理的な中心課題は、トップ・スピードでの走りの中にハードルを連続して跳び越す固有の走リズムパターンに基づいた技能の習得にあるといってよい。これは、１台の跳び越し方をまず習得し、これに２台目、３台目をつなぎあわせて全体の跳び越し方を完成させていく分習法的な指導方法では達成できにくい。この走リズムパターン習得のための基礎的な練習方法の一つとして、連続川跳びがあげられる。たとえば、図5-6のような場を設定し、個々の子どもの走力（ストライド）にあったコースで練習させる。通常、この練習には二つの技術指導のポイントが含まれてい

る。一つは，上記の走リズムパターンの獲得のために，できるだけ速いリズムで川跳びを行うことにある。他の一つは，跳び越し時に課題となるハードルを「またぎ越す」ための基本動作の獲得である。そのためには，川を跳び越す時に股関節を大きく広げて跳び越える動作(リープ動作)を重視して指導していきたい。

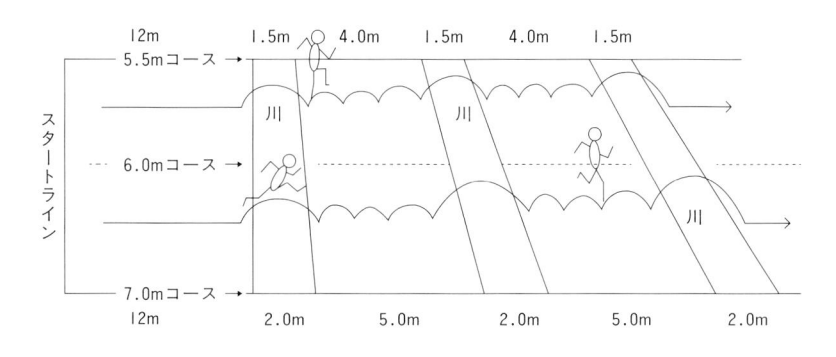

図5-6　連続川跳びの場

　ところで，競技では，ルールで決められた一定のインターバル(ハードル間の距離)のハードルを全員が跳び，順位や記録が争われる。しかし，授業として行われるハードル走では，画一的なインターバルではなく，子どもたちの走力に合わせた場の設定が重要となる。同時にこれは，跳び越し方を課題に指導していくための欠かせない条件でもある。一人ひとりの子どもの学習を意味あるものにするために，ルールに子どもたちを合わせるのではなく，子どもたちにルールを合わせるという発想が必要となる。個々の子どもに合わせてインターバルを設定することで，子どもたちの走力差を吸収し，ハードル走における基本的な技術の追求と，ハードル走の醍醐味が享受できるようにしていきたい。

(2)　「インターバルさがし」と集団構成

　個人にあわせてインターバルを設定する場合，次の二つの方法がある。
　その一つは，あらかじめいくつかのインターバル別にコースを設定し，実際に跳べるコースを選択させて練習させる方法である。通常，インターバルは，5.5m，6m，6.5m，7mといったように50cmきざみで設定されることが多

い。この方法は，ハードルの移動を伴わないため，何度も繰り返して練習できるという大きな利点をもっている。特に，指導時数が少ない場合には，技能習得の効率化という点で有効である。しかし，この方法は，相互の教えあいによる学習活動を展開しにくいという問題点をあわせもっている。集団過程からみて，子ども相互を積極的に関わりあえる授業の構造になっていないからである。ハードル走の初歩的な学習段階では，3歩で跳べる自分のインターバルがわかってくるのは，跳び越し方の学習が進んだ段階になってからである。個人の技能習得を重視するのであれば，跳び越し方が上達してそれまでのインターバルが合わなくなれば，他のコースに移動してもかまわないはずである。むしろ，その方がスピードにのって走れるのでそうすべきである。しかし，実際には，走力よりも仲のよい友だちに合わせてコースを選択したり，一度コース毎に形成された集団から離れたがらなかったり，集団に新しい仲間が加わることに心理的な抵抗を示す場合が多い。

　さらにこの方法では，子どもたちにコースを選択させるようになるが，これが，稲垣(1980)が効力感を生み出すための条件の一つとしてあげている「非評価的な雰囲気での自己選択」につながるかどうかも，授業を行っていくうえで課題となろう。仮に広いコースで跳べた方がよいとする評価観によってコースの選択がなされるとすれば，選択自体が「できる」「できない」という社会的比較を生みだし，それが個人や集団の効力感，ひいては授業への学習意欲の差につながることも大いに考えられる。

　他の一つは，走力の異なる子どもたちでいくつかの小集団を作って指導していく方法である。この場合，グループは固定したメンバーで構成するようになるが，小集団を作りさえすればうまくいくというわけではない。相互に認めあい，支えあい，そして教えあいながら活発に学習していくことができる関係が重要になってくる。これは，桜井(1998)が，有能感，自己決定感とともに，内発的動機づけのみなもとの一つとしてあげている他者受容感を重視することでもある。このような観点からは，いくつ使用できるハードルがあるかとも関係するが，子ども相互の関係が期待できる生活班を利用することも考えられる。

　個々の子どものインターバルは，全力疾走時のストライドを4倍した距離

をめやすとするが，ハードリング技能の劣る子どもや，跳び越しに不安を抱えている子どもの場合には，これより少し短くなる。経験則では3.7倍までが許容範囲だとされている(高橋，1989)。もちろんこの方法では，跳ぶ子どもに合わせてそのつどハードルを置き換えなければならないため，練習の効率が悪くなるという問題点をもっている。しかしこの方法には，個の習熟過程に合わせてインターバルが柔軟に設定できるという利点がある。また，ハードル全体を3歩で走りきるためにはストライドが大きく関係してくるという理解の促進や，跳び越しに関わる諸技能を走力差を越えて学びあえるという利点もある。

　授業の効率化のためには，グループ毎にロープを用意し，それに一人ひとりのインターバルを示すテープを貼り，ハードルの設置が円滑にできるようにすることや，友だちのできぐあいの観察をかねてメンバーが各ハードルにつき，跳ぶ子どもに合わせてすぐにハードルが移動できるなどの役割分担などが必要となる。最後までインターバルを3歩で走りきれるようになれば，それ自体を認めあい，大いに評価していきたい。

(3) 跳び越しに関わる技術の指導
① 踏み切り位置と振り上げ足の指導
　インターバルさがしと並行して，ハードルを跳び越すために最初に取りあげたい技術的な課題は，進行方向に対して振り上げ足をまっすぐ振り上げる動作である。この動作は，スピードにのってハードルを跳び越していくための重要な技術である。この動作の指導では，「ゴールにいる友だちに足の裏が見えるようにまっすぐ振り上げなさい。」ということばが有効である。単に，「足をまっすぐ振り上げなさい。」という指示だけでは，下腿の振り出しが早くなりすぎ，結果として振り上げ動作が遅れることにつながる。このような指導は，意識を自分の外に置いて動作をコントロールさせる方法であり，自己の動作を対象化してとらえられる能力を前提にした指導といえる。走り幅跳びのそり跳びで，「踏み切ったあと，両方の足の裏が後ろにいる人に見えるように跳んでごらん」と働きかける場合と同じ指導原理である。

　振り上げ足の課題は，動作の後半が視野に入るので子どもが意識しやすいと思われがちであるが，運動経過全体は見えてはいない。ゴール方向から見

て，どのように振り上げているかを問題にする必要がある。この動作は，視野に入った足の動き(視覚情報フィードバック)と，「こんなふうに振り上げていたよ」といった教師や仲間の運動観察による指摘(運動後に得られる付加的情報フィードバック)，そして振り上げ足の感覚(運動中に得られる筋感覚フィードバック)を統合しながら練習すれば，効果的に習熟される。

　振り上げ足がまっすぐに振り上げられない子どもの場合，踏み切り位置が近すぎることが多い。近くで踏み切るため，まっすぐ振り上げようとするとハードルに当たるので横に回して振り上げざるをえないのである。この動作は，身体の横ぶれを伴うので，スピードにのって走れないことにもつながってくる。このようなケースでは，ゴール方向からの観察だけでなく，どこで踏み切っているかもあわせて観察し指導していく必要がある。近くで踏み切る原因は，跳び越すのが怖いからである。怖いから無意識的に近くで踏み切っているのである。跳んでいる状態を横から観察し，ハードルと足とがどのくらい離れているかを見きわめながら，「もう少し遠くで踏み切っても大丈夫だよ」といったやりとりの中で，しだいに遠くから踏み切れるようにして振り上げ足の課題を克服させていくことが大切である。このグループやクラスにいるから，少し怖いけれど挑戦してみようという気持ちを起こさせる相互の関係を大切にしていきたい。少しでも遠くから踏み切れるようになれば，そのことをみんなで評価し，自信をもたせるようにしていきたい。

② 踏み切り位置と高く跳んでしまうこととの関係

　高く跳びすぎている場合にも踏み切り位置が近いことが多い。高く跳ぶ原因は，ハードルに足をぶつけないようにするためである。図5-7は，ハードルの跳び越しに関する小学生の記述である(山本, 1978)。

　絵に描かれているハードルの脚部に注目してほしい。倒れにくい構造に描かれている。これは1900年頃に使用されていた逆T字型のハードルの形状とよく似ている(岡尾, 1996)。これを描いた子どもにとって，ハードルは倒れにくいものとして認識されており，ハードルにぶつからないように意識的に高く跳んでいたのであろう。この事例からは，ハードルの形状と機能に対する認識が，跳び越しの技術認識を「またぐ」というステップ・オーバーの技術ではなく，「高く跳び越える」というジャンプ・オーバーの技術とリンクさせて

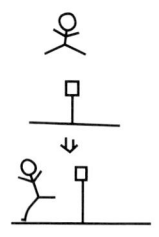

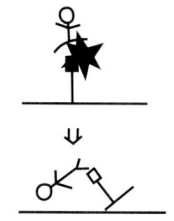

> ハードルをした。アンケートにもかいたけど「なぜひくくとんだ方がよいか」わからない。高くとぶと，ハードルにかからずにいけるのでよさそうだけど，どうしてだろう。

図5-7　ハードル走での子どもの記述（山本，1978より）

いることがわかる。このような学習過程で子どもが抱える問題は，単なるつまずきとしてとらえるのではなく，ハードルの形状の変化と，ハードル走の技術の発展という視点で学びあえる可能性を含んでいると考えられる。

　高く跳んでしまう原因は，もちろんハードルの上にあるのではなく，踏み切りの強さと方向にある。踏み切り位置が近い場合は，跳び越すために強く踏み切って高く跳び上がらなくてはならない。以前，中学校のハードルの授業を参観する機会があった。その授業では，低く跳べている生徒と高く跳んでしまう生徒の違いがどこにあるかが問題にされた。踏み切り位置が違うという定石どおりのまとめとなったが，当日の授業は体育館で行われていたこともあり，それとは別に私には踏み切る時の音がまったく違って聞こえたのが印象的だった。低く跳べている生徒は，音をほとんど立てないで踏み切っていたが，高く跳んでしまう生徒は，足裏全体で大きな音をたてて跳んでいた。少し専門的になるが，ハードルの踏み切りは，走り高跳びでの突っ張るような踏み切り方や，走り幅跳びでの足裏全体を叩きつけるような踏み切り方とは異なり，踏み切り時でブレーキをかけすぎないように，ふだんのランニングの場合よりもやや手前で踏み切るようにする方がよいとされている。踏み切りの強さを意識的にコントロールすることは課題として取りあげられ

ないので，踏み切り位置を遠くすることを取りあげ，低く跳ぶための練習につなげていくようにする。

③ またぎ越す動作の指導

　より速いスピードでハードルを跳び越すためには，できるだけ空中にいる時間を短くする必要がでてくる。佐藤（1972）によれば，そのための技術は，1898年から1908年にかけて開発された技術で，それまでの「跳び越す」という運動概念を「またぎ越す」という概念に変革をもたらすものであったとされている。この動作は，導入的には，歩きながらハードルをまたぐ練習で指導がなされるが，この練習だけでは十分ではない。その理由は，この動作が，幅を跳びながら振り上げた足の振り下ろしと，抜き足の前方への引き出しとの協応動作によって成り立っているからである。この動作の要点は，以下のようになる。振り上げ足をまっすぐ振り上げて踏み切った後，すぐに踏み切り足を前方に移動させないで，一度大きく股関節を広げたタメの時間をつくる。そして，振り上げ足がハードルを越した後，振り上げ足を下方に振り下ろすのと協応させながら，踏み切り足を前方へ運んでいく。これらの動作全体が，またぐ動作となっている。ハードルを中心とした，踏み切り位置と着地位置との関係でこれをみると，「遠くで踏み切り，近くに着地する」ということになり，その比率は，6：4〜7：3くらいがよいとされている。

　またぐ動作の練習方法の1つに，スキップしながらハードルを越える練習がある。このスキップ・ハードリングでは，振り上げ足を振り上げながら，踏み切り足を2回ついて踏み切る。この姿勢保持の時間が実際の跳び越し前半のタイミング・コントロールに近い。また，後半の振り上げた足を振り下ろしながら抜き足を一気に前方に運ぶ協応動作は，またぐ動作のタイミング・コントロールの習得に向いている。

　小学校の授業では，最初から高いハードルを跳ばせるよりも，低いハードルでもかまわないから，スピードにのって連続して跳び越せるように指導することが大切である。低いハードルを跳ぶ場合では，わざわざ抜き足を横に上げる必要はなく，ランニングのままの動作（たて抜き）でも十分に跳び越すことができる。ハードルを高くして指導する段階になれば，抜き足がハードルにぶつからないように，横に回して前方に運ぶ動作の指導が必要となる。

抜き足の意識の焦点は，通常足先におかれる場合が多いが，動作の焦点は膝にあるといってよい。この動作は，平泳ぎのカエル足の習得過程に似ており，視野に入らない身体の部位を筋感覚でコントロールしなければならない。そのため，習得に時間がかかる場合も多い。膝に焦点をおく場合では，膝を脇腹につくくらい高い位置にあげて着地するようにイメージ化しながら，前方から太股の内側が見えるように抜き足を前に運ぶことを課題とするとよい。この動作が上手にできれば，着地後の一歩が無理なく大きく出せるため，着地時に減速せずに走りにつなげることができる。着地後の一歩を大きくするためには，そこに焦点をあてるのではなく，抜き足の膝の運び方に意識を向けさせた方がよい。

　記録目標では，ハードルを跳んだ時とハードルを跳ばないで同じ距離を走った時の記録との差をできるだけ少なくすることをめざすようにする。走力差をこえてどのくらい余計に時間がかかっていたかで関わりあえるこの時間差は，さらに1台あたりどのくらい余計に時間がかかっているかを基準に示すとよい。その理由は，技能の向上が時間差を縮小できるといった理解を生み，個々の技術の達成が記録目標の到達につながってくるからである。また，記録に挑戦する段階では，スタート後に1台目のハードルがスピードにのって跳べるかどうかも課題となってくる。「〇歩目で踏み切れば，1台目のハードルがうまく跳べるか」を課題に指導する必要がある。一般に，記録を測定する時には，練習の時よりも動機づけが高くなるので，案外練習したことが生かせないことが多い。

　ハードル走の授業で，「わかる」ことを共有しながらともに取り組んでいくことと，練習によって動作が獲得され，「できた」という実感が得られることの両者が大切だとすれば，この落差を指導過程でいかにうめていくかが授業づくりの課題となるといえよう。

(松田泰定)

《引用・参考文献》
稲垣佳世子(1980)：効力感を育成する．波多野誼余夫編．自己学習能力を育てる－学校の新しい役割．東京大学出版会，pp.78-95.
桜井茂男(1998)：学習意欲の心理学－自ら学ぶ子どもを育てる－．誠信書房，pp.18-21.

高橋健夫(1989)：新しい体育の授業研究．大修館書店，pp.129-141．
山本貞美(1978)：伸びゆく子ども－体育って何だろう－．学校教育研究会，p.135．
岡尾惠市(1996)：陸上競技のルーツをさぐる．文理閣，pp.102-104．
佐藤裕(1972)：体育教材学序説．黎明書房，pp.72-75．

2）走り高跳び

(1) 体育授業としての走り高跳び

　「走り高跳び」の競技は，より高く跳躍することを競いあうものであり，いかにして高く跳躍するかに競技者の工夫と努力が重ねられる。記録への挑戦意欲や，自己実現をめざして投入したパーソナリティの結果としてもたらされる勝敗によって運動への動機が高められる。

　陸上競技種目としての走り高跳びが，このように一人ひとりの跳躍結果を競い，誰が最後まで跳び続けることができるかを競いあう以上，失敗した者は競技から脱落していくことになるのも自然の理といえる。しかし，体育授業にその考え方と展開をそのままもち込んではならない。

　一定の高さを跳べなかった者が，それ以後，挑戦の機会が閉ざされてしまうことになれば，早い段階で失敗した子ども，つまり「できない」者は人の跳躍を眺めるだけになる。「できる」者には学習の場が保障され，さらにうまくなる道が開け，走り高跳びを楽しむことができる。それに対し，「できない」者は，うまくなるすべがない。それでは，子どもたちみんなが走り高跳びを楽しみ，その面白さを味わい，技能を高める授業にはならない。よくできる者が主体の授業，できない者はドロップアウトする授業は，みんなが運動に親しみ運動が好きになることをめざした体育に迫ることにならない。

　みんなが運動の特性にそった楽しさや喜びを味わい，運動に親しむ資質や能力を育てるとともに，健康の保持増進と体力の向上を図ることができるために，体育授業をどのように考えて展開するか，授業および走り高跳びについての指導者の考え方と指導の工夫が問われることになる。

(2) 走り高跳びで何を学ぶか

　体育授業として走り高跳びを取りあげることで，子どもたちに何を学ばせ

ることができるのか。いいかえれば，何のために走り高跳びを教材として取りあげるのかが授業づくりにあたって問われることになる。そこでまず，走り高跳びはどのような特性をもっているのかを明らかにする必要がある。

　運動の特性は次の三つの観点からとらえることができる。①その運動によって子どもたちがどのような楽しさや喜びを味わうことができるかという観点(機能的特性)，②その運動はどのように成り立っているか，すなわち，その運動独自のもち味は何かという観点(構造的特性)，③その運動によって体力・運動能力および態度・学び方においてどのような能力を養うことができるかという観点(効果的特性)である。

　これらの観点から走り高跳びの特性を次のようにとらえることができる。
①自己のめあてに挑戦し，達成する喜びを味わうことができるとともに，個人または班対抗などによる競争の楽しさを味わうことができる。
②水平方向の力を踏み切り地点で垂直方向の力に転換し，身体をもち上げてバーを越える運動。そこでは，助走のしかたや助走で得たエネルギーを踏み切りによって跳躍力に変える技術，効率よくバーをクリアーする技術，および安全に着地する技術が求められる。
③助走・踏み切り・クリアランス(空中姿勢)・着地の一連の動作を通して，筋力や調整力(リズム・タイミング・バランスなど)を養い高めることができるとともに，自己のめあてをもって立ち向かう意欲や態度を育て，自己のめあてに課題解決的に取り組む学び方の習得を期待することができる。

　以上の特性をもつ走り高跳びを取りあげることで，たとえば５年生で次のような学習目標および学習内容(単元の学習過程)を考えることができる。
〔学習目標〕
①「はさみ跳び」(またぎ跳び)による跳躍の技能を高め，走り高跳びの基礎・基本の習得を図るとともに，達成の喜びを味わうことができる。
②競争のしかたを工夫しながら，班対抗で走り高跳びの競争のおもしろさを味わうことができる。
③跳躍技術のポイントや学習方法を明らかにし，各自の課題解決に向けて協力して追究しながら，みんなでお互いの力を高めあったり，楽しく運動したりすることができるようになる。

〔学習内容・単元の学習過程(12時間)〕

第1次〔導入と対抗戦〕　　　　　　　　　　　　　　　　　　3時間
①オリエンテーション，走り高跳びの概要(歴史，競技記録など)，第1回記録会，目標記録の設定
②班対抗戦(対抗戦のしかた，跳躍技術における自己課題の設定，競争の楽しさの経験)

第2次〔助走・踏み切りの追求〕　　　　　　　　　　　　　　3時間
①助走(リズム，踏み切り前の沈みこみ，手前3歩のスピード)
②踏み切り(助走を生かす踏み切り，腕の振り上げ)

第3次〔班対抗戦〕　　　　　　　　　　　　　　　　　　　　2時間
①各種対抗戦のしかたの工夫
②助走・踏み切り技術の習熟と競争の楽しさの経験

第4次〔クリアランスの追求〕　　　　　　　　　　　　　　　2時間
①大きな空中姿勢と抜き足
②班対抗戦による跳躍技術の習熟

第5次〔記録会とまとめ〕　　　　　　　　　　　　　　　　　2時間
①第2回記録会
②学習の総括(評価)

(3) 主体的な学習への手だて

　子どもたちが授業において運動学習の主体となり，学習目標に迫っていくことができるために，実際の展開について指導者の働きかけが不可欠である。内発的な動機に基づく学習活動であり，同時に，その内容が質的に高まっていくために，指導のねらいに沿って教師が子どもたちの学習活動を支援し，方向づけを図るのである。

　以前，筆者が小学校に勤めていたころに実践した走り高跳びの授業の学習カードが手許にある。ある子どもの記述内容を拠り所に，子どもたちが主体的に学習に取り組むための教師の介入のしかたについて考えてみたい。

①「走り高跳び」の学習を終えて―Y.O.さんの学習カードから―

　「練習の時，何とかうまく，きれいに跳ぶために，いろいろな工夫をしてきました。そして，跳べない原因をみつけて解決したのがほとんどです。初

めて，何も気をつけないで跳んだ高さが98cmでした。でも最後には学んだことに気をつけて跳んだら自己最高110cmも跳べました。差は12cm。跳べたとき，いろんな努力の積み重ねだと私は思いました。一番嬉しかったのは，班のみんなが95cm以上跳べたことと，目標記録が達成できたことです。」

　この記述内容から示唆されることは，先ず，子どもたちが主体的に走り高跳びの学習に取り組んでいくために，自己課題が設定できていることが不可欠なことである。

　Y.O.さんは達成記録(めあて)を106cmにおいた。これは短距離走の運動能力と身長から算出する目標記録であり，手軽な課題のもたせ方として開発されたノモグラム(池田ほか，1984)によって設定しためあてである。(学習カードA参照)

　彼女は最終的にこの学習を通して，自己最高記録110cmを達成し，達成目標をクリアーしている。110cmはYさんにとって達成目標として適当なめあてであったといえる。達成感を生む授業になるために，めあての設定のしかたがカギを握っているといえる。

②技術的な学習課題(めあて)の発展

　次に，Yさんは本単元の学習過程において，跳躍記録の向上にしたがって学習をどのように発展させていったかについて考えてみたい。学習の進展と共に学習カードに記述された内容を拾ってみた。

「もっと高く跳ぶには，踏み切りの足に気をつけて跳べばよい。自分のやりやすい助走は5歩助走。リズムをつけてすれば跳べる。」

「練習で低い高さでもひっかかる原因は？実際，跳ぶときにどこに踏み切りの足があるか。」

「踏み切りの足がバーに近すぎて，跳び上がってもすぐに当たってしまう。踏み切り足の位置をもっと遠くすればいい！」

　このように，もっと高く跳びたいという欲求から技術的には助走のリズムと踏み切り足に課題意識をもっている。最初の達成感から次の課題(めあて)が生まれ，その達成のために技術的課題に意識が向けられた。自分が跳べる高さをクリヤーすること，つまり，「できる」ことを楽しみ，達成感を得ることから「できない」ことへの新たな挑戦意欲(学習意欲)が起こったといえる。

それを達成に導くには，自己課題として意識された跳躍技術の習得を支えていくことが必要である。つまり，技術的な学習を避けることはできない。
　しかし，ここで確認しておかなければならないことは，技術的な学習が子どもたちに課題として与えられたのではなく，子ども自身が自己のめあてを達成するために引き出した課題であるということである。自己の目標記録（めあて）を設定し達成していくことや，班対抗戦などを通して走り高跳びへの学習意欲を高めることによって，跳躍技術への関心と学習意欲が引き出され，必要感から生じる課題意識が明らかにされること，その学習過程が主体的な学習を引き出す上で決定的な意味をもつことになる。
③自己学習を深める場の設定
　さらに学習カードから教師の働きかけの課題を探ってみたい。
「何とか跳べない原因を見つけて100cmが跳べるようになりたい。」
「踏み切り板を使っての練習。踏み切り板を使うと，なぜうまく跳べるか？体が斜めになっているから跳びやすくなる。」
「踏み切り板なしで体を斜めにする方法は，かかとから踏み込んで体を斜めにして跳ぶこと。」
　この記述から読み取ることができるように，踏み切りへ着目させるために次のような場を設定したことが，課題意識と学習のめあてを方向づけるきっかけになった。
〔場の設定〕
①マットの踏み切り→強い踏み切りの大事さを意識する。
②踏み切り板での踏み切り→かかとから踏み込んで，足裏全体で強く踏み切る動作及び，踏み切りの時の後傾姿勢を意識する。
　走り高跳びの特性から，跳躍記録を伸ばすためには，身体の重心をいかにして高くもち上げるかが課題となる。つまり，助走で得たエネルギーを垂直方向のエネルギーに変える動作が必要になり，その中心的な役割を果たすのが踏み切りである。
　踏み切りのしかたを課題にして追究させたいと考えたとき，踏み切りのしかたを説明し，練習させるのも一つの指導方法である。しかし，そこには自らの課題意識に裏打ちされた主体的な学習が成立することにならない。

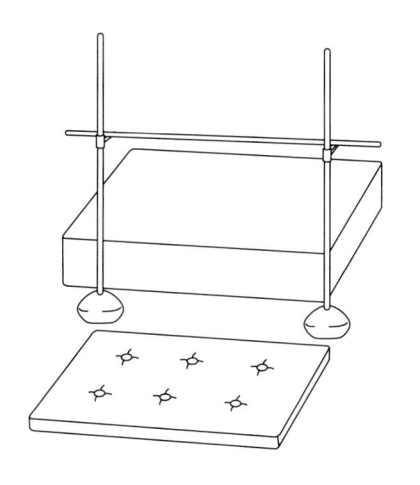

図5-8　強い踏み切りを意識する
　　　　（マット運動用のマットを置く）

図5-9　かかとからの踏み込みと後傾姿勢を引き出す

　課題を与えて練習させ，習得を図るといった教師主導の授業から脱皮し，子どもたちの主体的な活動の中に自ら学習課題を意識し，自主的に取り組んでいく学習を引き出したい。

　学習カードの記述内容に見られるように，Ｙさんは自分のつまずきから技術的なポイントに目を向け，学習課題を明らかにしていったのである。その学習過程として，うまく跳ぶ人のやり方をみんなで見あった上で，その秘訣を考えあったり，練習のしかたを工夫しあったりする場面を学習過程に設定する。同時に，課題に目を向けやすい場を設定することが必要になる。

　走り高跳びの学習において，これまでに次のような場の設定により，子どもたち一人ひとりの自己課題に応じた課題追究が可能になる手だてが工夫され（岡野ほか，1985；天野ほか，1991），今日広く実践されている。

③輪踏み高跳び(3歩助走，5歩助走，7歩助走)→助走のリズムをつかむ。

④アクセント高跳び(5歩助走，7歩助走)→助走のリズムと踏み切り前の重心の沈み込みをつかむ。

⑤踏み切り板高跳び(踏み切り板，ロイター板)→高く跳び上がる(ふわっと上がる)感じをつかむ。→滞空時間を長くし，空中姿勢をつくりやすくする。

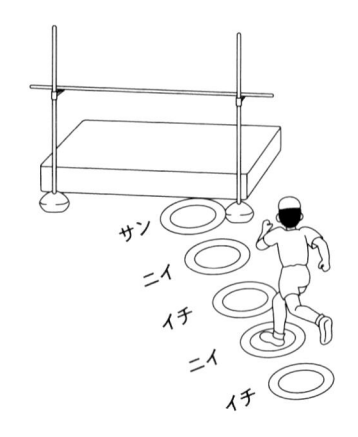

図5-10 助走のリズムを引き出す
（輪は、踏みつけてもすべらない物）

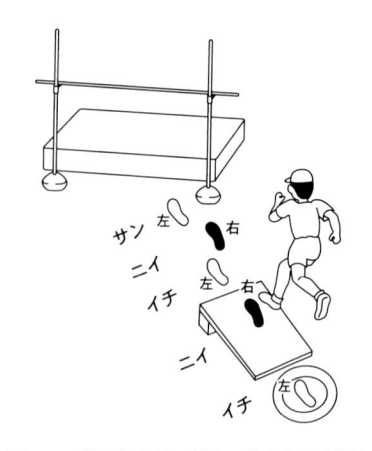

図5-11 踏み切り前の重心の沈み込みを引き出す

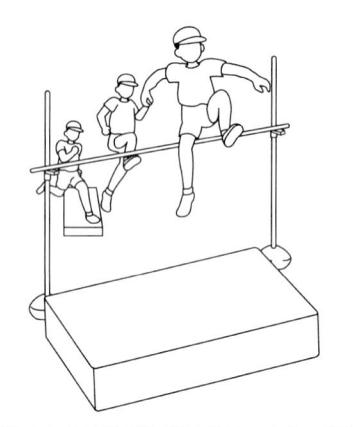

図5-12 高く跳び上がる感じをつかみ、滞空時間を長くする

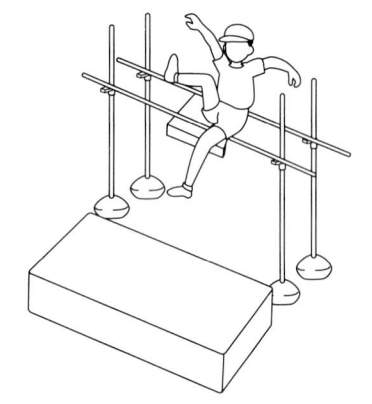

図5-13 股を開いた空中姿勢と、踏み切り足のひきつけを引き出す

⑥2本バー高挑跳び→股を大きく開いた空中姿勢や踏み切り足の引きよせをつかみやすくする。

⑦踏み切り位置の目印をつける。

⑧①〜⑤の組みあわせ（輪踏み＋アクセント，アクセント＋踏み切り板，アクセント＋2本バーなど）

⑨助走のスタート位置の目印をつける。

(4) 走り高跳びにおける子ども相互の豊かな交流

　走り高跳びは，本来個人種目であるが，集団で学び，班対抗戦のように集団化した競争場面を楽しむことにも学習効果と意義を見出すことができる。

　集団での学習として成立させるために，まず，グループによる学習形態を中心に展開する。バーの高さを子どもたち個人に対応して設定し，全員に順番に自分の高さに挑戦させる。子どもたちが相互に役割を担いながら，次に跳ぶ人のためにバーの高さを調整するのである。たとえば，Aくん90cm，Bさん95cm，Cくん98cmに挑戦する場合，その高さにバーを上げ下げする。

　同じ高さに挑む者が引き続いて跳躍するようにすれば，バーの移動も少なくなり，スムーズに設定しあうことができる。全員が一回ずつ跳躍した後，一巡目に成功または失敗にかかわらず，二巡目も全員が自分のめあてを設定して跳躍する。その場合，一巡目の跳躍で成功した者はもう少し高くし，失敗した者はもう一度同じ高さに挑んだり，少し低くしたりすることができる。このようにすることによって，みんなが同じ回数の跳躍を試みることができるとともに，各自のめあてに応じた高さで学習をすすめることができる。そこには，子ども相互の役割分担の中で学習が展開されることになり，互いに走り高跳びの機会を保障しあいながら，個に応じて運動を楽しむことを学び取ることになる。

　こうして，子ども相互の関わりあいによって各自の運動学習が進められると同時に，運動を介して関わりあい方を学ぶ。このことが学び方として重要な学習内容ということになる。

（徳永隆治）

《引用・参考文献》

池田延行・蒲地直志(1984)：走り高跳び－めあての与え方と評価の工夫－．学校体育 37(3)：125-130．

岡野進・池田延行(1985)：走り高跳び技術の中核と学習指導．体育科教育 33 (11)：91-94．

天野義裕・細江文利・岡野進(1991)：跳・投運動の授業．体育科教育別冊⑦

学習カードA

走り高跳び　学習カード

名前〔　　　　　　　〕

第1回記録会　　　　　月　日（　　）　　　校時

試技の記録　（めあてを記入し、成功したら〇をつける。）

1回目	2回目	3回目	4回目	5回目	6回目	7回目	8回目
cm	cm	cm	cm	cm	cm	cm	cm

自己最高記録　　　　　　cm

走り高跳びのノモグラム

目標記録

身長　　　　　　cm

50㍍の記録　　　　秒

目標記録　　　　　　cm

（身長）　（走高跳）　（50m走）
- 180　　　　　　　　　　　6.5
-    　　 140
- 170　　　　　　　　　　　7.0
-    　　 130
- 160　　　　　　　　　　　7.5
-    　　 120
- 150　　　　　　　　　　　8.0
-    　　 110
- 140　　　　　　　　　　　8.5
-    　　 100
- 130　　　　　　　　　　　9.0
-    　　 90
- 120　　　　　　　　　　　9.5
-    　　 80
- 110　　　　　　　　　　　10.0
- (cm)　　(cm)　　　 (sec)

楽しさ度　−2　−1　0　+1　+2

〔理　由〕

（走高跳）＝ 0.5 ×（身長）− 10 ×（50m走）＋ 120

学習カードB

5年 走り高跳び 班対抗 記録カード

月　日（　）　校時

競争のしかた

得点	目標記録との差
10点	20以上
9	15～19
8	10～14
7	5～9
6	0～4
5	−5～−1
4	−10～−6
3	−15～−11
2	−20～−16
1	−21以下

記録表

〔　　　班〕

	メンバー					合計得点
	目標記録	cm	cm	cm	cm	
第1回戦	めあて	cm	cm	cm	cm	第1回戦合計得点
	目標との差	cm	cm	cm	cm	
	得点	点	点	点	点	点
第2回戦	めあて	cm	cm	cm	cm	第2回戦合計得点
	目標との差	cm	cm	cm	cm	
	得点	点	点	点	点	点
第3回戦	めあて	cm	cm	cm	cm	第3回戦合計得点
	目標との差	cm	cm	cm	cm	
	得点	点	点	点	点	点
	総合得点					

対戦結果　〔　　　班〕　対　〔　　　班〕
　　　　　　　　　　点　　　　　　　　点

陸上運動

5. 呼吸を大切にする水泳指導

1）呼吸を大切にする指導法（「ドル平」泳法）との出会い

　中学の体育教師にとって，水泳シーズンの到来は手放しで喜べない現状がある。「4月から作りあげてきた授業規律が水泳の授業で崩れてしまう。」と，ぼやきが交わされる現実である。プールに入る生徒よりもプールサイドで見学する生徒の方がはるかに多いのである。理由はいくつか考えられるが，何より大きな要因は「息ができない」苦しみであろう。息ができないということは死ぬかもしれないという苦しみである。何とか水に入ったが顔つけもできない生徒がいた。水しぶきがかかるのはもちろん，遠くで水の音を聞いただけで体を固くする生徒である。この生徒の苦しみも，水の中で呼吸が出来ない苦しみであろう。

　教師になって指導法に悩んでいたとき，呼吸法を大切にした指導法（当時指導を受けた小学生が「ドル平」と名づけたという）に出会った。その後，実技講習も受け，はじめてその指導法で授業をしたときの生徒から次のようなことばをもらった。一つは，水泳の単元最後の授業を終えた時のことである。ずっと見学をしていたS君が近づいてきて次のように言った。「先生，僕も泳げるようになるかなあ。来年，僕にも教えてください。」

　このS君は卓球部に所属し，市の大会で優勝するぐらいの運動能力のもち主であった。その彼が理由をつけて見学しつづけていたわけである。泳げない状態で水に入るという苦しみは，運動能力の優れたS君にも，耐えられない苦しみであったということである。

　もう一人は同じ授業を受けていたK君が卒業して三年後，校外でばったり会った時の会話である。

　「先生，僕のこと覚えていますか？Kです。」

　「先生は熱心な先生だった。」

　と話しかけてくる。（どうしてそう思ったのか尋ねると）

「先生はプールの中に入って指導してくれた」
「力を抜いて」「おへそを見て」
とか具体的な視点をもって，生徒に接してくれたという。笛の合図で「バタ足始め！」「やめ！」という指導とは違っていたというのである。

呼吸を大切にした指導法は，見学者に「私も泳げるようになれそうだ」と思わせ，指導を受けた生徒には，熱心な教師と映ったわけである。以下，「ドル平」泳法に出会う前のわたしの水泳指導法（従来の指導法）と，「ドル平」泳法を比較しながら，呼吸を大切にすることの意味を考えてみたい。

2) 呼吸を最初に指導する

| 進む | → | 浮く | → | 息をする | ………… 伝統的な指導法
| 息をする | → | 浮く | → | 進む | ………… 「ドル平」泳法

上の図は，呼吸を大切にした「ドル平」泳法の考え方を従来の指導法と比較した図である（中村,1968）。

従来の指導法の多くは，最初に「水慣れ」を行い，次に水に浮く練習（「伏し浮き」）を行う。そして，その後「進む」ことに中心が移ることが多い。「進み」ながら「浮き」，「進み」ながら「口」を水面に出し，「息をする」のは最後の段階である。つまり「進む」ことができないと「浮く」ことも「呼吸する」こともできない，と泳ぎをとらえている。そこで，プールの底から足を離すと，手足をともかく動かす。そうしなければ沈んで呼吸ができない不安にかられてしまうのか，おぼれている人が手足を動かしている状態と同じような場面が出現する。

それに対し「ドル平」泳法は，陸上で呼吸のしかたから指導を始め，最後まで呼吸の確保に中心をおく。呼吸の練習だけでもいくつもの段階がある。概略は次のとおりである。

(1) 陸上での呼吸練習
(2) 水に入っての呼吸練習
  ① 立った姿勢で　　　　③ 歩きながら
  ② 顔を水につけて　　　④ 斜めに浮いた姿勢で

(3) 水に浮いての呼吸練習

　また，「進む」ことをひとまず考えないことで，「息をする」ために「浮く」ことを追求することができる。水面にうつ伏せになった状態から呼吸をするには，よく浮いた姿勢が好ましい。浮いた姿勢をつくりだすため，「ドル平」泳法では，水中では息を止め，吐かない。また「大きな地球儀におおいかぶさるような」つもりで，脱力した状態をつくりだすことに力をそそぐ。

　水慣れのひとつとして，私は水泳授業のはじめに，「よく浮く(沈む)姿勢を考える」という内容でオリエンテーションを行う。

・息を吐くと沈む；伏し浮き姿勢(手足を伸ばして伏臥姿勢で水に浮いた状態)で息を吐くとからだは沈んでいく。(プールの底にはりつくように沈んでしまう生徒もいる。)
・力を入れると沈む；伏し浮き姿勢で手のひらをにぎりしめるように右手に力を入れ，右足の親指に力を入れ，足の甲をぎゅっと伸ばすようにすると，からだは右に傾く。力を抜いて左側に力を入れると左に傾く。
・顔を動かすと沈む；ふし浮き姿勢で顔だけを上げると足が沈んでいく。
・手を動かすと沈む；伏し浮き姿勢で前に出していた腕をゆっくりと動かして，体側につけるようにすると足が沈んでいく。

　従来の指導法では，水中で息を吐かせ，バタ足で足に力を入れさせる。息を吐き，からだに力を入れることは，からだを水中に沈めることになる。一方で水面から口を遠ざけながら，バタ足の推進力で，水面に口を出せと要求している，それでも呼吸ができるようになっているのはすごいことで，熟練者は推進力でできた水の谷を利用して呼吸をするのだと，次のような記述を紹介してオリエンテーションを終わる。「泳いでいるときには，頭の前に波ができ，口のあたりにその波の谷ができる。したがって，顔は大きく横に向けなくても，十分息を吸うことができる」(宮畑，1969)。

　「進む」ことを中心にする指導と，「進む」ことを考えない指導の違いはことのほか大きい。ユニバーシアード大会最終予選のバタフライに残った大学生が，「ドル平」水泳教室後，「こんな水の世界があることを初めて知った。」と感想を述べた。また，今夏の水泳授業で，三年生の女子は「お母さんのからだのなかにいる，あかちゃんになったみたい」と感想を残した。

3）呼吸・「吐く」ことを指導する

　「すべての動きにとって，こうでなければならないというギリギリの呼吸のあり方がある。逆にまた，すべての呼吸（発声）にとって，こうでなければならないというギリギリのからだのあり方がある」と呼吸の大切さを指摘している野口（1975）は呼吸について「吐く」ことの重要性を次のように述べている。「呼吸ということばはなぜ『呼』が先なのか。」「まず息をはけ。」「息のはき方がわかったときそこに新しい可能性が生まれる。」「呼息のありかたは重要である。」

　「ドル平」泳法では「口の中にためていた空気をまとめてパッと吐く」と呼吸法を指導する。「吸う」ことを意識しなくとも，呼吸筋の性質で吐くと空気は入ってくるという（学校体育研究同志会，1971）。「まとめて『パッ』と吐く」は口の使い方である。「いつ」「どんな」動作をしながら「吐く」のかを課題として授業を進める。

（1）顔の動作

　泳いでいる状態の顔の動きだけを説明すると次のようになる。「伏し浮きの状態からあごを突き出すように顔を起こす」「唇が水面から出た瞬間（陸上で正面を向いた瞬間がこれにあたる）」「ためていた空気をまとめて，唇を破裂させるように『パッ』と吐く」「吐いたあと，首の力を抜いて『ポチャン』と顔を水の中にもどす」

　これらの動作を前述したように陸上から練習をはじめる。

　陸上であぐらをかいた姿勢で呼吸練習をする場合，首の力を抜いて，顔は地面の方を向いている。「イチ」「ニイ」の号令の間，首は脱力しておき，「サァーン」でゆっくり顔を上げていく。顔が正面を向いたとき，それまでためていた空気をまとめて「パッ」と吐く。そして，「ポチャン」で再び首の力を抜いて顔を下へ向ける。

　この顔の動きは，水の中に入って泳ぎだしたときも同じである。水に入っても，「胸まで浸かって」「肩まで」「あごまで」と，ゆっくり水の中に体をあずけながら，呼吸の練習をしていく。

（2）顔の動きに手の動きを加える

以上の動きが，水に入って四股の姿勢で顔を水につけてできるようになったら，手の動きを加える。手は，力を抜いて腕を水に浮かばせておく。そして顔を起こし，水面が見え始めたとき手を動かし始める。手の動作は口を水面に出すのを助ける手段ともなっている。したがって，顔を先に動かし，手はプールの底に向かって水を下に抑えるように動かす。次にこの動作を水の中で歩きながら繰り返す。歩きながら少しずつからだを前に傾け，水にゆだねながら呼吸の練習をしていく。

(3) 足の動作を加える

　次に，うつ伏せに浮いた姿勢(伏し浮き)から，顔と手の動きで呼吸の練習をする。そして最後に足の動作をつけ加える。伏し浮きの姿勢から顔を上げ，手の動作を加えると足が沈む。また顔が上がり首を後ろに倒した状態では，膝が自然に曲がる。そこで，沈んだ足を浮かばせるために，曲がった膝を伸ばすように，足の甲で水を下(プールの底の方)に抑えるように「ポーン，ポーン」と2度両足をそろえて打つ。足を動かし始めるタイミングは「パッ」と息つぎをして，「ポチャン」と顔と手を水の中に戻し，伏し浮き姿勢をつくった後である。

　これで「ドル平」の1サイクル，「顔」「手」「足」の動作は終わりである。2回目は，足の動作が終わって背中がぽっかり浮かぶまで，力を抜いてどこも動かさないで待つ。体の一部分が浮いたのを確認して2回目の顔の動作を開始する。これが2回目を開始するタイミングである。

　ぽっかり浮かんでくるまで力を抜いて，どこも動かさないで待てるようになると，水の世界が広がる。ゆったりと泳げるようになるだけでなく，手や足の動かし方を変えることも容易になる。「ドル平」泳法で手のかき方を，ももまでかききるようにかえると近代泳法のバタフライに近づく。

写真5-17　「イチ」「ニイ」と空気をためて待つ

写真5-18 「サーン」でゆっくり顔を起こし「パッ」とまとめて吐く

写真5-19 両足をそろえて「ポーン,ポーン」と足を打つ

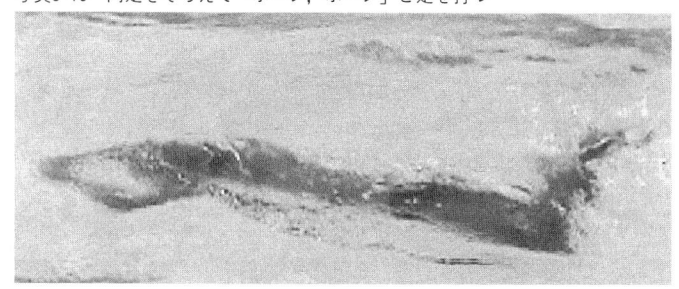

写真5-20 どこも動かさないでからだが浮くのを待つ

4) 泳げない子どもの事実からうみだされた「ドル平」泳法

　従来の指導法の多くは，競技者に代表されるような動きに近づけようとする指導法である。たとえば，呼吸法は水の中で口と鼻から少しずつ「ブク，ブク」と息を吐きながら，口が水面に出た瞬間，「ハッ」と口で空気を吸い込む。この指導法では，水を飲む生徒や，鼻から水が入り，苦しむ生徒が出やすい。オリンピックの金メダリストを育てた鈴木(1991)は，間をとることで

水を飲むことが防げると説明している。「呼吸時に水を飲んでセキこんでしまうのは，タイミングの悪さが原因だ。水面上へ顔を上げていきなり呼吸しようとするとそういうことになる。ポイントは一瞬の『間』にある。水中でじょじょに息を吐きながら，顔を上げる直前に残りの息を一気に吐いて吸うのである。いっきに吐けば水切りもできるし，吐いた反動で大きく吸いやすくなるのである。」

　初心者の子どもを観察してみると，水中では息を吐いていない。口が水面に出ている短い時間に，吸い込むことを意識するのでなく，「吐く」ことで呼吸ができている(前述の野口の指摘とも一致する)。この事実を当時，運動生理学者の猪飼道夫は，呼吸筋の粘弾性と解説している。急激に収縮した呼吸筋によって吐き出された空気は，反作用で弛緩する呼吸筋の働きによって吸うことを意識しなくとも肺の中に入ってくる。つまり，理にかなった動作を子どもたちは行っていたわけである。

　ドル平泳法の呼吸法を「水中では息を吐かないでおき，水面に口が出たらまとめて『パッ』と吐く」と書いた。この「まとめて」にたどり着くまで，長い試行錯誤を繰り返したという。泳げない子どもを前にしてなんとか呼吸をしながら泳げるようにしようと，「強く吐け」とか，さまざまなことばかけの中からうまれたことばである。「まとめて」という表現一つにしても大変な思いがこめられているわけである。このようにしてうみだされた「ドル平」泳法の指導において，教師が熱心にならざるをえない理由をいくつかあげてみよう。

・泳げない子の指導からうまれた指導法である。
　「ドル平」泳法はできるだけ動作を区切って行うので，「力を抜いて」「ゆっくり」「大きく」動作することを求める。従来の指導は，熟練者の動きを求め，局面を融合させた動作を手本とする。「ドル平」泳法も「顔」「手」「足」の動作を局面融合(マイネル，1981)させるように操作すると，近代泳法になっていく。
　たとえば「足をうつ」タイミングを，「パッ」と呼吸をした後，「顔」と「手」を水中に戻す瞬間に変えると，このキックはバタフライの1回目のキックになる。また，「手」をかききった瞬間「パッ」と呼吸をする

が，そのかききる瞬間にキックをいれると，バタフライの2回目のキックになる。

「ドル平」泳法は，意識的に局面融合をさけている。したがって，「顔」「手」「足」をひとつずつ呼吸と結びつけて操作すればよいので，初心者も意識を集中してとりくめる。

・呼吸のしかたをはじめ，原理原則にかなっている。

「ドル平」泳法の足の動作は，形はバタフライのドルフィンキックに似ているが，ヒトのもっている緊張性頸反射を利用した動きである。人間の体は力を抜いた状態で頭を後屈すると，上肢は伸展し，下肢は屈曲する。子どもが自然にみせる姿勢である。この曲がった膝を伸ばすようにして，足の甲で水を抑えるように脚を動かし，下半身を浮かすようにする。四足動物がもっている，生きていく上での姿勢反射を利用しているわけである。

また，クロールのように両足を交互に動かす交互神経支配の動作より，足を同時に動かす同時神経支配の動作の方が初心者にとっては習得が容易である。ここにも子どもの事実から出発した無理のなさがある。

・泳げるとは，「呼吸」をしながら「浮いて」「進む」ことであるととらえている。「呼吸」「浮く」「進む」の関係は並列でなく「呼吸」を核とした指導法である。

中村は，伝統的な指導法では，一息で泳げる距離を伸ばすことをねらい，プールの横(15m)が泳げたあと，呼吸をしながら泳ぐことの指導がなされると述べている。一息で泳げる距離が20mになろうと，泳いでいるとは中村はみなしていない。一息で泳げる距離をのばしている子どもに，適切なアドバイスをすることは難しい。(泳げる子どもに潜水による距離を競わせてみるとよい。距離の長短の原因を的確に指摘することは難しい)。また，面かぶりクロールで進めるようになった子どもに呼吸のしかたを課題にしたとたん，脚のリズムも，腕のリズムもうまくいかなくなることがある。これはまだできていない呼吸のリズムに既習のリズムが引きこまれてしまうことからおこる。

「ドル平」泳法では，「呼吸」を中心にして，「力を抜いて」「ゆっくり」

「大きく」からだを動かす。呼吸を確保するための動作になっているかどうかを生徒たちとやりとりするわけである。力が抜けているか，からだが浮いているか，動作が速くなってはいないか，何回息つぎができたかなどが課題となる。この課題は，見ている側も把握することが容易であるし，呼吸の回数は泳いでいる本人にも自覚可能である。

5）水泳で何を教えるのか

　小柄で，中学のプールでは背伸びしても口が水面に届かなかった，自閉傾向のT君と水泳の練習をしたときのことである。呼吸をしながら水中を漂うことができるようになり，時間はかかるがようやく25m泳げるようになった。ターンをして50mも泳げるようになるのにそれほど時間を必要としなかった。しかし，50mを泳いだT君は，励ましても，叱りつけてもターンをして75mに向かおうとはしなかった。スタートして25mのプールを泳ぎきり，折り返してスタート地点に帰ってくることは意味があるが，ターンをしてこのあと距離をいくら伸ばしても，プールという限られた空間では新しい世界と出会うことはないということのようである。

　田中(1999)は，1歳児の課題を「一次元可逆操作」ができるようになることであるとしている。歩行を例にとれば，自由に歩けるというのは，方向転換もできるようになり，目的地に行って帰ることができるようになることである。また，その方向転換が自由にできるようになる前に重要なサインを出しているという。よちよち歩きでぺたんとすわりこむ，そのあと立ち上がって，今きた方向を振り返るという動作がそれである。

　水泳に例をとれば，前述のT君は，25mのプールを往復することで水の中での自由を自分のものにしたわけである。また，夢中でバタバタと足を動かし，プールに足をつけたとたん顔にかかった水をぬぐっている初心者をよく見かける。同じように見えるが，足をついたあと，立って後ろを振り返る生徒がいる。このちがいは大きいということである。後者はスタートする前に進むということを意識している。これは結果を見積もる動作がうまれ，自分のからだへの能動的な働きかけをしている姿である。今までこの違いを考えたことはない。水の中で，能動的な働きかけをしたくなる目標として，何を提示

してきたのだろう。

　進むということを一時考えないでおく指導法であればこそ，タイミングを自分で問題にしながら泳ぐことができるし，ちょっとした姿勢の変化で水との関係が変化すること(その中のひとつに進むということも含まれる)を感じ取りながら泳ぐことも可能となる。「ドル平」泳法で水の中での自由を獲得したT君に提示する学習内容は今後の課題である。　　　　　　　（有信　実）

《引用・参考文献》
中村敏雄(1968)：近代スポーツ批判．三省堂．
学校体育研究同志会編(1971)：水泳の指導．ベースボールマガジン社．
宮畑虎彦(1969)：水泳競技．ベースボールマガジン社．
野口三千三(1975)：原初生命体としての人間．三笠書房．
クルト・マイネル：金子明友訳(1981)：スポーツ運動学．大修館書店．
鈴木陽二(1991)：スイミングマスター．永岡書店．
田中昌人(1999)：1歳児の発達診断入門．大月書店．

6．ボール運動

1）サッカー

(1) サッカーの特性

① サッカーの魅力

　サッカーは，ボールが1個あれば，誰でも，いつでも，どこでも，手軽に行えるスポーツの一つである。ボールは，ワールドカップで使用されるFIFA公認のサッカーボールでなくても，対象者や目的に応じてボールの大きさや種類は変えてサッカーは楽しめる。また，公認のピッチがなくても，バレーコートぐらいの広さがあれば十分サッカーというスポーツは楽しめる。そして，ゲームは，攻防の中で個性の発揮できる場であり，その個性を認めあいながらの協力の場であることが特徴である。そのため，サッカーは世界の国々で行われており，子どもたちにとっても人気のスポーツの一つでもある。

② サッカーの心身への効果

　サッカーのおもしろさや醍醐味は，原則として手以外の体全部を使ってボールをうまく操るかどうかというところにある。ボールをうまく操るには，自分自身の動きを操ることが重要であり，ゲームになると相手との関係もあるので相手もうまく操ることが必要になってくる。このことから，サッカーには3B，つまりBall control（技能面：キック，トラップなど），Body balance（身体面：ダッシュ，巧緻性など），Brain（知的面：状況判断など）が大切であるといわれている。

　この3Bの中で，Brainは知的な能力を意味していると考えてよい。つまり，サッカーの攻防の中では，「いつ，どこで，誰にパスするのか」，といったような状況判断をする知的な能力が大切である。このようなことから，サッカーは子どもの身体的・技術的な個性を十分に使って，自ら考え，判断し，ゲームを楽しめる教材の一つである。

　また，サッカーは，「子どもを大人に，大人を紳士にするスポーツである」

といわれる。これは，ドイツのクラマーコーチが日本代表を指導していた時期に，彼のコーチング哲学について聞く機会での一言である。21世紀を迎えたこの時期，含蓄のある文言であると思われる。つまり，人間の心や体の成長に関係する幾つかの要素が，サッカーというスポーツの中に含まれていることを意味しているのではないかと思われる。

(2) 新学習指導要領からみたサッカー

新学習指導要領(文部省, 1998a,1998b,1999；本村, 2000a,2000b)の体育の目標をみると，小学校，中学校，高等学校ともに，その冒頭に「心と体を一体としてとらえ…」といった記述がなされているが，前述したように心と体の成長にサッカーは教材として望ましいものの一つである。

また，新学習指導要領(文部省，1998b,1999)の中の球技の内容には，「チームの課題や自己の能力…」，「チームにおける自己の役割…」，「チームの課題や自己の能力…」といった表現があり，チームと自己の問題が重要な意味をもってくると考えられる。

そこで，ここではチームと自己の問題に焦点をあてて考えてみることにする。

(3) チームワークを育てる指導実践

従来のサッカーの指導では，パス，ドリブル，シュートなどの基本的な技能を指導した後にチームを作り，ゲームを行うスタイル，つまり分習法→全習法のスタイルが多かった。このような指導スタイルのメリットは多々あるが，デメリットも存在していたと思われる。たとえば，ゲームになると上手な子どもがボールを独り占めにし，下手な子どもにはボールが渡らない，あるいは触れることが少ないなど，下手な子どもの授業での居場所がなかったのではないだろうか。つまり，下手な子どももゲームが行えるように基本的な技能の学習をしたにも関わらず，学習したことがゲーム場面で発揮できない状況が展開されることがあったのではないかと思われる。

サッカーというスポーツは，チームのメンバーが協力しながら攻防を繰り広げるところに楽しさやおもしろさがあるが，上記のような状況が繰り返されると，下手な子どもはサッカーへの興味や関心が薄れていく可能性も考えられる。

一般に，学校では教室でのクラスというチーム（集団）から，10数分後にはサッカーという授業での新たなチームを結成し活動していく。しかし，集団は形成期(課題の性質の認知，成員間の親睦)，動揺期(葛藤，改革)，規範期(集団一致，凝集と協力行動が高まる)，達成期(集団の目標に集団のエネルギーが注がれる)の順で発達するといわれている(松田，1987)が，サッカーでの授業は形成期の状態で終了することが多く，チーム作りを考える場合，指導者は工夫が必要である。

　また，サッカーの90分試合でのボール保持時間は，単純計算で選手1人わずか約2分であるので，よいチームワークとはボールをもたない選手が何をするのかといったことが大いに関わってくる(チャールズ・ヒューズ，1996)。

　そこで，ボールに触れる回数を多くし，チーム作りを土台にしたチームとしてのワークを育てる例を紹介することにする。また，ここで取りあげた例は，サッカーが団子形態→縦型形態→横への広がり形態へと変化したゲームの戦術史やゲームの発展を考慮した(杉山，2001)。

① 実践例1：仲間と仲よく，今もっている力で楽しめるチーム作り

　図5-14のように，チームは手を繋ぐ。ボールは最初大きい方がよい。ボールが大きいと，手を繋いでいる間をすり抜けることも少ないからである。このような場の設定が出来たらボールを蹴るように指示する。手を使えない状況にあるので，今もっている力を使って，初歩的なボールコントロールの学習にもなる。つまり，手以外の体を使った色々な蹴り方，止め方が学習できる。また，ある子どもは，ドリブルでチームの外に向かう動きをする場合もあるが，あくまでもチームで手を繋いだまま移動することが基本である。

　ボールを蹴る場合，仲間の名前を呼びながら蹴ると，正確なパスの出し方や，仲間の技能を配慮した蹴り方を子どもに気づかせる学習ができる。名前を呼ばれた子どもは，その状況下で集中することになり，ボールが飛んでくることが事前にわかり，ボールを止めるための準備態勢もできる。このように，ボールにメッセージを込めて蹴りあうことになるので，このメッセージを乗せたボールが思ったように飛んでいけば自信になり，仲間とのコミュニケーションの場にもなりうる。

手をつなぎ，ボールを蹴りあう　　　　　手をつなぎ，3個のボールを蹴りあう
　　　　図5-14　仲間と仲よく今もっている力で楽しめるチーム作り

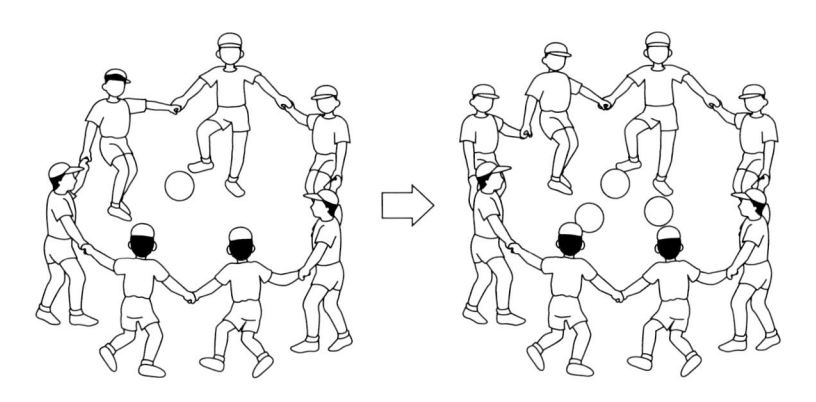

　コミュニケーションは，チームメイト間の情報の伝達を意味し，その構造には車輪型，サークル型，チェーン型，Y字型があるが，この図5-14の例は，サークル型のコミュニケーション構造を模している(松田，1987)。つまり，チームとして手を繋いでいるので，隣同士の子どもの一体感や手を繋いでいる全員の一体感も形成しやすくなる。

　もし，蹴ったボールがチームの外に出た場合は，全員がボールの位置まで手を繋いだまま移動する。この場合，チームとしてボールの場所まで行動を共にするので，チームとしての芽生えが出てくるだろう。

　また，ボールの大きさを徐々に小さくし，授業で使用するサッカーボールに近づけたり，ボールを1つから，2つ，3つと増やしていってもよい。サッカーは，後述するように予測を含めた状況判断が大切であるので，集団内の複数のボールは状況判断能力を養うためにも有効である。

② 実践例2：自ら考え工夫するチーム作り
　一般に，チームのメンバー一人ひとりの能力や考えなどについて，メンバー同士が実体験出来ないままチームが編成される場合が多い。つまり，チームのメンバー同士がお互いの動きをよく理解していない状態でチームが編成されることがある。そのため，チームが編成された途端に混乱することもあるので，チーム作りを進める際には工夫が大切である。

　図5-15のように，まず1対1の競争的なゲームを行う。このゲームに参加

した2人がチームを作る。この2名のチームと同様な形で作られたチーム同士で，2対2の競争的なゲームを行う。このゲームに参加した4名が新たなチームを作り，4対4の競争的なゲームを行う。このようにしながらチーム作りを進めていく。4対4のゲームになると，前後左右へのパスの方向性があるので，広い視野のもとでのプレイが要求される。最終的なチームのメンバー数は，ジュニア期において7対7前後が適切である(杉山, 2001；小野, 1998)。

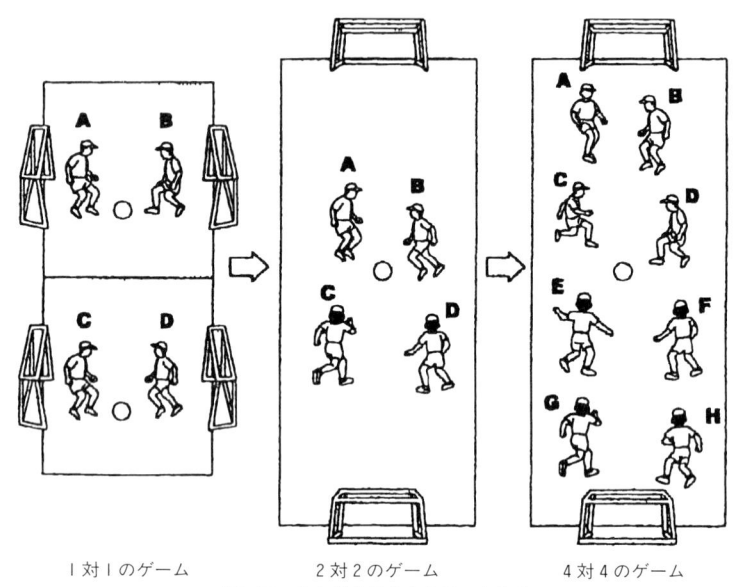

図5-15 自ら考え工夫するチーム作り

1対1のゲーム　　　2対2のゲーム　　　4対4のゲーム

このチーム作りの中で，競争的状況設定の意味は，次のようなことからである。競争状況を設定することは，動機づけを高める一つの手段であるが，重要なことは自己を客観視できる，自己の能力を試せる場，あるいは社会比較の場でもあり，技能面等についての自己評価や他者評価が行いやすいからである(松田, 1987)。

このチーム作りの特徴は，サッカーの攻防の中で，自分の能力と相手の能力の比較が実体験できるため，自分や相手の長所，短所に気づき，相互理解も深まると共に，自己評価，他者評価を通して，今後の課題を子ども自ら設

定することができる。

　また，このチーム作りは，異質集団でのグループ学習の推進が期待でき，相互協力の下で役割分担をしながらチームとして自ら考え，工夫しながら作戦を立てることを可能にすると考えられる。

③ 実践例３：学び方，役割分担を意図したチーム作り（飛び抜けた能力の子どもがいる場合）

　サッカーは，現在，Ｊリーグの躍進や日韓ワールドカップを控え，多くの子どもがサッカーに興味や関心があり，小さい頃からスポーツ少年団で活動している子どもも多い。そして，体育授業では，スポーツ少年団やクラブで競技サッカーを行っている子どもたちが，競技を行っていない子どもと一緒に行うことになる。そこでは，上手な子どもがドリブルし，仲間にパスをしないといった状況もみられる。また下手な子どもは，上手な子どもの迷惑にならないように，コートの端やライン上に立っていることもある。

　そこで，図5-16のように，チームの意味を理解させ，学び方（作戦）や攻防の中での役割分担の重要性に気づかせる場の設定を考えてみた。飛び抜けて上手な子ども２名前後を１つのチームにし，下手な子どものチーム７名ぐらいと対戦する場である。下手な子どもチームは，全員の協力で今もっている力を使って生き生きと攻防を繰り広げるだろうし，上手な子どもチームは組織力（メンバー）のなさや攻防の限界について気づくだろう。

　　　　　　上手な子供チーム　　　　　　　　下手な子供チーム
　　　　　　図5-16　学び方，役割分担を意図したチーム作り

すると，上手な子どもチームは，パスを出せないことに気づき，サポートしてくれるメンバーの増員を要求するだろう。このメンバーの増員要求は，サッカーの攻防の中でのチームとしての作戦，協力の問題と解釈できる。一方，下手な子どもチームは，上手な子どもがボールをもったら，複数で取り囲みドリブルやパスを自由にさせない，あるいは縦横への広がりをもった攻撃のしかたなどの作戦をチームとして考えるようになる。つまり，サッカーを仲間と共に楽しむためには，両チーム共にチームワークが必要性であることを自ら考え判断できる場になるし，チームとして機能するための方策を自ら工夫する場，つまり学び方の場にもなる。

（4）状況判断能力を育てる実践例

　サッカーでの自己の問題は，特にゲーム中の動きである。一般に，ゲームになるとスムーズな動きが出来なくなり，獲得した技能も発揮できないことが多い。その原因の一つとして，どの場所で守っていたらよいのか，どの場所に走り込んだらよいのか，つまり状況判断が適切でないため，攻防の中でグッドポジションを見つけられないためと考えられる。

　サッカーのゲームは，刻一刻変化する状況の中でその状況を把握し，予想しながら，行動を起こすことがとても大切であり，楽しさでもある。このようなことから，フランスのジュニア育成では，その時々で変化する状況を最適に判断する力をつけることを主眼に指導している(小野，1998)。この状況判断能力は，神経系に関わる能力と密接な関係があり，選択的注意，認知，予測といった一連の情報処理過程が重要な意味をもっているので(中川，1985)，ジュニア期にはこの能力を高めるために適切な時期である。

　そこで，よい判断をするための，視野，身体の向き，ポジショニングを意図しながら，よい判断をする能力と判断したことを実践する能力がかみあって初めてゲームでスムーズに動けるようになることを気づかせる例を紹介する。

① 今もっている力で楽しめ，状況判断能力を育てる(ボールなし)

　4人1組で，2つのペアを作る。どちらかのペアが鬼になり，手繋ぎ鬼ごっこをする。

　1クラスの人数が32人であれば，8組ができ，この8組がある大きさのエ

リア内で，ぶつからないようにお互いが協力しながら状況判断し，逃げたり追いかけたりする。つまり，お互いに注意し，周囲の状況を認知しながら，どちらに動くのかといったことを予測しながら鬼ごっこをするのである。また，状況判断の下手な子どもと上手な子ども(指導者)とがペアになると，上手な子ども(指導者)の状況判断のしかたを，楽しみながら学習できる。なお，ボールを使わないので，導入の段階で進めるのが望ましい。
② 今もっている技術で楽しめ，状況判断能力を育てる(ボール使用)

　サッカーでのドルブルは，プレーの中で最も楽しくて，ワクワクするものである。

　図5-17のように，ある大きさのエリア内で，1対1でお互いがボールをドリブルしながら鬼ごっこをする(ボールキープ)。ルールは，鬼が相手の背中にタッチしたら鬼が交代する，あるいは鬼が相手のボールをエリア外に蹴り出せば鬼を交代するなど幾つか考えられる。エリアには他の子どもたちも同様な鬼ごっこをしているので，ぶつからないように視野を広くし，周辺視を使って周囲の状況をいつも見ておかねばならない。鬼との距離，混んでいる場所，スペースのある場所などドリブルしながら状況判断の学習ができる。また，2人で手を繋いで，上記の鬼ごっこを進めてみてもよい。

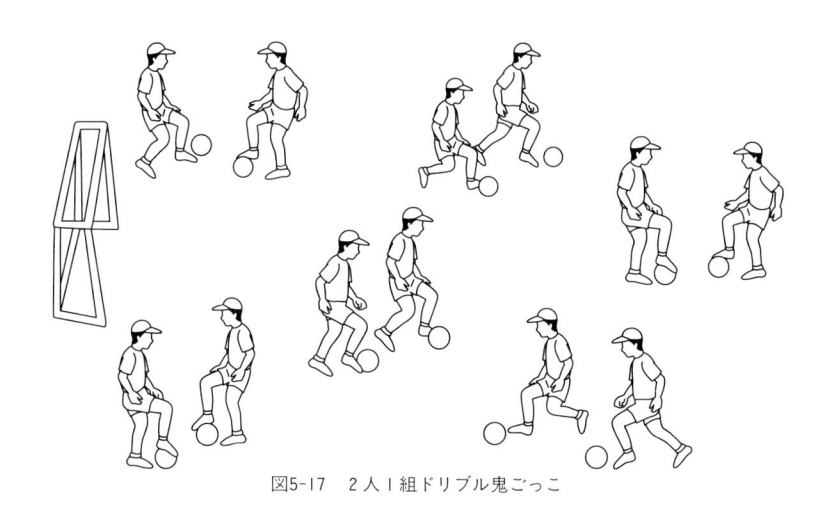

図5-17　2人1組ドリブル鬼ごっこ

③ 状況判断能力を高める

　状況判断能力を高める方法には，ピッチ上で行う方法と室内で行う方法がある(日本スポーツ心理学会，1998)。ピッチ上での方法は，ゲーム中に子どもの状況判断が適切でないと思われたとき，ゲームを止めて適切な判断をアドバイスする。あるいは，ゲーム中に状況判断が適切でない子どものそばで指導者が「左に動け」などといったアドバイスをする。

　一方，室内での方では，サッカーのゲームのVTRを使って，プレーヤーに状況判断を問う決定的場面で映像をストップし，適切な判断をみんなで考えてみる。

(米川直樹)

《引用・参考文献》
文部省(1998a):小学校学習指導要領．大蔵省印刷局．
文部省(1998b):中学校学習指導要領．大蔵省印刷局．
文部省(1999)：高等学校学習指導要領．大蔵省印刷局．
本村清人(2000a):体育の新しい課題(5)．中等教育資料 12(1)：60-61．
本村清人(2000b):体育の新しい課題(12)．中等教育資料 12(11)：68-69．
松田岩男・杉原隆ほか(1987)：新版運動心理学入門．大修館書店，pp.229－267．
チャールズ・ヒューズ：辻浅夫・京極昌三訳(1996)：サッカー　勝利への技術・戦術．大修館書店，pp.36．
杉山ほか(2001)：新学習指導要領による中学校体育の授業　下巻．大修館書店，pp．46-65．
小野　剛(1998)：クリエイティブ　サッカー・コーチング．大修館書店．
中川　昭(1985)：ボールゲームにおける状況判断研究の現状と将来の展望．体育学研究 30(2)：105-116．
日本スポーツ心理学会編(1998)：コーチングの心理Q&A．不昧堂，pp.74-75．

2) バスケットボール

　バスケットボールは1891年に，マサチューセッツ州スプリングフィールドにある国際YMCAトレーニング・スクールで誕生した。当時，体育教官であったJ・ネイスミスが，冬季に学生が室内で運動できるよう，ウィンタースポーツとして考案したのが始まりである。ネイスミスは，バスケットボールにおける13のルール(図5-18参照)を提案し，1892年，ゲームとそのルールはま

ず初めにアメリカで創刊されているYMCAマガジンに掲載された。ゲームはすぐに受け入れられるようになり，他のYMCAや体育施設，学校に広まった。同じく1892年に，バスケットボールの利点を認可したスミス大学の体育教師，S・ベレンソンがルールを修正してスミス大学の女生徒に紹介した。そして，ベレンソンを中心に，教育学者が元来のルールを一部改訂し，1901年

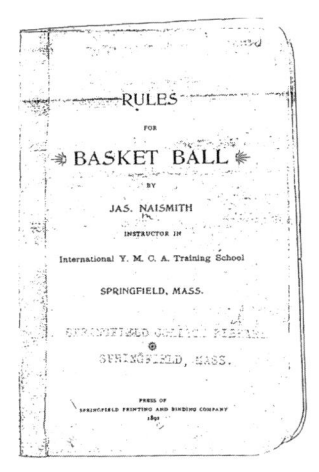

図5-18　バスケットボールにおける13のルール

に女性のためのはじめてのルールブックとして「バスケットボール・ガイド」が出版された。

　男子大学生のルールは，大学のプレイを統制するために1904年に確定した。YMCAやAAA(アマチュア・アスレチック・アソシエーション)といった他のグループは，それら独自のバリエーションをもっている。また，3ポイントプレイを除いて，男子の基本的なルールは最近ではほとんど変わっていないが，小さな改訂は毎年，国際ルール委員会によって高校や大学のゲームのために行われている。

(1) 男女共修のすすめ

　クラスの中で，生徒の技術レベルの違いを克服する最もよい方法の一つは，競争を制限し協力を促すことである。もし，教師が適切なグループを組織すれば，生徒は互いに助けあうことができる。たとえば，バスケットボールコ

ートを整理することによって，生徒を小グループでそれぞれの場所に割り当てて練習させることができる。技術レベルを決定する方法に，一つの技術における中間レベルのプレイヤーを選び，彼らにその技術を行わせる方法がある。そして，それらのスコアをそれぞれのグループが目標とするレベルの決定の参考にする。もし教師が，行わせる技術の最低ラインが難しい，あるいは簡単だと感じた場合は，次の授業までに適切に調整するとよい。バスケットボールの試合のバリエーションによって，男女間の公平な競争を生み出すことができる。その一番よい方法の一つに，男女共修での技術の差に対処するために使われるラインサッカーに似た，ライン型のバスケットボールがある。このバリエーションでは，クラスを2つか4つの男子のチーム，そしてそれと同じ数の女子のチームに分ける。分けられた男子と女子を混ぜてチームを作り，その2チームはバスケットコートに入ってゲームを行い，残りの生徒はサイドラインに並ぶ。

　コート上のプレイヤーは，お互いにドリブル，パスを行い，またシュートするポジションに向かうためにサイドラインのプレイヤーにパスを出す。サイドラインのプレイヤーは，ボールを受けてパスを出すことしかできず，ドリブルやシュート，ボールへ向かって動くことはできない。コート上のプレイヤーがしばらくの間プレイをしたあと，そのチームはサイドラインへ行き，残りの2チームがコートへ入る。これをすべてのチームがコートでプレイできるまで繰り返す。

　男子と女子を混合させてチームを編成することは，男子が女子にパスを出さずにゲームを支配することがない限り，女子の技術を上げる一番よい機会となる。また，技術と身長を考慮してプレイヤーを平等にすれば，チーム内は異質になるが，チーム間は等質にすることができる。もし，男子が女子にパスを出すのを拒むようなことがあれば，シュートをする前に必ず女子がボールに触れなければならないというルールを作ればよい。しかし，これは作られたルールであるから，女子が慣れてきたらできるだけ早くやめたほうがよい。

(2) バスケットボールの基本技能

　バスケットボールは，高度なチームプレイと個人技能の両方が要求される

競技である。個人技能を伸ばすことが，チームのレベルを上げることになる。個々人の技能とチームワークの結びつきが要求されるのである。それゆえ，ゲームで発揮できるしっかりした基礎技能を身につけなければならない。バスケットボールの基本技能とは，おおまかにいうと，フットワーク，ショット，パス，キャッチ，ドリブル，ボールをもった動き，ボールをもたない動き，ディフェンスに分けられる。フローチャートで示すと，図5-19のように

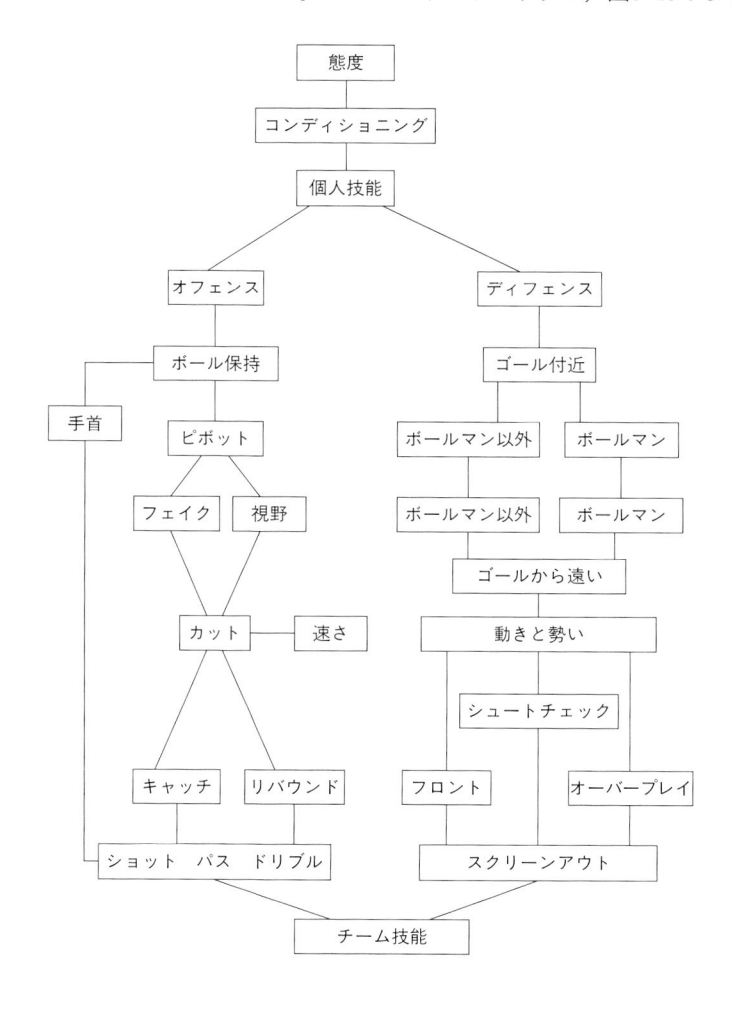

図5-19 基本技能のフローチャート

なる。

　この系図を見れば，技術間の関係を簡単に理解できる。より基本的な技術は上位に位置し，下に行くにつれて，従属的で複雑な技術になっている。態度が上位に位置しているのは，教授と学習の両方に深く関係しているからである。コンディショニングは，緊迫した試合の最後まで自分の技能を発揮できたり，プレイヤーの運動技能を高めたりすることができる。これらは，技能と同じくらい重要である。

　個人的なオフェンスの基礎技能は，ディフェンスの基礎技能よりも多い。それは，オフェンスはディフェンスよりも学ぶのに時間がかかるからである。オフェンスは，より絡みあい，そして，それらが組みあわされる前に個々に学ばせる必要がある。しかし，ディフェンスの技術は，ほとんどが努力で修正でき，早く，簡単に学ぶことができるのである。以下に，技術の一般的動作と問題点について述べる。

(3) 技術と練習

① キャッチ

　キャッチは，投げられたボールを受ける行為，あるいはボールを所持する行為である。正しくキャッチできないと，ボールを取り損なったり，所持しているボールを失ってしまうことになる。キャッチはパスを受けるときの基本的な技術である。

② パス

　パスをする目的は，ボールを保持し続けることと，よいショットにつなげることの2つである。つまりそれは，試合をコントロールすることである。試合の状況を変えたり，チームメイトとの距離を変えるために，さまざまなタイプのパスが使われる。よいパスは，正確さ，スピードや強さ，フェイント，そして適切なパスの選択が必要とされる。パスの技術は，うまくゲームを運ぶために不可欠である。

パスの一般的動作の問題点と提案

A．パスのスピードを上げるための提案

　(a) 速く体重を前へ移動するとスピードが上がる。ワンハンドパスを使

うとき，プレイヤーは，投げる方の腕と反対の足で前方にステップする。
- (b) 膝の伸び，肩の回転のスピードの増加，そして規定された肘や手首の動きは，パスしたボールのスピードを上げる。
- (c) ボールに過度のスピンをかけると，ボールコントロールを失う原因となる。スピンの中にはキャッチを困難にするものもある。
- (d) 初心者は，正確でスピードの速いパスを両手や短い距離でするとよい。ワンハンドパスやロングパスは，ボールコントロールが他のパスにおいて定着したときに効果がある。
- (e) プレイヤーは，多種多様なスピードのパスを多く経験する必要がある。

B．チェストパスやバウンスパスの一般的動作の問題点と提案
- (a) ボールに十分な力が加わらない理由は，肘を広げたままであったり，体のそばにボールをキープしていないからである。肘を外へ広げると，力がまっすぐに応用されない。肘を締めることによって，押し出す動きに対してボールをまっすぐにできる。
- (b) 不正確なボールの軌道は，一般的にボールのもち方や，フォロースルーのしかたなどの不適当さが原因である。親指をボールの後ろに置き，手の平ではなく指だけでボールをキャッチしなければならない。フォロースルーは，ボールの軌道やターゲットの方向にあるべきである。
- (c) バウンスパスにおいて，ボールはだいたいレシーバーの腰の位置にバウンスさせる。するとボールは，床にパスを出す角度とおおよそ同じ角度で跳ね返る。プレイヤーは，ゲーム中のパス場面における変化にふさわしい判断を習得するために距離を変えてパスする経験を必要とする。

C．オーバーヘッドパス、ベースボールパスの一般的動作の問題点と提案
- (a) 前方へのステップは，ボールへの力の効果を増やすために，これらのパスに役立つ。プレイヤーがステップで，あるいはステップをしないでパスする十分な力がつくまでステップを重要視するとよい。

(b) ボールに関して，肘のふさわしい位置取りは，これらのパスをするのに重要である。肘は，オーバーヘッドパスやベースボールパスにおいて，リリースするまでボールの前にとどまる。肘は，バウンスパスやチェストパスの場合はボールの後ろに置く。

③ ドリブル

ドリブルは，バウンスの連続によってボールを前に進める技術である。この技術は，プレイヤーがディフェンスに守られていないときや，ボールをパスできないときに効果的である。ドリブルは，ボールをフロントコートに進めたり，プレイを組み立てたり，あるいは相手から離れる動きをするために利用される。

ドリブルの一般的動作の問題と提案

A．ドリブルする人は，高く，あるいは低くドリブルをすることができる。低いドリブルはコントロールしやすく，近くで守られたときボールを守るのに利用される。高いドリブルは，ディフェンスがいないときにボールを進めるのに利用され，また，ドリブルする人が速くフロントコートに動くときにも利用される。

B．ボールコントロールの欠点は，いくつかの原因によって生じる。もし，プレイヤーが手の平でボールを打つと，ボールはコントロールを失う。他の原因は，ボール上の手の使い方である。すべての指や親指は，コントロールをするためにボールと接触していなければならない。

C．ドリブルにおけるスピードや方向の変化は，ドリブルの力やフォロースルーの変化を必要とする。方向転換が必要であるときは，フォロースルーを変えなければならない。方向転換は，新しい方向への腕や肘の伸張によって起こる。

D．ドリブルはボールに集中せずに行う。プレイヤーは，ドリブルをしている間まっすぐ前を見ることを重要視して練習すべきである。これは，プレイヤーが他のプレイヤーの動きに気づいたり，相手を避けたり，チームメイトにパスをすることを可能にする。

④ シュート

バスケットボールの最大の目的は，シュートを決めることである。その

ため，シュートを練習することは重要である。たいていの選手はシュートに非常に興味をもっているであろう。そのため，動機づけをする必要はない。シュートを打つとき，狙って打つポイントがいくつかある。短いシュートとレイアップシュートはバックボードを使って跳ね返りを利用してシュートする。ロングシュートは，バックボードを使わずに直接ゴールを狙う。バックボードを使うときは，跳ね返ることを考えなければならない。

<u>シュートにおける一般的動作の問題点と提案</u>

A．不正確なシュートについての注意点
  (a) シューターはシュートの開始前にボールのコントロールを身につけ，また，いつも集中し，明確な目標をもつべきである。それからシュートを行っている間は，ゴールに集中しなければならない。
  (b) ボールは弧を描くように高くすれば，シュートの確率をより高めることができる。ただし，床からより高くジャンプすれば，シュートでそんなに弧を高くする必要はない。
  (c) バックボードを使うと，よりシュートの確率を高めることができる。
  (d) ボールにバックスピンをかけると，バックボードを使わなくてもシュートの確率を高めることができる。
  (e) 腕や手首が力不足であると，バスケットにボールが届かない。プレイヤーに，動きの中でからだ全体を使うことによって力不足を克服することや，バスケットに近づいてシュートすることを教えるべきである。
B．シュートしていない手はシュートの間，ボールのコントロールを維持することが大事である。
C．ボールを体の中心に近づけ保持する動作は，ディフェンスからボールを守ることができる。これは，ボールをしっかり持ち，肘を曲げて行う。
D．シュートしている間の動きの焦点は，肩の内回転，肘の伸張，そして，手首の曲げに置く。
E．バスケットからの距離が長くなると，大きい動きとより高い打点が必

要となる。

⑤ オフェンス

　オフェンスは，相手から逃げるという簡単な個人の戦術から始める。プレイヤーは素早く止まり，ディフェンスを避けて方向を変え，パスを受け取ったり，シュートするためフリーになるように動かなければならない。初心者は小さい動きをしがちであるが，それはディフェンスが近くにとどまることができるので，簡単に守ることができる。素早くスタートし，ディフェンスが遅れて方向を逆にする前に，何メートルか走ることができなければならない。

⑥ ゾーンに対するオフェンス

　マンツーマンディフェンスに対して使われるオフェンスの多くは，少しバリエーションを加えるだけで，ゾーンディフェンスに対しても使うことができる。たとえば，スクリーンをされたときに，ディフェンスは普通，スイッチするので，ピックアンドロールも効果的である。ゾーンに対してより効果のあるオフェンスの動きは，速く，正確なパスを使い，ゾーンディフェンスの弱いエリアに集中することである。確率の高いロングショットもまたゾーンを破滅的にさせるが，チームがいつも正確なロングショットを決めるとは限らない。ゾーンディフェンスでは，ディフェンスは，ボールがサイドからサイドへ動くのと同時に動く。一方のフロアーから他方へのパスは，ディフェンスを疲れさせ，ゾーンの適用範囲を広げる。ゾーンディフェンスには，それぞれ決まった弱点があるので，オフェンスのチームは使われているゾーンのタイプを分析しなければならない。しかし，ゾーンディフェンスを攻める最良の方法はディフェンスがゾーンのポジションにつく前に速攻することである。

⑦ ディフェンス

　バスケットボールのディフェンスには，主に二つのタイプがある。マンツーマンディフェンスとゾーンディフェンスである。マンツーマンディフェンスは，互いのディフェンスがオフェンスと1対であり，プレイヤーがボールを取ったり，得点するのを邪魔しようとする間，コートのどのエリアでもプレイヤーを守ることに関して責任がある。ゾーンディフェンスは，

互いにフロアの明確なエリアに関して責任があり，エリアに入ってくる何人もの相手を守らなければならない。マンツーマンのシステムは，アウトサイドのシューターに対して効果的である。ゾーンディフェンスは，コートのシューティングエリアを守ろうとすることが基本である。オフェンスがディフェンスになるとすぐに，自分たちのコートに素早く走って戻り，ディフェンスのポジションに着く。このディフェンスは，ドライブや速い動きのカットやスクリーンを使うチームに対して効果的であり，もし，背の高いプレイヤーがいるなら，リバウンドを取るのに有利である。ゾーンディフェンスのタイプやそれぞれのバリエーションはいくつかあるが，ゾーンディフェンスのタイプはディフェンスの技能や相手によって異なる。それぞれのいくつかの長所と短所についてここで説明する。

○2-3ゾーン（図5-20①）

ゴール下に3人いるので，リバウンドを取るのに有利である。ベースラインやコーナーを守り，ローポストでのプレイを難しくさせる。しかし，フリ

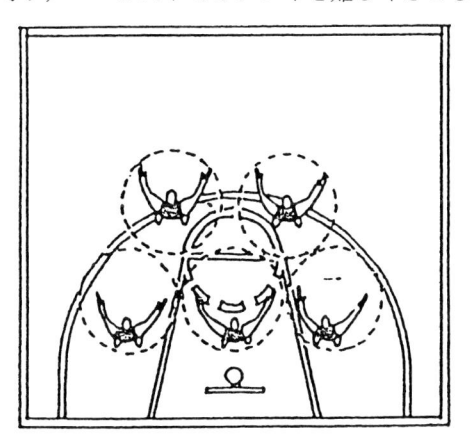

図5-20①　2－3ゾーン

ースローラインやその近くのレーンの中心でのシュートやドリブルカットに弱い。

○3-2ゾーン（図5-20②）

アウトサイドのシューターやハイポストプレイヤーに対してよいディフェンスができる。しかし，コーナーやリバウンドが弱くなる。

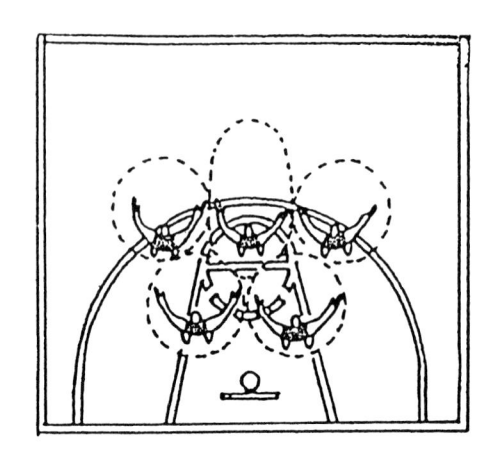

図5-20②　3－2ゾーン

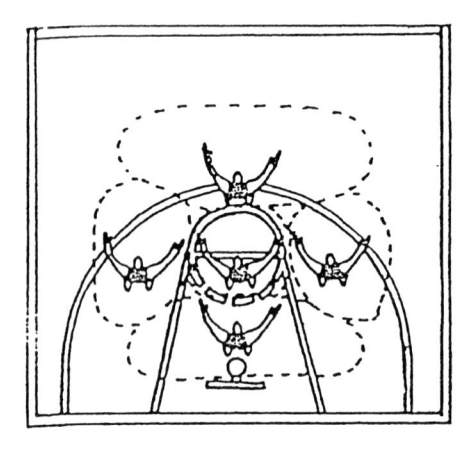

図5-20③　1－3－1ゾーン

○1-3-1ゾーン(図5-20③)

　強いポストプレイヤーやカットインするチームに対して効果があり，リバウンドに強い。しかし，コーナーもしくはフリースローラインのどちらか一方のウイングエリアが弱くなる。

ゾーンディフェンスの戦術

　A．相手ボールになったら，素速くゴール付近に戻り，ゾーンの陣型を整える。
　B．ゾーンディフェンスは，体力の消耗が比較的少ない。

C．リバウンドを確実に取れるように，よい位置を取ること。
D．全員がボールの動きに対応して組織的に動けるように協力しあう。
E．自分のゾーンに入ってきたすべてのプレイヤーに気づくようにする。
F．もし自分のゾーンがオーバーロードしてしまったら，一番近い人が守る。
G．もし1つのゾーンがオーバーロードして誰もいなくなった場合，カバーし，素早くスイッチバックできるようにする。
H．一般にゾーンディフェンスではファールが少ない。

（石村宇佐一）

《引用・参考文献》
Sidney Goldstein(1994)：The Basketball Player's Bible. Golden Aura, pp.33-35.
Joan A. Philipp, Jerry D. Wilkerson(1990)：Teaching Team Sports. Human Kinetics, pp.49-98.
笹本正治・水谷豊・石村宇佐一著(1985)：基本レッスンバスケットボール．チームプレイ編．大修館書店，pp.113-115.
ハル・ウィッセル：石村宇佐一・松崎広幸訳(1998)：バスケットボール勝利へのステップ．大修館書店．
JAS. NAISMITH(1892)：RULES FOR BASKETBALL(資料1)．Bobson Library.

3）バレーボール

(1) バレーボールは学習指導要領でどう扱われているか？

　バレーボールは，これまでの学習指導要領においては，中学校で初めて登場し，「ゴール型」，「野球型」のスポーツと共に「ネット型」のスポーツとして中学校や高等学校の体育における「球技」領域の内容の中で扱われてきた（文部省，1999a,1999b）。したがって，ネットをはさんで相対してボールを打ちあうことによって攻防を展開し，一定の得点に早く達することを競うというネット型ゲームの特性を有するバレーボールでは，レシーブやアタックのフォーメーションといった集団的技能や，サーブ，パス，トス，スパイク，レシーブ，ブロックといった個人的技能を生かして作戦を工夫する中で，攻

防の連携を考えながらゲームができることが求められている。

　しかし，バレーボールが他の球技(ボールゲーム)と大きく異なる特徴は，腕や手の平といった身体を道具としてプレーすることであろう。しかも，バレーボールに含まれる個人技術の中でも，学習指導要領が求めている「ゲームを楽しむ」ことを実践するには，少なくともサーブやパス等の基本的な技術の習得は不可欠であり，これら技術がバレーボールにおいて中核を成すものと考えても差し支えないのである。ところが，他のボールゲームにおいて中核を成すと思われる個人技術に見られる動作，たとえば，サッカーにおいてボールを蹴る動作や，バスケットボールのボールをつく動作に比べて，バレーボールに求められる手でボールを打つ動作や弾く動作は，日常生活の中では発現しにくい動作のために，なかなか経験しにくいものとなっており，ましてや幼児期から児童期に遊びの中で獲得される機会となると，余程意図的でない限り稀少であろう。実は，このようなことが中学校で初めてバレーボールに接する生徒にとっては「ボールが痛い」から始まって「上手くプレーできない」等のバレーボールに対するネガティブな反応を生み出す要因となっていることが考えられるのである。

　このような状況の中で，1998年，時の文部省は2002年から施行される小学校学習指導要領の改訂を発表し，その中でバレーボール型ゲームとして「ソフトバレーボール」が教材として初めて登場したのである(但し，1926年には「ヴァレーボール」が小学校教材として一時取りあげられた経緯はある)。

　具体的な取り扱われ方は以下に示すが(文部省，1999a)，これまで中学校以降でなければ楽しめなかったネット型ボールゲーム，さらに前述のように，ある意味では非日常的な動作が個人技術の中核となっているバレーボールが児童期から経験できることとなったのである。

① 1・2学年：「基本の運動」の「用具を操作する運動」および「B.ゲーム」の「ボールゲーム」でバレーボール型のゲームを扱うことができる。

② 3・4学年：「B.ゲーム」の「内容の取り扱い」で，「地域や学校の実態に応じてバレーボール型ゲームなどその他の運動を加えて指導することができる」と表記されている。

③ 5・6学年：「E.ボール運動」で「ア.バスケットボール，イ.サッカー，

ウ．ソフトボール又はソフトバレーボール」と表記されている。しかし，「内容の取り扱い」で「地域や学校の実態によってはウは取り扱わないことができることとし，ハンドボールその他の運動については加えて指導することができる」となっている。

　このように，教師の工夫によっては小学校の低学年からバレーボール型ゲームに接することができ，高学年ではソフトバレーボールが教材として明記されたのである。そして，ここでも軽くて柔らかいボールを用いてのゲームが中心ととらえられているのである。

(2) バレーボールはどんな特徴をもつスポーツか？
① 歴史的側面から考える

　歴史的には，バレーボールは1895年にアメリカ，マサチューセッツ州ホーリーヨーク市にあったYMCAの体育指導者W.G.モーガンによって，老若男女誰でもが，狭いスペースでも楽しむことができるスポーツとして創案された，まさしく近代スポーツの代表的な一つということができる。

　ところが，通常のバレーボールよりも大きくて，軽く，柔らかいボールを用いるソフトバレーボールは，1988年に，生涯スポーツとして手軽に楽しむことができるものとして日本において考え出されたスポーツであり，以後小学生(しばらくの間，小学生向けには特にミニ・ソフトバレーボールと呼んだ)から中・高齢者に至るまで，多くの愛好者に親しまれるようになっている。今回の小学校指導要領の改訂で取り入れられたソフトバレーボールは，このミニ・ソフトバレーボールを念頭に置いたもので，ボール等にさらに工夫が施されているものである。

② ルール的側面から考える

　ルール的には，もちろん授業時における応用や工夫は当然可能であり，必ずしも縛られる必要はないが，バレーボールというスポーツの根幹を成す部分に焦点をあてて考えてみると以下のことが特徴としてあげられよう。

ⅰ．ボールを持ってはいけない(キャッチボール《ホールディング，ヘルドボール》の反則となる)

　バレーボールは「volleyball」という名称が示す通り，ネット越しに飛んでくるボールを落とさないようにそのまま打ちあう，テニスでいうところの「ボ

レー：volley」が主なプレーとなっている。このプレーの基礎となるべきものがボレー動作(volleying)であるが，前述のように，日常生活やボールを用いた遊びにおいて発現しにくい動作と考えられている。

ⅱ．同じ人が2度続けてボールをプレーしてはいけない《ダブルコンタクト（ドリブル》の反則となる）

バレーボール考案当初は，コート内に「ドリブルライン」があり，その中に限ってはバスケットボールのようにボールをバウンドさせてネット近くまで運ぶことが許されていたが，1900年以降ルール的には禁止された(稲垣, 1991)。しかし，このルールによって，他のボールゲームに比べるとワンマンプレーの発現が制限されるようになったのである。

ⅲ．ボールをコート内に落としてはいけない

バスケットボールやサッカーが，ボールをゴールに入れあうことによって得点を競いあうように，バレーボールも相手のコートに如何にボールを落としあうかがポイントといえる。逆にいえば，自コートにはボールを落とさないように守ることが重要であり，その意味ではコートはゴールと同じであり，コート上の選手はゴールキーパーといえる。

ⅳ．触球回数3回以内に相手コートに返球しなければならない(フォアヒット《オーバータイムズ》の反則となる）

バレーボールの最も基本的なルールとして常識となっているものであるが，意外にも現在のような制限が加えられたのは1922年になってからであった。それまでは触球回数に関する条項は見あたらず，逆に「できるだけボールをまわす」という付記があり，触球回数を多くすることが奨励されていた。これは当時のバレーボールにおいては，相手コートに鋭い攻撃を決めるということよりも，できるだけ多くのパスを回し，その過程を楽しむレクリエーショナルな面が強調されたことを物語っている(稲垣, 1991)。今日ではバレーボールのゲームを表現する際の一種のリズムともなっている3回という触球回数は，相手の変化に応ずるプレーとしての「レシーブ」→整えるプレーとしての「トス」→変化を加えるプレーとしての「アタック」，という攻撃を組み立てていく上で最も基本となる最小単位であり，攻撃的側面への注目が高まったことと関連している。

ⅴ．自コート上に複数の人数が存在する

　今日のバレーボールでは，ビーチバレーボールのような2人制，ソフトバレーボールのような4人制，最も一般的に行われている6人制，ママさんバレーボールに見られる9人制，等の種別が代表的であり，授業でも生徒の技能に応じてさまざまな形態が取られていると思われる。しかし，それぞれの人数形態において使用されるコートの大きさは6人制で使用されるコートサイズ18.0m×9.0mが一般的であろう。ここで注目されるのが，1人のプレーヤーが占有するスペースである。コートの大きさとコート上のプレーヤー数から計算してみると6人制では13.5m²，バドミントンコート(13.4m×6.1m)を使用するソフトバレーボールでは10.2m²，最も小人数でプレーするビーチバレーボールでさえ32.0m²という数値になる。これらの数値をサッカーの490.9m²，バスケットボールの42.0m²と比較すると，バレーボールは明らかにコート上の人口密度が高いスポーツということができる(小鹿野ほか，1996)。したがって，狭い空間に多人数が存在し，それらが有機的にチームとして機能するためには，各プレーヤーが，ある程度決められた約束事にしたがった動き方をすることが求められる。このような攻撃時，守備時のシステマティックな動きは，フォーメーションもしくはコンビネーションと呼ばれており，事前に確認されねばならないものである。

　しかし，ウィドメイヤーら(1990)によると，それぞれ1チームの構成人数が3名，6名，12名でレクリエーションとしてバレーボール大会を体験させて「楽しさ」と「凝集性」を測定したところ，12名のチームは他の2チームよりも両項目が相対的に低いことを報告しており，現在のコートの大きさにおいては，6名程度による構成がほぼ適正人数であることが示唆されている。

(3) バレーボールのプレーと心理学的側面を生かした指導を考える

① ネットをはさんだラリーの応酬がある

　ネット型のスポーツは相手との直接的接触がないので，傷害等に対する安全性が高いだけでなく，自分たちの作戦が立て易く，その遂行に際しても相手に邪魔されることなくゲームに反映させ易いという特徴をもつ。それだけに，自らが関与できる部分が大きく関心や学習意欲も高まることが期待できる。しかし，その反面，あまりにも自我関与しすぎるあまりに，自己本位的

なプレーに陥ったり，自己や他者のプレーの結果に対する感情が表出しすぎて，チームにネガティブな影響を与える可能性も考えられる。これは，スポーツの心理的特性の一つとして松田(1979)が指摘する「親和性」と関係がある。すなわち，スポーツの場では，言語を媒介とするだけでなく，表情や身体の動き（ジェスチャー等），身体的接触（ハイタッチや抱擁等）等の活動によってコミュニケートするケースが多い。これは非言語的コミュニケーションといわれているが，スポーツを行う際には，これにより言語や文字によって，主にコミュニケーションがとられる日常生活とは異なった相互関係が形成される。すなわち，スポーツを行うことによって，各人がもつ自己防衛のための自我の殻が破られ，自我の内側での相互交渉が可能になる。そのために，互いに自己の内面を容易にさらけだし易くなるのである。スポーツを一つの教材とする体育においては，他の教科よりもその人となりがハッキリと現れる場面が多く，それ故に，好ましくない対応に関しては指導の機会に恵まれるといえるのである。他のボールゲームよりも，自分たちのプレーが相手から妨害される程度が低いバレーボールは，親和性という特徴がより顕著なスポーツなのである。

② 自分の身体を道具としてボールをヒット・ボレーする

　前述のように，バレーボールはパスに見られるボレー動作が基礎的技術となっている。しかし，この動作は，幼児期に獲得されるべき基本的動作の一つにもあげられているにもかかわらず，非常に非日常的な動作であるがためにボールを弾く・ボレーする際に，自身の腕や手掌といった身体を有効な道具とすることに慣れていないケースが多々考えられる。したがって，この様な状況を考慮すると，ただでさえ時間的余裕のない体育の授業において，より効率的な指導が求められるのは当然であろう。これまでの授業においては，生徒に資料を渡す場合でも教師が指導する場合でも，ひょっとしたら，その運動のしかたそのものよりも，最終的に完成された理想的なフォームのみを提示して，そのフォームに少しでも近づくように学習活動を進めることを強調していることが多かったかもしれない。しかし，実際に何が原因で上手くならないのか？もしくはどこでつまずいているのか？等を正確に知るには，最終目標のみではなく，それぞれの運動技術がどのように上達していくか，

ということに関連した習熟段階を把握しておくことが重要であろう。遠藤ら(1995，1996)は，運動局面(準備，主要，終末)ごとに動作を行う身体各部位の動きに着目して，動作様式の質的な変容過程を観察的に評価する観察的評価法を用いて，中学生のアンダーハンドとオーバーハンドによるボレー動作様式とアンダーハンドによるサーブ動作の習熟過程を分析し，さらに，それらがバレーボールの単元を経験することによってどのように変容するかを検討している。その結果，ボレー動作では，ボールに対する空間認知が低く無駄な動きが多い段階から，身体各部位の動作が円滑で全身の動きが協応している段階まで，また，サーブ動作では，緊張を伴った腕の動きのみの動作の段階から，上体と下肢の動きが協応しながら遂行される段階まで，すなわち，未熟な段階から洗練された段階まで，それぞれ6パターンに分類されること。さらに，10〜12時間の単元を経験することによってそれぞれより習熟した段階に移行すること，等を報告している。図5-21〜23は，パターン分類の基準

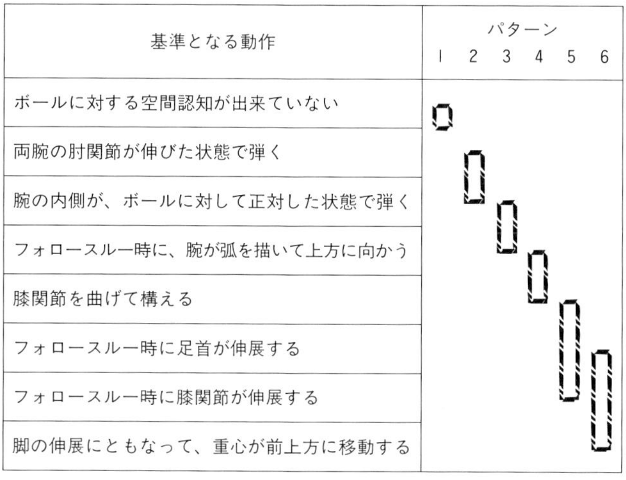

基準となる動作	パターン
	1 2 3 4 5 6
ボールに対する空間認知が出来ていない	◯
両腕の肘関節が伸びた状態で弾く	◯ ◯ ◯ ◯ ◯
腕の内側が，ボールに対して正対した状態で弾く	◯ ◯ ◯ ◯
フォロースルー時に，腕が弧を描いて上方に向かう	◯ ◯ ◯
膝関節を曲げて構える	◯ ◯ ◯
フォロースルー時に足首が伸展する	◯ ◯
フォロースルー時に膝関節が伸展する	◯
脚の伸展にともなって，重心が前上方に移動する	◯

図5-21　キーカテゴリーと各ボレー動作パターンの関係(アンダーハンドパス)

となる動作と各ボレー動作やサーブ動作6パターンの関係を示したものである。

　また，例としてアンダーハンドによる各ボレー動作パターンの典型例を示したのが図5-24である。これらを見ても分かるように，分類された各パター

基準となる動作	パターン 1 2 3 4 5 6
ボールに対する空間認知が出来ていない	○
額の前で指を開いて構えている	○
開いた両手の指全体でボールを受けている	○
フォロースルー時に両腕を斜め前上方へ伸展させる	○
膝関節を曲げて構える	○
フォロースルー時に膝関節が伸展する	○
フォロースルー時に足首が伸展する	○
脚の伸展にともなって、重心が前上方に移動する	○

図5-22　キーカテゴリーと各ボレー動作のパターンの関係（オーバーハンドパス）

基準となる動作	パターン 1 2 3 4 5 6
構えの姿勢ができていない	○
フォロースルーは見られるが腕は横方向へ向かう	○
肘関節を伸ばしてボールを打つ	○
フォロースルー時に腕は上方へ向かう	○
膝関節及び足首が屈曲する	○
フォロースルー時に膝関節及び足首が伸展する	○
脚の伸展に伴って、上体が伸びる	○

図5-23　キーカテゴリーと各サーブ動作のパターンの関係

ンにおいて基準となる動作があり，それらを充足することが，段階的に上達した段階に進むことにつながるのである。すなわち，ボレー動作やサーブ動作には，6つの習熟段階が考えられるのであり，それぞれの段階で不十分な動作があれば，それを克服することが一歩一歩最終的な理想動作に近づくことになるのである。このことを考慮すると，学習者の段階に応じた的確なポイントの指摘につながり，指導がより具体的になる。

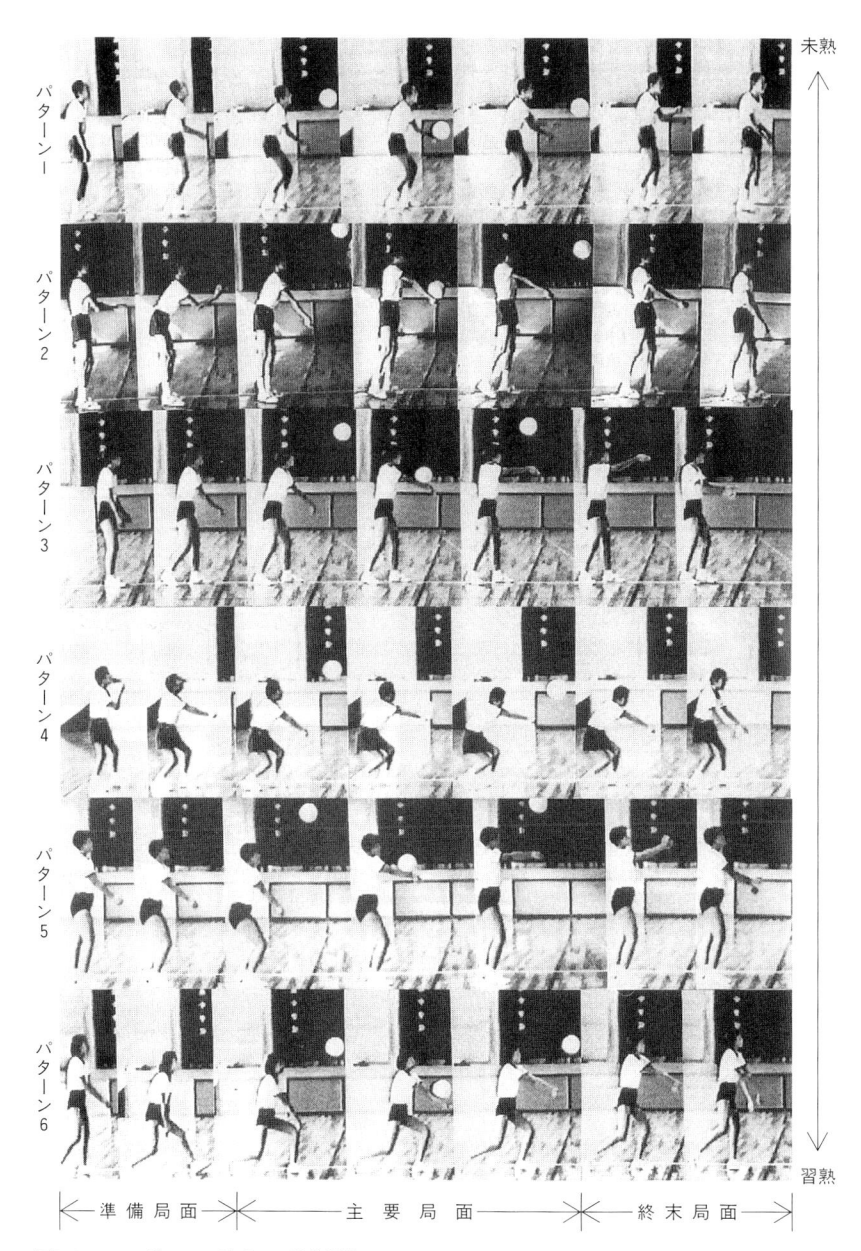

図5-24 アンダーハンドパスの習熟段階

ボール運動 307

③ 他者の手を借りてのプレー

　バレーボールのルール面から見た特徴は前述の通りである。特に，ドリブルが禁止されている以上，レシーブ→トス→アタックという一連のプレーにおいては，必ず他の人の手を経なければならない。したがって，必然的に他者との関わりあいが重要となり，これは松田(1979)が，スポーツの心理的特性として指摘する「協同性」と関係の深いチームワークの問題である。すなわち，バレーボールのようなチームスポーツにおいては，各メンバーの役割分担がなされ，それを責任をもって遂行し，自己中心的行動を抑える中で，全体としてまとめていくことが求められるのである。また，戦術等に関連して，フォーメーションプレー，コンビネーションプレーと呼ばれる技術的な協同が含まれており，このことは，メンバー相互の心理的協同と相まって，まとまって高いパフォーマンスを示すチームに関係している。

　さらに，フォーメーションプレー，コンビネーションプレーで重要となるのは，チームとして状況判断が統一され，一致したチームプレーの遂行が可能になることである。特にチームのメンバー間の状況判断や意思統一についての系統的なトレーニングは「認知的トレーニング」と呼ばれ，身体的スキルの習得と共にフォーメーションプレー等に関連しているのである。山本ら(1995，1996)は，ビデオを用いて複数の選択肢が考えられるひとつのプレー場面において，個々の選手のポジションや，予想される望ましい動きの展開に関する状況判断を行わせ，さらにその後に各自の認知の適合性に関するディスカッションを行うという認知面に関するトレーニングを2ヶ月間実施している。このトレーニング前後に行われたゲームにおける各選手のプレーに関して，攻撃と守備の両面からその一致度を専門家に評価させたところ，認知的トレーニングにより，ブロックやレシーブといった守備に関しては一致度も向上し，プレーそのものの成功率も高まっていた。また，アタッカーとセッターが，瞬時に状況判断を行いプレーしなければならない速攻を中心としたコンビネーションプレーに着目した攻撃面では，トレーニングを行ったチームはプレゲームではコンビネーションの一致度が50％とあまり高い値ではなかったものが，トレーニング後では75.9％に向上しており，確実にコンビネーションプレーがチームの攻撃パターンとして確立されつつあることが

うかがえたと報告している。

　このように，これまで「トレーニングする」という点ではあまり馴染みのなかった認知的トレーニングにより，チームの戦術的な的確さが向上し，共同プレーに関するメンバー間の一致度が高まることが期待できる。認知的トレーニングの方法や効果に関しては，その研究例も少なく今後に待つところが多いのも事実であるが，場面々々に必要とされる各メンバーのプレーに関して，チームとして判断が一致することは当然重要であり，練習時にこれまで以上に状況判断と意志決定について生徒たちが共通理解を深めるための確認の機会を意識的に設ける等の配慮をすることは有効であろう。（遠藤俊郎）

〈引用・参考文献〉
稲垣正浩(1991)：「先生なぜですか」ネット型球技編．バレーボール．大修館書店，pp.159-199．
遠藤俊郎・篠村朋樹(1995)：中学生のボレー動作様式の変容に関する研究－アンダーハンドパスとオーバーハンドパスに着目して－．山梨大学教育学部研究報告 45：pp.70-79．
遠藤俊郎・武川律子(1996)：中学生のサーブ動作様式の変容に関する研究－アンダーハンドサーブに関して－．山梨大学教育学部研究報告 46：pp.111-120．
松田岩男(1979)：体育心理学．大修館書店，pp.90-97．
文部省(1999a)：小学校学習指導要領解説　体育編．東山書房，pp.29-91．
文部省(1999b)：中学校学習指導要領(平成10年12月)解説－保健体育編－．東山書房，pp.49-50．
文部省(1999c)：高等学校学習指導要領解説　保健体育編 体育編．東山書房，pp.48-49．
小鹿野友平・高橋和之(1996)：バレーボールの技術と指導．不昧堂出版，pp.11-20．
Widmeyer, N.N. at al.(1990)：The effect of group size in sport. Journal of Sport and Exercise Psychology. 12(2) pp.177-190．
山本勝昭・遠藤俊郎他(1995)：バレーボールのフォーメーションにおける認知的トレーニングの効果．平成6年度日本オリンピック委員会スポーツ医・科学研究報告No.Ⅲジュニア期のメンタルマネジメントに関する研究－第2報－ pp.51-60．
山本勝昭・遠藤俊郎・伊藤友記(1996)：高校バレーボールプレーヤーに対する認知的トレーニングの効果．平成7年度日本オリンピック委員会スポーツ医・科学研究報告No.Ⅲジュニア期のメンタルマネジメントに関する研究－第3報－ pp.25-38．

7. 表現運動・ダンス

1) 「表現運動・ダンス」における心の教育の多様な可能性

　体育において「表現運動・ダンス」は「創意工夫」「身体表現」を通して，生徒の「創造力」「表現力」を育むという役割を担ってきた。豊かな発想，そして表現する体を育てる過程では，生徒同士の親密さや相互理解も促進された。教師にとっては教室での授業よりも「生徒個人や集団の特性や状態をよく知ることができる」機会でもあった。

　「表現運動」は，自分自身の体と心を投じた行為，そして自己開示の行為であるため，自発的に体も心も動きださない限り学習は成立しない。まさに，生徒の自発性を喚起することで始まる学習なのである。そのために，自由な発想や表現を認めあえる集団の雰囲気をつくることが必要となる。このように，ダンス教育においては，生徒個々人の自発性の発揮と同時に，他者理解や協力の精神を育成する機会が存在する。

2) 心理学的側面を生かしたダンス授業の指導実践

　すでに30年前に，今回の指導要領の理念を実現するような授業構想として「課題解決学習」モデルが提案された。そして，日本女子体育連盟授業研究グループを中心に，多くの実践と研究が重ねられてきた。ここではその流れに沿って，ダンス学習の心理的な面に着目しつつ，生徒に「問いかけ」ながら，生徒の「わき上がる」気持ちを育むダンス授業の実際について，その要点を紹介する。

(1) はじめて学ぶダンス単元

　教師の側から生徒への「投げかけ」「問いかけ」によって，生徒の表現運動を引き出し，そして支えていくダンスの授業の実践例を紹介し，次にその実践結果としての生徒の変化を示したい。(投げかけには課題の提示，示範，問いかけ，などが含まれる)

① 「投げかける」「問いかける」単元の実践例

まず，筆者のこれまでに実践してきた単元例と1～3時間目までの指導案で実際の方法を示す(筑波大学附属中学1年男女・全14時間実施)。

○単元例

```
1時間目    ：オリエンテーション
2－5時間目：課題を提示して，イメージを動きに表現する練習をする。
           「投げかけ」を主体とした授業
6－9時間目：作品らしいまとまりをつける練習を中心とする。「引き出し」
           が主体。
10－12時間目：作品づくり。ここでは生徒の発想が教師の助言や，仲間の
            協力によって支えられていく。
13時間目   ：発表会
14時間目   ：まとめ
```

この単元の特徴は次のようである。

① 授業のスタイルとしては，「投げかけ」→「引き出し」→「生徒の個性に応じて支える」という流れが基本であり，この流れは1時間の授業の中でも保持され，単元全体を通しても指導の基調として貫かれている。
② 毎回の課題で学ぶ内容が明確になっている。
③ 指導の中で使われる用語は整理され，授業中での教師－生徒間のコミュニケーションが正確に行われるように注意が払われている。
④ 1時間で投げかけることばの順序，単元で投げかけていく順序が実践研究で確立されている。

表5-8 はじめて学ぶダンス単元実践例（全14時間）

対象：男・女・また（男女共習）、小学校高学年から中学1年まで可

1 単元の流れ　投げかけ－引き出す－生徒の選んだイメージに応じて支える

単元の流れ	[時間]	[課題]	[課題の意図]	[課題選択の柱]	授業の実際	ダンス用語
投げかけ	1	オリエンテーション	体の動きと表現	授業の見通しを持つ	(1) 1時間の展開 ①オリエンテーション ②課題のひと流れ／ダンススケッチ ③課題に応じて (2) ノートの記入の仕方 (3) 調査	ひと流れ からだ言葉 ダンス用語
	2	しんぶんし	ものを良く観察する	大雑把でダイナミックなひと流れ	*	ひと流れ感
流れ	3	走る－止まる	学習の流れをつかむ・学習の約束を確認	空間の水平移動		始まりが大切 終わりも大切 ひと流れ感
	4	集まる－跳び散る	仲間を感じながらリズミカルに動く	空間の垂直移動		群（仲間感じあい） リズムを感じる
	5	ウオームアップを作ろう	仲間を感じてイメージを持ってカルに動く	群の約束		少し長いひと流れにして繰り返しエ夫を加える
	6	見立ての世界	発想の転換・柔軟な視点	物とのコラボレーション		追いかけごっこ
	7	見立ての世界(2)（ミニ発表会）	素早く特徴をとらえ発表の練習	物とのコラボレーション		作品として気に入った流れを見せる
引き出す	8	ディズニーランドへ行こう	発想した課題をとらえる	デッサン	(4) ひとつのイメージを取り出してひと流れにして表現 ①課題のとらえ強化・特有の動き（先生の例で違っていい） ②極限イメージ化指導 ③多様な仕方指導・グループ学習の進め方・グループ内での役割分担 ④自分で挑戦・運動の質感の違い	始まりから終わりまで印象的にする
	9	課題の復習と連続	既習した課題の復習・連続を長いひと流れに挑戦・作品への橋渡し	運動・変化・連続		終わりのエ夫
	10	見立ての世界（ミニ発表会）	作品発表の練習	作品	(5) グループのまとめ ①グループ学習の見せ合い・鑑賞 　クラスの半分ずつ・ペアグループで、隣の人と、グループごと 　トリプルグループで、みんなの前で 　2グループずつ 　3人～6人・(3+3)人、4人、5人、10～12人固定グループで ②評価 　自分たちで、グループで	見せ場
生徒を支える	11	作品づくり①	これまでの学習のまとめ	作品	(5) 学習のまとめ ①自主運営 ②評価 　VTR鑑賞・ノートまとめ・調査・話合い	ひとこと感想記入
	12	作品づくり②				
	13	発表会	発表と鑑賞の経験	演・鑑賞		
	14	まとめ	グループや個人のまとめ			

初めてダンスの授業に取り組む先生だが、最初からここに示した12時間の単元をやってみるのは困難かもしれない。1年目は、「しんぶんし」1時間だけをやってみる。2年目は「しんぶんし」「走る－止まる」「集まる－飛び散る」「見立ての世界」にも挑戦し発表会もやってみる……と、自信をつけてだんだんと長い単元をやっていくとよい。3年目は、「見立ての世界」にひとこと感想を言い合う記録カード・ノートに記入

② 導入課題「しんぶんし（＝新聞紙）」（ものと遊びながらイメージへ）

　初めてダンスを学習する場合には，どの年齢でも導入が重要である。教室の1時間と実技の1時間で，生徒の「ダンス」に対するイメージを「なんかおもしろそう！」「結構激しいぞ！」と変えることが大切である。始まりは，大づかみに・自由に・力動感を大胆に，を大事にしたい。

　次に，以上の「めあて」を念頭においた「導入課題での指導案」の概要を示す。

課題「しんぶんし」の指導案の概要

ウオームアップ(5分)(投げかけ)：「しんぶんし」と本気で，真剣に遊ぼう！「しんぶんし」をお腹に貼りつけて走る，ぴたっと止まる(お腹・背中など)「しんぶんし」を広げて頭の上にもって走る，投げ上げる，キャッチ(お尻・お腹・足先など)

課題の学習(15分)(投げかけ)と(引き出し)：課題から自分の動きやイメージを探す

- ⦿「あなたがしんぶんしゲーム」では，教師が動かす「しんぶんし」の動きをよく見てからだの動きで真似をする。(揺らす・まるめる・折りたたむ・捻るなど)
- ⦿「しんぶんしのひと流れの動き」では，教師の例でひと流れを経験する
- ⦿最後に，極限への挑戦(精一杯の力でイメージをもって跳ぶ練習)

課題からの連想(5分)(投げかけ)から(引き出し)へ：2人組になって「あなたはしんぶんしゲーム」。今度は生徒同士が相手を動かす。

イメージをもって小品づくり(15分)(引き出し)：気に入った動きやイメージを選んで，ひと流れにまとめる

見せあいとまとめ(10分)(引き出し)と(支え)：ペアグループでお互いの発表を見せあい，ひとこと感想をいう。

先生からのまとめ(支え)と次回への(引き出し)：「しんぶんし」の動きをよく観察すると，いろいろな動きが見つかりますね。初めてでも，ひと流れが上手にできました。これからも，授業だけでなくいろいろなものの「動き」を観察しましょう。以上のような教示を行う。

以上の授業過程の中には，「投げかけ」－「引き出し」－「支える」の流れが含まれている。この流れは，この単元のさらに進んだ授業時間においても，明確に意図され，実行される。
③　第2課題「走る－止まる」（運動からイメージへ）
　「走る」と「止まる」という両極の質をもつ「ひと流れ」の動きを課題とし，生徒が，自分がどのようなイメージをもち，それをどのように動作につなげるかの見通しをもてるようにすること，それがこの授業の目標である。さまざまな「走る－止まる」の表現動作を引き出すためには，「大きな音を立てて」「静かに音も立てずに」など，異なる質をもった動きのイメージの例を投げかけて，教師・生徒が一緒に動いてみるとよい。その際，「走る－止まる」を組みあわせた，ひと流れの動きが途切れないで動く中からイメージをみつけさせたい。この課題は，本単元での学習方法を生徒に理解させるためにも有効である。
　この段階からは，表現運動の指導に加えて，「仲間同士でのマナー（相手を大切にする）を守る」指導が導入された。
　自由な表現を可能にする雰囲気を作るには，ルールが必要である。この授業では，(a)思いっきり動こう，(b)自分から探そう，(c)仲間の表現を認めあおう，といった合いことばのような約束を決めた。特に(c)は，意見を出しあえる雰囲気をつくる基本である。たとえば，友だちの意見に対し「つまらない」等の否定的な発言は最悪のマナーであることを確認し，反対する場合は自分の意見を出すというルールを徹底させた。
④　第3課題「集まる－跳び散る」（群の課題からイメージへ）
表5-9に，第3課題の「集まる－跳び散る」の指導案を示した。
　この時間では，自分のとは違う仲間のアイデアを簡単に否定しないで，自分の発想をさらに豊かにするための参考，あるいは契機とする態度の大切さが教授された。「違うアイデアと掛け算上手な生徒になろう」ということばをこの授業の「めあて」のことばとして使った。

表5-9 「集まる－跳び散る」指導案

	学習内容・活動	主な指導言語
ダンスウォームアップ（5分）	ウォームアップ「ぐるぐるジャンプ」	スキップで移動(太鼓2つ) 小走りで移動(太鼓6つ) 両足跳び(太鼓10) 片足跳び(太鼓3つ) 手足走り(太鼓5つ) 人数が集まったら，手をつないでぐるぐる回り，太鼓でジャンプ。次の移動の仕方で，あちこち移動。 最後の5人組で集合
課題の学習15分	課題の提示 ①板書を見てひと流れを理解する ②その場でひとりひとりがひと流れを動く ③5人組でざっとひと流れを動く ④極限への挑戦 （一部分だけ抜き出して） ⑤いろいろなイメージで （先生の例からイメージを広げよう） ⑥自分のイメージをとったひと流れで	板書（集まる－跳び散る，集まる－跳び散る） その場で（体を縮める－ジャンプ，縮める－もっと大きくジャンプ）今日はこのひと流れを5人の仲間とやるよ。 集って，跳び散る，すぐに集まって，もっと遠くに跳び散る（ひと流れを通して動く1回目） 「もっと大きく跳び散る」をやってみよう 筋肉の限界まで（極限をからだでつかむ） 先生の例で（イメージの多様化を促す） ・火山や爆発を思ってやろう。他にも激しい感じのするものなにかある？ 思いながらやろう（2回目） ・花びらや洗濯物，ふわーと跳び散る感じのものになに？ひと流れでやってみよう（3回目） 私の見つけた「集まる－跳び散る」をひとつ思い浮かべて，ひと流れを動いてみよう ひとりひとり違うことを思ってやってみよう（4回目）
課題からのイメージ（5分）	イメージの交換 5人組になって，思いついたイメージを紙に書き出してみる	「集まる－跳び散る」から思い浮かぶイメージをできるだけたくさん書き出して見よう。（2分くらい）
イメージをもって小品づくり（15分）	グループ活動 動きが浮かびそうなイメージを選び，すぐに動いてみる	書き出しイメージの中から，動きが浮かんできそうなものを選んで，ひと流れをつくってみよう 「これ」というのがなかったら，2つくらい選んで両方やってみてごらん 各グループをまわって個別にアドバイスする
見せあいとまとめ（5分）	題名を書いて黒板に掲示する 3グループずつ発表する 生徒からひとこと感想 先生からのまとめ	3グループくらいずつ発表しよう 見るポイントは ・ぎゅっと「集まる－跳び散る」という空間の変化が生かされてたか ・イメージにふさわしい動きが見つかっていたか（発表） 今日は，ひとりでは表現できないことを学んだね

表現運動・ダンス 315

3）授業実践の効果を調査で分析する

(1) 新学習指導要領のキーワード「生きる力」との関連性を実証する

　筑波大学附属中学校では，今回の指導要領においてキーワードになっている「生きる力」を育むカリキュラムを開発する実践研究を行なってきた。この研究では，「生きる力」の構成要素を「主体的問題解決能力」「健康と体力」「豊かな人間性」の3つであると仮定した。これらの3要素の中では「主体的な問題解決能力」を育成するプログラムが最も必要とされるのではないかと考えた。そして，意欲・内発的動機づけがあって主体的行動が成立し，その結果として達成感・満足感を味わい，自己認識が高まり，それが次の意欲につながる，というようなサイクルで「主体的問題解決能力」が高まっていくと考えた。

　そこで，この5つの要素についてアンケート項目を作成し，授業の前後に調査を行った。質問紙は，①ダンス領域に直接関与するイメージ，②内発的動機づけ，③達成満足，④主体的行動，⑤自己認識の5領域から構成された（調査対象は筑波大学附属中学校1学年5クラス。授業実践の期間は，1998年1月〜3月中旬まで，週2時間で13時間。全クラス男女共習の授業形態であった）。

(2) 調査の結果

① ダンスの授業の心理面への効果

　単元の前後を比較すると，5領域のほとんどの項目で望ましい方向への有意な変化が認められ，生徒が大きく変容することが実証された。ダンス教育も，そこでの目的を明確にした工夫によって，内発的意欲や，主体的行動など，「生きる力」につながる心を育てていけることがわかる。

　「発想・仲間・そして表現する体を育む」という単元の目標に関連した変化をみると，単元終了時には〈想像力が豊かになる〉〈物の見方が広がる〉〈感受性が豊かになる〉などの項目の評価が高くなり，単元の開始時と比較すると明らかな向上が認められた。

　その他「体力」面でも，単元終了後には，ダンスの授業も〈筋力や瞬発力がつく〉〈持久力が高められる〉〈からだが器用になる〉などの体力の向上に

役立つという認識が高くなり，ダンスでも精一杯動くと，体力面での自己効能感が高まる傾向が見られた。

② ダンスの授業に対するイメージの変化　（＜＞内は質問項目）

単元終了後，最も数値が高かったのは〈仲間と協力することができる〉である。初めてのダンス学習では，仲間と一緒に学ぶことが大きな支えになる。グループの人数を徐々に増やす，またグループでの活動の約束やマナーをきちんと学習する等の積み重ねが，仲間と認めあい理解しあう協力へと結びついていると思われる。一方で〈自分の個性を表現できる〉〈友だちの個性を発見できる〉〈人と異なる表現やアイデアを探すことができる〉などの項目でも変化が大きかった。

自己表現することは，自己主張することでもあり，仲間と協力しあうこととは一見矛盾するようにも見える。しかし，仲間との協力も高まっていることから，「他の人の考えと掛け算にする」学習マナーがよく理解されているのではないかと推察される。これは，「創造的な小集団学習」ならではの重要な教育効果であろう。「他者との違いを認められない」「相手との関わりをうまくつくれない」という昨今の子どもの状況を考えると充分時間をかけて発達させていきたい心理的特性である。

（中村なおみ）

《引用・参考文献》
松本千代栄編（1991）「ダンスの教育学全10巻」（うち3巻VTR）．徳間書店．
中村なおみ（2000）授業研究シリーズⅠ〈表現の世界をひらく〉男女共修のダンス学習単元11時間の記録（VTR全6巻）．舞踊文化と教育研究の会．

8. ウォーキング運動
―歩く時代の頭脳明晰法

1) 歩くと頭が冴える

　日常生活の中で，今日は「頭がぼんやりとしてどうも冴えない」という経験があるだろう。また，机に向かって考えているときに，「気持ちが落ち着かず，注意・集中の維持がうまくいかないため，誤りや失敗を繰り返した」という経験もあるだろう。こんなとき，考えが行き詰まって，思わずあたりを歩き回ることもあれば，気分を一新して，散歩しながら，考えをまとめることもある。歩きながら考え思索にふけることでは，多くの先人に学ぶべきものがある。

　たとえば，古代ギリシャの哲学者，アリストテレスは，学園の歩廊を行きつ戻りつしながら，弟子たちと語ることをこよなく愛した。それゆえ彼は，弟子たちから逍遥学者と呼ばれた。そして，彼の一言をも聞き漏らすまいと，逍遥をともにした学派のことを，「逍遥学派」と名づけるようになったといわれている。

　ラテン語に「困難な事態は歩くことで解決される」(Sovidur Ambulando)という格言がある。実際，単にじっとして思索をこらすよりも，歩きながら考え，考えながら歩くことで，はっとするひらめきを得たり，生き生きとした直感を働かせて，想像力を駆使して構想を練りあげ，難問が解決されることも稀ではない。

　古代までさかのぼらなくとも，歩くことで発想を豊かにした例は少なくない。

　レーニンの書斎には，赤い絨毯が敷かれていたというが，そのうち5mほど細長く擦り減っているのは，彼がいつもそこを歩き回っていたためであるという話がある。

　ノーベル物理学賞を受賞した湯川秀樹博士は，京都の〝哲学の道〟を散歩しながら，物理学の構想をまとめたといわれている。

このように歩きながら，たえず自分の思考力を高め，直感を働かせ，知性と感性とを磨き，独創性を発揮する。歩きながら自分のからだと心を鍛えることで，頭脳をより明晰にして思索するほうが，よい結果を生むことが認められそうである。

2) 実験で頭脳の冴えを確かめる

では，なぜ歩くと頭脳をより明晰にさせるのであろうか。まず，大脳の働きに注目したい。

旧ソビエトの心理学者，ルリヤは人間の大脳活動に，三つの基本的な働きがあることを解明した(ルリヤ，1978)。

第一は，覚醒の機能：頭がすっきりと目覚め冴えている状態を維持する。

第二は，情報処理の機能：脳に入ってきた情報を正しく分析し記憶し処理する。

第三は，意識統制の機能：目的意識的な行為をコントロールし実施する。そこでまず，この三つの大脳の働きを調べることによって，なぜ歩くと頭が冴えるのかを疲労の自覚症状調査を使って，明らかにすることにしよう(吉竹，1978)。

表5-10は，運動前後における自覚症状の因子Ⅰ.「ねむけ・だるさの群」の変化を示したものである。表に見られるように，疲労の自覚症状の訴え項目は，運動前の比べで，30分間(分速100mウォーキング)の運動後(3km)の訴え項目の「足がだるい」を除くすべての項目が減少している。また表5-11は，Ⅱ.「注意集中困難の群」の変化を示したものであるが，これも，運動前に比べて運動後の自覚症状の訴え項目がすべて減少している。さらに表5-12は，Ⅲ.「身体違和感の群」の変化を示したが，これも運動後の訴え項目の10項目中7項目が減少していることがわかる。

このように，疲労の自覚症状の三つの群は，運動前に比べて運動後の訴え項目が顕著な減少を示しているのである。これらはおそらく，運動刺激によって，脳の覚醒・緊張の機能，意識統制の機能及び自律神経機能を高める作用のあることを予想させるものであった。

表5-10 運動前後における「ねむけ・だるさの群」の変化
[30分歩, 1.5km] n=49 単位(%)

I ねむけ・だるさの群		運動時	運動後	差
1	頭が痛い	24.5	16.3	− 8.2
2	全体がだるい	59.2	32.7	−16.5
3	足がだるい	51.0	61.2	+10.2*
4	あくびがでる	51.2	14.3	−46.9
5	頭がぼんやりする	49.0	16.3	−32.7
6	ねむい	81.6	32.7	−48.9
7	目が疲れる	57.1	32.7	−24.4
8	動作がぎこちなくなる	16.3	4.1	−12.2
9	足もとがたよりない	20.4	16.3	− 4.1
10	横になりたい	89.8	59.2	−30.6
No.	訴え項目の平均	$\bar{x}=51.0$	$\bar{x}=28.6$	$\bar{x}=-22.9$

表5-11 運動前後における「注意集中の困難の群」の変化 (30分歩, 1.5km) n=49 単位(%)

II 注意集中の困難の群		運動前	運動後	差
11	考えがまとまらない	26.5	4.1	−22.4
12	話をするのがいやになる	18.4	2.0	−16.4
13	いらいらする	10.2	2.0	−10.0
14	気が散る	16.3	8.2	− 8.1
15	物事に熱心になれない	38.8	12.2	−26.6
16	ちょっとしたことが思い出せない	12.2	8.2	− 4.0
17	することに間違いが多くなる	8.2	4.1	− 4.1
18	物事が気にかかる	29.4	6.1	−24.3
19	きちんとしていられない	24.5	8.2	−16.3
20	根気がなくなる	51.0	17.4	−33.6
No.	訴え項目の平均	$\bar{x}=22.7$	$\bar{x}=7.3$	$\bar{x}=-15.4$

表5-12 運動前後における「身体違和感の群」の変化 (30分後, 1.5km) n=49

III 身体違和感の群		運動時	運動後	差
21	頭が痛い	16.3	10.2	− 6.1
22	肩がこる	46.9	32.7	−14.2
23	腰が痛い	38.8	24.5	−14.3
24	息苦しい	6.1	10.2	+ 4.1*
25	口がかわく	32.7	34.7	+ 2.0*
26	声がかすれる	22.4	14.3	− 8.1
27	めまいがする	8.2	4.1	− 4.1
28	まぶたや筋がピクピクする	8.2	2.0	− 6.2
29	手足がふるえる	2.6	2.6	0
30	気分が悪い	16.3	2.0	−14.3
No.	訴え項目の平均	$\bar{x}=19.8$	$\bar{x}=13.7$	$\bar{x}=-6.1$

次に，この予想を確かめるために，歩いたり走ったりした場合，大脳全体の活動水準にどんな影響があるかを，実験的に明らかにすることにしたい。

第一の実験は，歩くことが脳の覚醒機能を高めることを調べたものである。このため，覚醒水準の程度をとらえる目安は，点滅信号の速度を変えて1秒間の回数(Hz)を見分けるフリッカー値を指標として測定した(円田，1971)。

図5-25は，60分間の歩行および走行運動のフリッカー値の変化を示したものである。図を見て明らかなように，単にじっとしている安静時に比べて，散歩程度のぶらぶら歩き(分速50m)，さっさと歩く(分速100m)，走り出す(分速150m)というように，速度が上がるにつれて頭が冴えてくるのである。しかし，速度を上げればよいかといえばそうではなく，分速150m以上の走行運動では，あまり頭の働きがよくならないこともわかった。苦痛を伴い不快感を覚えるほどへとへとに疲れた状態では，ものを考えることができないことは容易に察しがつくだろう。また，運動をやめるとしだいに脳の覚醒水準が下がることも，図から読み取ることができる。

第二の実験は，歩くことが大脳の情報処理の働きを高めるかを調べた。その目安は，赤，青，黄の三色のランプを点灯させて，決められた一色に，正しく速やかに反応する時間をはかる。すなわち，選択反応時間を指標として測定した。この実験は，第一実験の結果から，歩行や走行による運動刺激が，

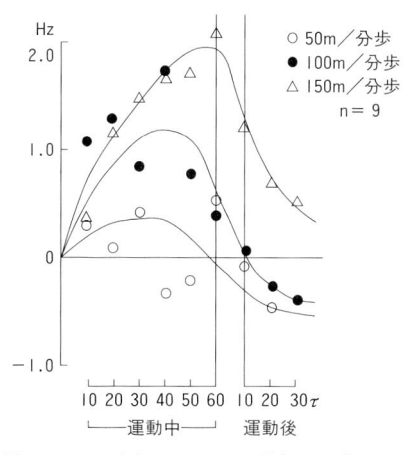

図5-25　運動速度とフリッカー値(C. F. F.)の変動

大脳の覚醒水準を上昇させるのだから，選択反応時間が短縮され，情報処理の働きが高まるであろうという予想により実施したものである（円田，1972）。

　図5-26は，被検者5名のうち，3名がほぼ同様な結果を得たので，その典型例を示したものである。

　図を見て明らかなように，やはり安静時の水準に比較して，歩行および走行時の方が選択反応時間の短縮が認められる。さらに，歩行時の情報処理の働きを確かめるために，足し算や引き算の作業を実施したところ，安静時よりも歩行時の方が，作業能率が増加することがわかった。これらの事実は，ウォーキング後に情報処理の機能つまり判断・記憶の働きや思考力が高まることを示している。

　第三の実験は，歩くことが意識統制の働きを高めることを調べた。この実験は，運動速度と注意集中維持の機能の関係を「大脳活動値」（B．E．L．）を指標として測定したものである（円田，1999）。

　この大脳活動計は，光刺激が0～9数字の順序で20秒間点灯され，このうち1ヵ所だけ数字の順序を逆にして，数字を見分ける方式である。1秒間に何回点滅するかを一定の速度(Hz)が計数表示管を通して1～10Hzの段階に分類され，周波数の値が10Hzに近いほど活動値が高いと判定される。このテストは，光刺激による周波数の認知に努力を集中させ，数字の区別と前後の関係を弁別させるもので，大脳全体を統合し調整する機能を判定する検査法である（ルリヤ，1978）。

　図5-27はその結果である。図に見られるように分速50mの歩行運動では，「大脳活動値」（B．E．L．）は時間の経過とともに低下を示した。しかし，それ以上の歩行運動（100m/分速）では，時間経過にしたがって上昇の傾向が認められる。また運動後は，30分経っても低下しなかった。

　以上，これまで運動と大脳活動の三つの基本的な機能，すなわち，覚醒・緊張の働き，情報処理の働き，そして意識統制の働きを実験的に検討してきた。その結果，分速100～150mの運動刺激が頭脳を明晰にさせる作用のあることを示したものであった。

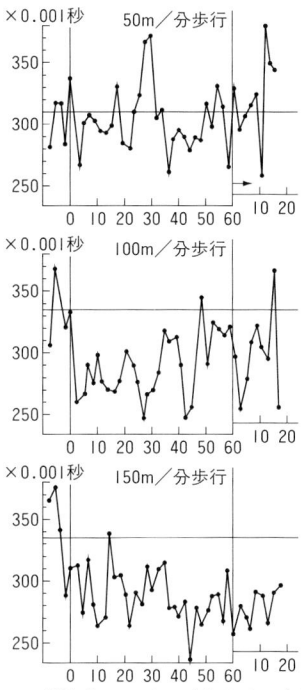

図5-26 被験者K.O.による歩行および走行運動中における選択反応時間の変化（図中の横線は各々の運動前の安静時の平均値）

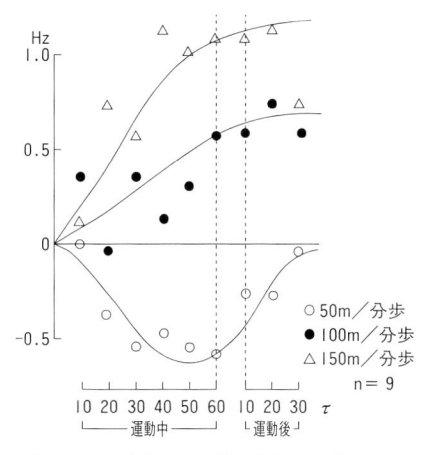

図5-27 運動速度と大脳活動(B. E. L.)の変動

3）頭が冴える科学的根拠

　三つの実験結果は，歩くことが大脳全体の活動水準を高めることを示している。すなわち，歩くと頭が冴えるのは，歩行動作による下肢などの末梢筋群からの運動刺激（インパルス）が，大脳の活動水準を高める作用があること。同時にまた，運動によって「脳幹網様体」という覚醒装置の働きが賦活されて，大脳皮質全体の活動水準を高めるのである。これは，適度な運動刺激によって，前頭葉の意識統制の機能が高まり，意欲的な感情や注意集中の動きを高める作用のあることを示している。

　私たちが環境のよいところを快適な気分で，つねに意欲的にものを考えて歩くことは，実験の結果が示す通り，頭の働きをよくするのである。歩くことで運動不足を解消して，心身ともに若返り，老化が防げるのである。一方，こうしたウォーキングによる頭脳明晰法を運動文化としてとらえることも興味深い。たとえば，「ウォーキングによる自然散策」「自然環境から何を学ぶか」といったテーマを設けて歩くのも面白い。今日からでも目的意識をもって，考え歩くことをすすめるゆえんである。　　　　　　　　　　　（円田善英）

〈引用・参考文献〉
ルリヤ：鹿島春雄訳(1978)：神経心理の基礎　脳のはたらき．医学書院．
吉竹博(1978)：産業疲労　労働科学研究所，p.17．
円田善英(1971)：運動と頭脳明晰度との関係(1)－運動中のフリッカー融合閾値の変動－日本体育大学紀要　2．
円田善英(1972)：運動と頭脳明晰度との関係(2)－運動中における選択反応時間の変動－日本体育大学紀要　3．
前掲書(1978)：神経心理学の基礎．
吉村雅道(1973)：学校生活における児童の疲労に関する研究．東京都中央区立鉄砲州小学校．

9. 武道

　ここでは，体育授業における武道を「体育武道」と呼び，一般の武道とは区別する。そして，体育心理学・運動学習の立場から，体育武道の基本的運動を引き出すための技法や工夫を紹介する。まず，体育武道のあり方について学習指導要領を基に心理的な意味を考え，その展開における問題点と対処法を取りあげる。次に，筆者の指導経験を踏まえて「体育空手道」の工夫例を述べ，最後に体育武道の発展について考察する。

1) 体育武道の主旨

　まず，学習指導要領解説の基本理念について，心理学的意味を考える。文部省(1999)と中学校体育・スポーツ教育実践講座刊行会(1998)が参考となる。

　技能の内容では，他の種目と同様に，運動学習の対象，学習法が説かれている。心理学的なねらいは，①自己の心身の能力を確認する，②種目特性に合わせた運動の引き出し方と創生法を学ぶ，③相手の動きからその意図を読み取り予測し，対応動作および仕掛け動作ができること，などであろう。

　態度の内容にある「伝統的な行動のしかた」は，核となる概念であるが明示されていない。相手を敵ではなく，攻防のパートナーとして尊重する，勝敗をしっかり受け容れる態度の養成，勝敗によって技の水準を確認し発展を目指す，うれしさや悔しさを素直に感じ，それをエネルギーに変えることが大切であろう。また，禁じ手の意義を認識し，抑制力をつけ克己心を養う。

　学び方の内容では，「運動学習方法の学習」という，一つ高次の能力を引き出すよう，学習者自身の能動的な工夫を期待している。

　内容の取り扱いでは，地域や学校の実態に応じた武道も履修でき，風土と歴史に育まれた教材の選択が可能になった。特に沖縄では，空手道が取り入れられているところが多い。徒手空拳による心と身のこなし方，人間関係の結び方，切り方を学ぶよい機会となるはずである。

　解説では，礼儀作法を尊重し，武道に対する伝統的な考え方を理解し行動

することが大切であるとされている。まとめると，体育武道は，自己の心身運動を認識し，武道の技を習得し高める工夫を通して，相手の技量をも読み取り，対人的親和関係を作ること，となろう。

さて「伝統的な行動様式」であるが，私はこれを武芸，技芸などの「芸」としてとらえたい。そこには，武技，武術としての技と，厳しき美しさが含まれ，自ずと敬う礼が生まれる。無駄な力を入れず，環境に沿わせながらも，無理なく意図を実現させる行動様式は，生態学的心理学の原則とも合致する。

2）体育武道における心理的対処法

一般の体育授業では，一所懸命に真面目に運動課題をこなさなくてはいけないという心理的構えがある。まして武道というと，痛みや怪我に対する怖さが先にたち，すくんだり動きがぎこちなくなるといった，過度の緊張と抑制が現れる。運動学習初期の段階では，緊張をほぐしながら基本動作，対人技能を習得していくことが大切であり，ここを乗り越えないと教育成果が得られない。学習者も不満足となり，武道の生涯継続にもつながらなくなる。

ここでは，一般的な心理的対処法をいくつか述べる。導入段階においては，心身の感受性を磨き，脱力法を体得し，環境としての重力と慣性の物理法則を体で理解することが大切である。また，学習者自身が運動評価できることが必要であり，そのためのモノサシは「動きの気持ちよさ」という感覚である。

＜緊張と解緊＞　まず，相手の圧力か，練習不足かなど緊張の理由を内省してみる。初心者は，恐怖や不安で自縄自縛の状態になり，さらに自分で作った幻の縄で無縄自縛に陥ってしまう。適度な緊張はむしろ準備状態としていいことであり，それを過度に抑制しようとあがくことがまずい。リラックス法の原点は体をゆすり，緊張筋を少しゆるめ脱力し，高らかに笑うことである。

＜心構え＞　懸命にやろうとすると四肢が硬直してしまうので，力を抜いて，むしろ「いいかげんにやろう」と思うぐらいがよい。不謹慎であるとお叱りを受けそうだが，心理的には十分に有効である。これは，体を信用して任せるということである。そうでなければ，制御に遅れやずれが生じてしまい，

物理法則にしたがった，流れるような動作とはならない。

＜制御言語＞　運動学習領域には運動プログラムという構成概念がある。そのプログラム言語は，実用的には自然言語あるいは擬態語と考えた方がよい。「緊張するな」などの否定語，「がんばれ」などの情動語は，学習過程そのものにはあまり有効ではない。ゆする，笑う，跳ぶなど肯定的で直接運動を指示する表現がよい。また，心理的構えを引き出すには「ありがとう」，「ごめんなさい」など，行動に密着している日常語や方言，大和ことばがよい。

＜力発揮＞　壁などを指一本で押してみて，力を感じてみる。初め肘や肩に力を感じるが，そこをゆるめてみると，次第に丹田に集まるのが分かる。ここから力を逆流させるようにする。腕や肩は力を抜く感じで，拮抗筋力を同等に保ち軽く固定化するだけである。立位の場合は最終的に足裏から力が湧き上がるようにする。力の反射という感覚である。力んだ腕からはすぐ力が戻って浅い力となり，ゆるんだ腕は力を通し易くし，体幹，足から返ってくる浸透力のある深い力となる。この方法で腕相撲などの技量は倍増する。

3）「体育空手道」の指導例

筆者の大学体育授業における空手道指導の経験から，学習者の感覚を中心にした，技稽古に入る前の初期段階の具体例を述べる。実際の技習得の基本は，城石（1990），全日本空手道連盟(1998)が参考になる。

(1) 準備と基本姿勢

足指を広げて揉み，足裏も揉むことから始める。足を解放して血行をよくし，足の感覚を目覚めさせる。正座は，ヘソを前に突き出すようにして骨盤を立て，背を軽く弓なりにし，筋力をゆるめて背骨で上体直立を保つ。立位では，上体を直立させ，股関節ははずす感覚で，膝も柔らかくゆるめる。骨盤が両股関節にぶら下がる感じで，少しゆるんだ姿勢がよい。

全身の力を抜いて低くジャンプした後，つま先立ちでゆすりながら体をゆるめる。この振動を通して重力と慣性を感じるように，気持ちのもち方を受動的にしていくと筋はゆるみやすい。緊張したときは，「トントンストーン」とジャンプして，立ち方を整える。

足を左右に開いて膝をゆるめ，片側の腰骨を引き，沈み込みながら体をひ

ねる。腕は力を抜いて体に自然に巻きつくようにする。前かがみになると，重心が体外に出て回転しにくい。重心を丹田に集めて一点化し，あとは下体にバランスをまかせる。足指で床をつかむようにすると，膝，腰が沈み込み安定する。この旋回が脱力パワーの源泉となる。

　上体の旋回は，肘を曲げて少し速めの旋回を行い，手指でわき腹を叩くようにする。これはヨーガの呼吸法にも通ずる。子どもが「イヤイヤ」と駄々をこねるようにするとうまくいく。次に，少し沈みながら肘を引くようにして旋回し，引き手の感覚をつかむ。

(2) 基本の動作

　モンキーウォーク(猿歩)から始める。膝をゆるめた状態で，猿のようにゆっくり歩く。腕はだらりと下げ，時々頭に手をやるとそれらしくなる。前進，左右横歩き，後進，左右回転と続ける。視線を遠くして上体直立を保ち，次第に速歩に移る。「静かに」と言うと，柔らかで滑らかな運足となる。

　次に酔歩に移る。倒れそうで倒れない，酔っ払いの千鳥足である。下体の脱力による重力と慣性を利用した振り子様の粘り強い運足であり，腰から動くための導入法である。

　対面者と握手して腰を沈めて引っ張りあう。下体の柔らかさと上体直立を維持しながら，旋回力によって引き込む。危なくなったら，ぐにゃりと沈み込む。固くなって前かがみになると負けてしまう。次に，対面して両手の平で押し合う。コツは引っ張りと同じく，下体の柔らかさ，上体直立が大切である。足の裏から柔らかく押し上げるようにして出る力は驚くほど大きい。

(3) 気 合

　初めての気合は，上ずった小さな声で喉も痛くなる。いい気合を出すには笑いが一番であり，体も喉も顔もゆるんで素晴らしい気合になる。透徹した気合は環境と融合しやすくなるし，その場を支配できる。

　だらしなく立ち「アー」の発声を続け，息を吐き切る。お腹に手を置いて，横隔膜が上がっていくのを確かめる。パイプオルガンのように食道に響かせるようにすると，内側からもバイブレーションがかかる。次に「ワーッハッハッハッハァー」と高笑いに転ずる。続けていると本当に笑いが生まれる。これは「笑い講」の文化であり，腹式呼吸も自然にできてしまう。いよいよ

体をゆるめて腹筋を絞り「エイッ」と鋭く出す。

(4) 目の訓練

　相手の目を見つめると，緊張が発生して動きにくくなる。相手の眉間から頭を突きぬけたあたりをゆるりと眺める。ぼかして見ることによって視野が広くなり，眼球もすばやく追跡運動できる。視線がすでに脳を射抜いているので，相手は逃げられない。

　瞬目は0.15秒程度の魔の暗闇時間を作り，不安，緊張，驚きで頻発するが，我々はそれに気づきにくい。この段階ではニコニコ顔で少し目尻を垂らすぐらいの表情がよい。顔面に来る拳は，少し身を沈めて見流すと瞬目せず，しかも体の旋回を引き起こすので，即座に受けができる。

(5) 逆突き

　初めのうちは，拳を握ると肩に力が入りすぎて上体がぶれるので，手の平は開いたままで行う。後ろ足は突っ張り過ぎず，少し沈み込んで膝を下に向ける。左構えをとり（「左が前」と言えばすぐ覚える），足幅は少し広めに，体の旋回が楽にできる程度にする。右腕はだらりとぶら下げておき，左手の平を下にして前に伸ばし，手の平を返しながら脇腹まで引っ張り動作をする。相手の胸倉をつかみ，体全体で引きずりこむような感じで，回転しながら沈み込む。

　この引きをきっかけにして逆突きの動きを引き出す。右手の平を上に向けたままにすると，空手特有の直線最短の突きが出る。この段階で前足に加重しすぎると，前のめりでフック気味になるので，体重は後に残しておく。

(6) 前蹴り

　腕を軽く組んで片足立ちになり，浮かせた足を使って相手を崩すケンケン相撲をする。揺らいだら，沈んで軸足の指で床をつかみ，下体にまかせる。まず膝蹴りから入る。初めは軸足の踵が浮きやすいので，相手の胸倉を両手でつかみ，体をゆるめて引きずり込むようにして蹴る。上体が横に傾く場合は，腕輪に膝を入れる練習をすると直立する。

　次に，膝蹴りのときに蹴り足をゆるめ，上段を蹴る。蹴り足が自然に戻り，引き足の感じがつかめる。中段前蹴りで上体が反り返るときは，蹴り足の指を見るようにする。蹴り足の膝を少し曲げ，腰を入れて壁押しをすると，

軸足での床のつかみ方が分かる。
(7) 間合い詰め
　嫌な相手でも，間合いを詰めなければ技は有効とはならない。競技上の敵ではあるが，挨拶として互いに抱きあい，幻の心理的境界を取り去ってしまう。日本人は苦手であるが，行動から入れば何でもない。間合をとる時は，上体は起こしたまま，体を沈めて一気に詰め，腰にすがる。
　初心者は，足で前進しようとして体が浮き，前のめりになりバランスも崩れやすい。素早く間合いを詰めるには，虚勢を張らずに負けてしまえばよい。

4）体育武道の発展

　指導要領には，「武道は，武技，武術などから発生した我が国固有の文化として伝統的な行動のしかたが重視される運動」とある。ここで，武術と武道を比較して体育武道を考えてみたい。体育教育や武道を再考するには，それぞれ杉本(2001)，田中ら(2000)が参考になる。

(1) 武術と武道

　武術はルールの無い殺人技の追求であり，そのために全身全霊を懸けてあらゆる手段をとる。武道は，武術の技を引き継ぎながら，規律の上に立った人間育成と技理の追求という社会的役割をもち，高邁な精神を目指している。ところが，武道には何か物足りなさがないであろうか。武術は，危険であるが闘争の面からいえば本物であるのに対し，武道は素晴らしいのであるが去勢された武術という感が残る。形式的精神主義であり，「ごっこ」的であり，ルールにあぐらをかき，武術を凌駕していると誤解しているという批判もある。

　礼節について言及すれば，それを重んじ，先達を敬う教育体制は社会的に必要であるが，一部行き過ぎて単に規制・報復システムとなっているのも否めない。相手を敬うことは先験的なものではなく，人格や技量の見極めがあって初めて生まれるものである。心情的には，技量の先達には敬いの礼を，理不尽な輩には憐れみの礼を，と使い分ければよいだろう。

(2) 禁じ手の扱い

　武術と武道を切り分けるものの一つは禁じ手である。これは，鍛えにくい

急所をねらうもので，実に危険な技である．だからこそ，武術の牙を抜き，安全面からも人道的な意味でもタブー視されている．しかし，危険なことを知り，その対処法も身につけ，その上で日常や試合では行使しないという自己統制力こそが大切である．経験を積まずに，おどおどと逃げるばかりであったり，あせってやりすぎたりすることがむしろ問題である．発達の問題もあろうが，必ず防御法と組にして，もう少し授業に取り入れるとよい．そして，その稽古を通して自他を慮る「大覚悟」を決める．これも，本物に至る道の一つではないだろうか．

(3) 体育武道の工夫

　現在，体育武道は定着しているが，若者の行動がいかにも武防備のように感じる．柔道，合気道，空手道，気功などを基礎にした新しい体育武道を創生し浸透させていただきたい．特に，護身術の技法を取り入れることが必要である(護身道とは呼ばれないが，それでよい)．そして「生きる力」から，さらに積極的に「生き延びる力」を育成したらどうであろうか．

　自己の安全確保が授業として行われれば，それを初期経験として心身の技を磨き，平常心を失わない生涯武道へとつながっていくはずである．むろん平常心とは，安穏とした心理状態をさすのではなく，非常事態こそが常なり，と覚えるべきである．日本武道が国際的に注目されている現在，学校体育においてもさらに武道体験の場が広がることを期待している．　　（吉田　茂）

《引用・参考文献》
中学校体育・スポーツ教育実践講座刊行会編(1998)：技をみがき試合を楽しむ武道の授業．SPASS　第10巻．ニチブン．
文部省(1999)：中学校指導要領解説　保健体育編．東山書房．
城石尚治(1990)：空手道競技入門．ベースボール・マガジン社．
杉本厚夫編(2001)：体育教育を学ぶ人のために．世界思想社．
田中守・藤堂良明・東　憲一・村田直樹(2000)：武道を知る．不昧堂出版．
全日本空手道連盟(1998)：空手道指導の手引き．日本財団事業成果ライブラリー財団法人．
　（以下で内容が公開されている：URL　http://lib1.nippon-foundation.or.jp/1998/0603/mokuji.htm）

索引

[ア行]

愛他的行動　170,175
アイデンティティ　108
アクションゾーン　185
アフォーダンス　232
生き方　119
生きる力　8,15,118,140,161,165
意識的な運動　204
一斉授業　159
イメージ　204
イメージ化　49
ヴィゴツキー　158
ウォーキング運動　318
動きの教育　210
腕の支持感覚　236
運動技能　62
運動技能テスト　124
運動恐怖心　126,128
運動嫌い　31,37
運動神経　178
運動像　211
運動遅滞　124
運動能力検査　125
運動の楽しさ体験　85
運動不振　124
運動有能感　85
ALT-PE　190
A.ローエン　79
お手本　53
思いやり　170,175
折り返し持久走　221

[カ行]

外受容感覚　226
外的フィードバック　66,68
回転系　243
外発的学習意欲　40
外発的動機づけ　89
カウンセリング　18
カウンセリングマインド　15
かかえ込み跳び　156
学習　62,200
学習意欲　177
学習意欲検査　29
学習集団　190,193
学習集団のサイズ　195
学習性無力感　32
学習動機診断検査　164
学習のしかた　119

学習目標　177
課題目標　177
カヌー　113
体ほぐし　9
体つくり運動　13,207
体の調整　72
体への気づき　72
体ほぐしの運動　13,72,207
感覚系形成期　226
環境　110
環境教育　113
環境問題　111
観察学習　45,65
観察しやすさ　187
観察力　68
感情　29
感情の共有　174
完全学校週5日制　8
器械運動　226,242
基準　191
基礎・基本　8
期待　28
期待・感情モデル　28
期待・感情を高めることば　25,28,30
ギブソン　232
共感性　170
教師中心　159
教室の生態学　184
教師の指導性　85
矯正的フィードバック　90
競争相手　191
協力者　191
切り返し系　243
筋肉の鎧　80
空間行動　184
クーパースミス　92
クラス風土　180
グランディング　81
グループ学習　159
経験学習　113
激励　25,26,30
結果のフィードバック　67
結果予期　165
原因帰属様式　33
肯定的フィードバック　90
公的自己意識　36
行動規範　100
行動体力　141
効力予期　165
呼吸法　270
心と体の一体感　13
誤差駅伝　225

個人的要求　150
個人内評価　42,90
ことば　55
ことばかけ　25,26
ことばによる指導　54
子ども中心　159
子どものからだ調査　140
子どもの主体性　45,217

[サ行]

斉藤喜博　56,233
佐々木賢太郎　202
座席の位置　186
サッカー　280
シーデントップ　195
支援者　191
視覚的近接性　187
自我目標　177
叱りことば　25,27,30
持久走　217
試行錯誤的学習　64
自己教育力　118,119
自己決定　85
自己効力感　35,161,165
自己指向の共感性　174
自己実現　120
自己受容感覚　226
自己動機づけ　151
自己評価　42,90
自主性　147,150,154,161
自主性診断検査　161
姿勢的簡潔性　242
自尊感情　92
自尊心　92
自尊心尺度　92
実行のフィードバック　67
叱責　25,27,30
指導性　154,159
児童中心主義　159
自動化局面　63,64
指導法　205
児童用領域別効力感尺度　165
自発性　154,159
示範　45,53
社会的学習　191
社会的支援　191
社会的スキル　104
社会的態度　98
社会的適応　104
社会的要求　150
社会的スキル教育　107
集団過程　193

集団の生態学　184
柔軟性　235
主観的運動強度　220
授業　198
授業のカンファレンス　23
授業風土　181
熟達目標　36
主体性　147,217
主張訓練　104
種目特性　192
受容感　86
生涯体育・スポーツ　122
状況判断能力　286
賞賛　25,30
情緒障害児　131
自律神経系　142
身体感覚　80
身体づくり　139,141,145
身体的有能さの認知　85
身体の意識　139
新体力テスト　125
信頼関係　83
心理的ストレス症状　143
水泳　270
随伴性　33
ストレッチング　72
スポーツマンシップ　100
成績目標　36,177
セストボール　88
絶対評価　42
Self-esteem　92
総合学習　115
総合的な学習の時間　8
相対評価　42,90
ソーシャル・サポート　36
側転　233
側方倒立回転　233
ソシオメトリー構造　194
ソフトバレーボール　300

[タ行]

体育　178
体育ぎらい　242
体育授業　85
体育心理学　16
体育における学習意欲検査　164
体育武道　325
体位血圧反射法　142
体操　207
体操競技　242
態度　115,226
体力・運動能力調査　60

体力・運動能力テスト　141
体力を高める運動　207,210
他者指向の共感性　174
他者受容感　36
他者の存在　192
多重小円トラック　222
達成動機　164
達成動機づけ　177
達成目標　177,180
男女共修　289
ダンス　310
チームワーク　281
蓄積疲労調査　143
チクセントミハイ　202
知識　115
治療教育的運動プログラム　132
手引き指導　50
ドウェック　198
動作課題　73
統制感　86
到達度評価　90
跳び箱運動　242
ドル平泳法　270

［ナ行］

内受容感覚　226
内的フィードバック　66
内発的―外発的動機づけ測定尺度　162
内発的学習意欲　40
内発的動機づけ　26,39,85,89,148,162
仲間との交流　72
人間関係　18
人間教育　120
認知的局面　63
能力観　198
ノーサイドの精神　106

［ハ行］

ハードル走　252
バイオエナジェティックス　79
はげましことば　25,26,30
場所の好み　184
走り高跳び　260
バスケットボール　288
発達の最近接領域　158
パブリックスクール　105
バレーボール　299
非随伴性の認知　32
非日常的驚異性　242
評価懸念　36
評価者　191
評価フィードバック　39

表現運動　310
疲労感　143
フィードバック　41
フィードバックによる学習　65,67
武道　325
フリッカー値　321
プレイセラピー　20
フロー　202
防衛体力　141
ボーデ　210
ボール運動　280
ポジティブフォーカス　96
補助　50,52
ボディワーク　79
ほめことば　25,30

［マ行］

マイネル　204
マチュリティ　194
学び方　9
脈拍数　219
見られやすさ　187
無気力発生モデル　36
メタ認知能力　123
目標理論　177
モデリング　45
モデル　191
モニタリング能力　123
模範演技　53

［ヤ行］

野外活動　113
役割取得　172
有能感　39,41,85
床運動　226

［ラ行］

ラグビー教育　105
ラポール　19
リアクタンス理論　34
リーダーシップ　194
リーダーシップ理論　194
陸上運動　252
リズム体操　207,210
利他的行動　170,175
リラクセーション法　79
連合局面　63
ローゼンバーグ　93

［ワ行］

割引原理　35
ワロン　226

編著者

市村　操一	（東京成徳大学人文学部教授・教育学博士）	第1章5，第2章5・6，第3章5
阪田　尚彦	（岡山大学教育学部教授）	第1章4-2），第3章6，第5章3-1）
松田　泰定	（広島大学大学院教育学研究科教授）	第4章1・2，第5章2-2），4-1）
賀川　昌明	（鳴門教育大学学校教育学部教授）	序章1・2，第2章3・4，第3章1

執筆者（執筆順）

鈴木　　壯	（岐阜大学教育学部教授）	第1章1
西田　　保	（名古屋大学総合保健体育科学センター教授・体育科学博士）	第1章2-1）
吉村　　功	（北海道教育大学函館校准教授）	第1章2-2）
伊藤　豊彦	（島根大学教育学部教授）	第1章3
和田　　尚	（京都教育大学教育学部教授）	第1章4-1）
Dieter Teipel	（Prof. Dr., Universität Jena）	第1章5
星野　公夫	（沖縄国際大学総合文化学部教授）	第2章1-1）
坂入　洋右	（筑波大学体育科学系准教授・心理学博士）	第2章1-2）
岡澤　祥訓	（奈良教育大学教育学部教授）	第2章2
中川　　昭	（筑波大学体育科学系教授）	第2章5
藤巻　公裕	（山村学園短期大学教授）	第3章2
石川　尚子	（日本女子体育大学体育学部客員教授）	第3章3
円田　善英	（日本体育大学体育学部教授）	第3章4，第5章8
近藤　明彦	（慶應義塾大学体育研究所教授）	第3章7
吉本　俊明	（日本大学文理学部教授）	第3章7
杉山　佳生	（九州大学健康科学センター准教授・体育科学博士）	第4章3-1）
森　　　恭	（新潟大学教育人間科学部准教授）	第4章3-2）
西條　修光	（日本体育大学体育学部教授）	第5章1
滝沢かほる	（新潟大学教育人間科学部教授）	第5章2-1）
小田　　聡	（岡山県倉敷市立琴浦南小学校教諭）	第5章3-2）
鶴原　清志	（三重大学教育学部教授）	第5章3-3）
徳永　隆治	（安田女子大学文学部教授）	第5章4-2）
有信　　実	（岡山県岡山市立光南台中学校教諭）	第5章5
米川　直樹	（三重大学教育学部教授）	第5章6-1）
石村宇佐一	（金沢大学教育学部教授）	第5章6-2）
遠藤　俊郎	（山梨大学教育人間科学部教授）	第5章6-3）
中村なおみ	（仙台大学体育学部准教授）	第5章7
吉田　　茂	（筑波大学体育科学系教授・心理学博士）	第5章9

体育授業の心理学
Ⓒ市村操一，阪田尚彦，賀川昌明，松田泰定　2002
NDC375／334p／21cm

初版第1刷──2002年3月20日
　第4刷──2007年9月1日

著者代表──市村操一
発行者───鈴木一行
発行所───株式会社大修館書店
　　　　　〒101-8466 東京都千代田区神田錦町3-24
　　　　　電話03-3295-6231(販売部) 03-3294-2359(編集部)
　　　　　振替00190-7-40504
　　　　　［出版情報］http://www.taishukan.co.jp
装幀者───平　昌司
印刷所───広研印刷
製本所───司製本

ISBN978-4-469-26486-9　Printed in Japan
Ⓡ本書の全部または一部を無断で複写複製（コピー）することは，
著作権法上での例外を除き禁じられています。